Heilpädagogischer Kommentar zum Schweizer Zahlenbuch 5+6

Hinweise zur Arbeit mit Kindern
mit mathematischen Lernschwierigkeiten

Margret Schmassmann
Elisabeth Moser Opitz

Klett und Balmer Verlag Zug

Schweizer Zahlenbuch 5

Schulbuch	978-3-264-83750-6
Arbeitsheft	978-3-264-83752-0
Lösungen zum Arbeitsheft	978-3-264-83753-7
Begleitband mit CD-ROM	978-3-264-83759-9

Das Zahlenbuch 5, Ausgabe für die Schweiz für Sehbehinderte 978-3-264-83472-7

Schweizer Zahlenbuch 6

Schulbuch	978-3-264-83760-5
Arbeitsheft	978-3-264-83762-9
Lösungen zum Arbeitsheft	978-3-264-83763-6
Begleitband mit CD-ROM	978-3-264-83769-8

Das Zahlenbuch 6, Ausgabe für die Schweiz für Sehbehinderte 978-3-264-83478-9

Heilpädagogischer Kommentar zum Schweizer Zahlenbuch

1. Schuljahr	978-3-264-83717-9
2. Schuljahr	978-3-264-83727-8
3. Schuljahr	978-3-264-83737-7
4. Schuljahr	978-3-264-83747-6
5. + 6. Schuljahr	978-3-264-83757-5

Aus dem Programm «mathe 2000» sind gesondert lieferbar:

Arbeits- und Demonstrationsmittel zum Schweizer Zahlenbuch

Arbeitsmittel zum «Schweizer Zahlenbuch 2» separat (5er-Pack)	978-3-264-83724-7
Arbeitsmittel zum «Schweizer Zahlenbuch 5» separat (5er-Pack)	978-3-264-83754-4
Arbeitsmittel zum «Schweizer Zahlenbuch 6» separat (5er-Pack)	978-3-264-83764-3
Einspluseins-Tafel als Poster	978-3-12-200513-9
Einmaleins-Tafel als Poster	978-3-12-200514-6
Einmaleins-Plan als Poster	978-3-12-200515-3
Rechengeld mit Euro und Cent (10er-Pack)	978-3-12-203584-6
Kartenspiel zum Einmaleins	978-3-12-200946-5
Tausenderbuch, -feld (Leporello, 10er-Pack)	978-3-12-199030-6
Tausenderbuch, -feld (Lehrerausgabe)	978-3-12-199039-9
Mein Millionbuch, Poster (10 Stück)	978-3-12-200445-3

Blitzrechnen

Blitzrechnen 1, Basiskurs Zahlen, Kartei	978-3-12-200901-4
Blitzrechnen 2, Basiskurs Zahlen, Kartei	978-3-12-200902-1
Blitzrechnen 3, Basiskurs Zahlen, Kartei	978-3-12-200903-8
Blitzrechnen 4, Basiskurs Zahlen, Kartei	978-3-12-200904-5
Blitzrechnen 1/2, CD-ROM	978-3-12-200931-1
Blitzrechnen 3/4, CD-ROM	978-3-12-200933-5

Grundaufgaben zum Zahlenbuch

Verstehen und trainieren 1, Arbeitsheft – 1. Schuljahr	978-3-12-200935-9
Verstehen und trainieren 2, Arbeitsheft – 2. Schuljahr	978-3-12-200936-6
Verstehen und trainieren 3, Arbeitsheft – 3. Schuljahr	978-3-12-200937-3
Verstehen und trainieren 4, Arbeitsheft – 4. Schuljahr	978-3-12-200938-0

Sachrechenkartei

Sachrechnen im Kopf 1/2, Basiskurs Grössen, Ausgabe Schweiz	978-3-264-83770-4
Sachrechnen im Kopf 3/4, Basiskurs Grössen, Ausgabe Schweiz	978-3-264-83771-1

CD-ROM «Rechentraining»

Kopfrechnen ab dem 5. Schuljahr	978-3-264-83382-9
Kopfrechnen ab dem 6. Schuljahr	978-3-264-83383-6

Schauen und Bauen

Teil 1: Geometrische Spiele mit Quadern	978-3-12-199075-7

Spiegel	978-3-7800-3301-7
Spiegeln mit dem Spiegel	978-3-12-199071-9
Kartei «Geometrie im Kopf» – Basiskurs Formen	978-3-12-200923-6

Zielsetzung, Konzept und Aufbau des HPK 5 + 6

Der Heilpädagogische Kommentar zum Schweizer Zahlenbuch 5 und 6 (HPK 5 + 6) will Fachleute (schulische Heilpädagoginnen und Heilpädagogen, Therapeutinnen und Therapeuten, Regellehrpersonen in integrativen Schulungsformen) in ihrer Arbeit mit Schülerinnen und Schülern mit mathematischen Lernschwierigkeiten in der fünften und sechsten Klasse unterstützen. Er eignet sich auch für die Arbeit mit Schülerinnen und Schülern der Sekundarstufe I, die Lücken aus dem Primarschulstoff aufzuarbeiten haben.

Die Schulbücher 5 und 6 werden nicht einzeln, sondern gemeinsam kommentiert, da der Stoff der fünften und der sechsten Klasse eng miteinander verflochten ist. Die Kommentierung des Schweizer Zahlenbuchs 5 und 6 in *einem* Heilpädagogischen Kommentar erleichtert zudem die Organisation des Unterrichts und der Förderung, wenn die fünfte und sechste Klasse gemeinsam unterrichtet werden oder wenn mit Schülerinnen und Schülern der Sekundarstufe I der Stoff der fünften und sechsten Klasse aufgearbeitet werden muss.

Lernstoff des fünften und sechsten Schuljahres gezielt auswählen

Das Schweizer Zahlenbuch 5 und 6 enthält ein sehr reichhaltiges Lernangebot, das nicht von allen Schülerinnen und Schülern erarbeitet werden kann und muss. Gerade für Kinder und Jugendliche mit besonderem Bildungsbedarf ist es unumgänglich, dass der Lernstoff gezielt ausgewählt wird und zentrale Aspekte intensiv bearbeitet werden. Dieser Stoff wird im Folgenden als Basisstoff bezeichnet und meint diejenigen Lerninhalte, von denen aufgrund von fachlichen Überlegungen und empirischen Untersuchungen bekannt ist, dass sie für den weiteren Lernprozess besonders wichtig sind. Der Basisstoff beschränkt sich auf tragende Grundideen der Arithmetik, der Geometrie und des Sachrechnens mit Blick auf Schülerinnen und Schüler mit mathematischen Lernschwierigkeiten.

Der Basisstoff ist so ausgewählt, dass Schülerinnen und Schüler, die diesen Stoff verstanden haben, ohne grössere Schwierigkeiten weiterführende Inhalte erarbeiten können, auch wenn vorgängig nicht alle Schulbuchseiten und Aufgaben bearbeitet wurden. Die Auswahl ist als Empfehlung zu verstehen, die jede Lehrperson im Hinblick auf ihre Schülerinnen und Schüler anpassen kann.

Es kann vorkommen, dass Schülerinnen und Schüler sowie deren Eltern durch die Auswahl verunsichert werden, weil sie es sich gewohnt sind, dass alle Seiten und alle Aufgaben eines Schulbuchs abgearbeitet werden. Es ist deshalb wichtig, sowohl das Auswahlprinzip als auch die getroffene Auswahl in Gesprächen mit den Schülerinnen und Schülern und den Eltern offenzulegen und zu begründen. Der HPK 5 + 6 macht für die Auswahl des Basisstoffes sowohl themen- als auch aufgabenbezogene Vorschläge, die in 14 Themenbereiche gegliedert werden:

1 Rechnen mit natürlichen Zahlen
2 Spezielle natürliche Zahlen, Teiler und Vielfache
3 Folgen
4 Auf dem Weg zur Algebra
5 Brüche
6 Dezimalbrüche
7 Grössen, Dezimalbrüche und Runden
8 Prozent
9 Proportionalität
10 Sachrechnen
11 Durchschnitte, Tabellen, Grafiken, Diagramme
12 Geometrie: ebene Figuren und Flächen
13 Geometrie: Körper
14 Geometrische Berechnungen

Innerhalb dieser 14 «Themenbereiche» (S. 49 ff.) werden alle ausgewählten Inhalte, das heisst diejenigen Schulbuchseiten und Aufgaben, kommentiert, bei denen es um Basisstoff geht. Diese Kommentare beinhalten grundsätzliche mathematische und didaktische Überlegungen sowie Hinweise auf mathematische Vorkenntnisse, mögliche Schwierigkeiten und Förderhinweise (siehe «Struktur der Themenbereiche», S. 50).

Zur Orientierung über die kommentierten Seiten des SB 5 und 6, die zentralen Aufgaben und die Themenbereiche dienen die beiden Übersichten 1 und 2 (S. 43 ff.).

Die Inhalte der «Themenbereiche» im HPK 5 + 6 sind aus dem Blickwinkel des Basisstoffes zusammengestellt und beziehen sich jeweils auf Seiten aus dem SB 5 und aus dem SB 6. Sie unterscheiden sich deshalb von den «Themenblöcken» im SB 5 und SB 6 (siehe dort, Inhaltsverzeichnis).

Schülerinnen und Schüler mit Lernschwierigkeiten: Basisstoff der ersten vier Schuljahre aufarbeiten

Schülerinnen und Schüler, die im fünften und sechsten Schuljahr Schwierigkeiten beim mathematischen Lernen zeigen, haben oft grundlegende Aspekte des Stoffes der ersten vier Schuljahre nicht verstanden (vgl. Moser Opitz 2007). Diese Lücken (z. B. fehlende Einsicht ins Dezimalsystem, Schwierigkeiten beim Operationsverständnis von Multiplikation und Division) erschweren (oder verunmöglichen) das mathematische Weiterlernen. Es ist deshalb wichtig, dass zu Beginn des Schuljahres die Kenntnisse dieses Lernstoffes überprüft werden. Eine Lernstandserfassung (S. 9 ff.) bietet hier Unterstützung.

Für die Aufarbeitung von Lücken aus den ersten drei Schuljahren finden sich Hinweise im HPK 2, 3 und 4 in den Kapiteln «Lücken im Basisstoff der ersten, zweiten, dritten Klasse aufarbeiten». Wichtig ist, dass das Aufarbeiten von Lücken nicht über längere Zeit gesondert geschieht, sondern dass der jeweilige Basisstoff wo immer möglich mit dem aktuellen Stoff verknüpft wird, z. B.:

– Dezimalsystem – Dezimalbrüche
– Verständnis von Multiplikation und Division – Bruchdenken, Proportionalität
– Automatisierende Übungen im Zahlenraum bis 100 – Operationen im Zahlenraum bis zur Million, Rechnen mit Dezimalbrüchen

Die folgende Tabelle zeigt, wie die tragenden Grundideen der Arithmetik und des Sachrechnens der ersten vier Schuljahre im Schweizer Zahlenbuch 1 bis 4 umgesetzt, veranschaulicht und inhaltlich vernetzt sind (detaillierte Hinweise siehe «Gewichtung der Lerninhalte bei besonderem Bildungsbedarf» im HPK 1 bis 4).

	Schweizer Zahlenbuch 1–3 Zwanziger-, Hunderter-, Tausenderraum	Schweizer Zahlenbuch 4 Millionraum
Orientierung im jeweiligen Zahlenraum	Situationen im Alltag Zahlbegriff und Kraft der Fünf Zwanziger-, Hunderter-, Tausenderfeld Zwanziger-, Hunderterreihe, Hunderter-, Tausenderstrahl Hundertertafel, Tausenderbuch Zehnerbündelung, Stellenwert, Stellentafel, Zahlenschreibweise Zählen, Zählen in Schritten Zahlen ordnen und einordnen Zahlen runden Anzahlen strukturiert erfassen, schätzen	Situationen im Alltag Felddarstellung mit Millimeterpapier Zahlenstrahl Millionbuch Zehnerbündelung, Stellenwert, Stellentafel, Zahlenschreibweise Zählen, Zählen in Schritten Zahlen ordnen und einordnen Zahlen runden Anzahlen strukturiert erfassen, schätzen
Addition, Subtraktion, Ergänzung und Zerlegung im jeweiligen Zahlenraum	Situationen im Alltag Rechenwege am Zwanzigerfeld Automatisierung des Einspluseins und Einsminuseins (2. Klasse) Halbschriftliche Strategien Verdoppeln, Halbieren Schriftliche Addition (und Subtraktion) Überschlagsrechnen	Situationen im Alltag Halbschriftliche Strategien Verdoppeln, Halbieren Schriftliche Addition (und Subtraktion) Überschlagsrechnen
Multiplikation und Division im jeweiligen Zahlenraum	Situationen im Alltag Einmaleins (Felddarstellung mit Wendeplättchen und am Hunderterfeld, lineare Darstellung am Einmaleins-Plan) Automatisierung des Einmaleins (3. Klasse) Zehnereinmaleins Halbschriftliche Strategien (Vierhunderterfeld, Malkreuz)	Situationen im Alltag Stellen-Einmaleins Halbschriftliche Strategien: Multiplikation (Vierhunderterfeld, Malkreuz, Malstreifen) Halbschriftliche Strategien: Division (schriftliche Multiplikation und Division)
Sachaufgaben, Rechnen mit Grössen	Überschlagsrechnen Zahlen in der Umwelt Geld Zeit (h, min, sec) Länge (km, m, dm, cm, mm) Gewicht (kg, g) Hohlmasse (l, dl, cl) Flächen (Meterquadrate) Rechengeschichten, Sachaufgaben, Sachtexte «Übersetzungshilfen»: Tabellen, Listen, Skizzen	Überschlagsrechnen Zahlen in der Umwelt Geld Zeit (h, min, sec) Längen (km, m, dm, cm, mm) Gewichte (t, kg, g) Hohlmasse (l, dl, cl, ml) Flächen (Meterquadrate) Sachaufgaben, Sachtexte «Übersetzungshilfen»: Tabellen, Listen, Skizzen

Mögliche Schwierigkeiten und Förderhinweise

Im HPK 5 + 6 wird in jedem Themenbereich auf mögliche Schwierigkeiten hingewiesen, die bei der Erarbeitung mathematischer Lernziele und -inhalte auftreten können. Zudem werden notwendige basale Fähigkeiten und (mathematische) Vorkenntnisse aufgelistet.

Eine breite Palette von Förderhinweisen allgemeiner Art und von speziellen Förderhinweisen zum Schweizer Zahlenbuch 5 und 6 gibt Anregungen für die Planung und Durchführung von Fördermassnahmen. Die Lehrperson muss auch hier *auswählen* und entscheiden, welche Förderhinweise für welche Schülerin und welchen Schüler geeignet sind.

Aktiv-entdeckendes Lernen

Ein wesentlicher Bestandteil des aktiv-entdeckenden Lernens ist das Lernen auf eigenen Wegen. In den ersten vier Schuljahren bezieht sich Lernen auf eigenen Wegen insbesondere auf das eigenständige Erkunden der Zahlenräume und das Rechnen auf eigenen Wegen, aber auch auf das selbstständige Entdecken von Beziehungen und Mustern innerhalb von Zahlen und Operationen. Damit dies Schülerinnen und Schülern mit besonderem Bildungsbedarf gelingt, bedarf es der Ermunterung durch die Lehrperson und einer geeigneten Unterstützung. Ist der gewählte Weg zu kompliziert, nicht übertragbar auf anderes Zahlenmaterial oder zu fehleranfällig, muss die Lehrperson Hinweise zur Anpassung oder Veränderung geben.

Auch im fünften und sechsten Schuljahr sind bei Sach- und Denkaufgaben, bei den ersten Schritten auf dem Weg zur Algebra, beim Erkunden und Herstellen von arithmetischen und geometrischen Mustern eigene Denk- und Lösungsstrategien zentral.

Einige Aspekte des Rechnens in diesen neuen Zahlenräumen (schriftliche Rechenverfahren, Rechnen mit Brüchen und Prozenten) können auf der Grundlage der Vorkenntnisse aus den ersten vier Schuljahren «wieder erfunden» werden (vgl. HPK 4, S. 41f.). So kann z.B. aufgrund des dezimalen Zahlaufbaus selbst herausgefunden werden, dass 0,7 + 0,8 = 1,5, weil 7 + 8 = 15.

Sowohl das Entwickeln von Problemlösungsstrategien als auch das «Wiedererfinden» von mathematischen Verfahren in den neuen Zahlenräumen gelingt oft nicht von einem Tag auf den anderen, sondern muss ausprobiert, erarbeitet und geübt werden. Es fällt leichter, wenn sich das Denken im Rahmen des aktiv-entdeckenden Lernens in den ersten Schuljahren flexibel entwickeln konnte.

Der HPK 5 + 6 unterstützt Lehrpersonen bei der Förderung von Schülerinnen und Schülern auf diesem Weg.

Produktive Übungsformen

Im Schweizer Zahlenbuch 5 und 6 steht produktives Üben im Vordergrund. Produktives Üben ist eine ins mathematische Lernen integrierte Tätigkeit, bei der einsichtige und auf Verständnis basierende Übungsaktivitäten im Zentrum stehen (Scherer/Moser Opitz 2010, S. 61). Dies ist vor allem für Schülerinnen und Schüler mit besonderem Bildungsbedarf ein wesentlicher Bestandteil des mathematischen Lernprozesses, da diese oft Schwierigkeiten mit dem Arbeitsgedächtnis haben und Inhalte schneller vergessen, wenn sie nicht richtig verstanden oder mechanisch auswendig gelernt wurden (ebd.).

Zum produktiven Üben gehören verschiedene Formen (Wittmann 1992).

Operativ strukturierte Übungen

Serien von Aufgaben, die systematisch variiert werden, ermöglichen es den Schülerinnen und Schülern, Zusammenhänge zwischen den Operationen zu erkennen und anzuwenden und die Richtigkeit der Ergebnisse selbst zu überprüfen.

Problemstrukturierte Übungen

Übungsformate mit übergeordneten Fragestellungen zu einem bestimmten mathematischen Problem mit interessanten und reizvollen Bearbeitungs- und Lösungsmöglichkeiten wie z.B. «Zahlenmauern» oder «Rechendreiecke» regen zum (systematischen) Probieren, Forschen und Problemlösen an.

Sachstrukturierte Übungen

Serien von gleichartigen Aufgaben zu einem Sachzusammenhang, z.B. in Form von Fragen oder Datensammlungen (Listen, Tabellen oder Grafiken), tragen zur Mathematisierfähigkeit bei und bereichern auch das sachkundliche Wissen.

Automatisierendes Üben (Training)

Insbesondere im Bereich der Arithmetik gibt es zentrale Lerninhalte, die automatisiert und abrufbar zur Verfügung stehen sollten (Scherer/Moser 2010, S. 61). Dies ist jedoch erst möglich, wenn vorgängig durch aktiv-entdeckendes Lernen und produktives Üben eine Verständnisgrundlage aufgebaut worden ist.

«Automatisierendes Üben» meint nicht das Abspeichern von Einzelfakten, sondern ein vernetztes Verinnerlichen von Lerninhalten (Scherer/Moser Opitz, ebd.), das zum Aufbau von Routinen beiträgt.

Wie die übrigen Übungsformen ist auch das automatisierende Üben nicht nur formal, sondern kann mit Veranschaulichungen und Arbeitsmitteln unterstützt werden (gestütztes Üben). Entsprechende Übungen sind in allen Schweizer Zahlenbüchern integriert und es werden auch Zusatzmaterialien angeboten (s. HPK 5 + 6, S. 2).

- **Automatisierendes Üben im Schweizer Zahlenbuch 5 und 6**

Für das automatisierende Üben im Bereich Arithmetik wurde das «Rechentraining» entwickelt. Die entsprechenden Übungen sind im Inhaltsverzeichnis des SB 5 und des SB 6 mit dem Federballsignet ✒ gekennzeichnet. Zudem finden sie sich in Form von Arbeitsblättern mit je 10 Übungen in den Begleitbänden 5 und 6 (Kopiervorlagen siehe Begleitband zum Schweizer Zahlenbuch 5, S. 369ff., und zum Schweizer Zahlenbuch 6, S. 427ff.).

- **Zusatzmaterialien zum automatisierenden Üben ab der 1. Klasse**

Die Zusatzmaterialien zum Schweizer Zahlenbuch 1 bis 4 liegen in Form von Karteikarten, CD-ROMs und Heften (siehe HPK 5 + 6, S. 2) vor. Sie bieten insbesondere Schülerinnen und Schülern mit besonderem Bildungsbedarf gezielte Übungs- und Trainingsmöglichkeiten zum (selbstständigen) Aufarbeiten des Basisstoffes von der ersten bis zur vierten Klasse:

- Karteien «Blitzrechnen 1», «Blitzrechnen 2», «Blitzrechnen 3» und «Blitzrechnen 4»

- «Verstehen und Trainieren 1–4», Grundaufgaben zum Zahlenbuch (Hefte mit Übungsaufgaben in Anlehnung an die Blitzrechnen-Karteien)
- Karteien «Sachrechnen 1/2» und «Sachrechnen 3/4»
- CD-ROM «Blitzrechnen 1/2» und Blitzrechnen 3/4»

Die Zusatzmaterialien zum Schweizer Zahlenbuch 5 und 6 bieten die Möglichkeit, den Stoff der fünften und sechsten Klasse zu vertiefen und zu begleiten oder – für Schülerinnen und Schüler der Sekundarstufe – aufzuarbeiten:
- CD-ROM «Rechentraining, Kopfrechnen ab dem 5. Schuljahr»
- CD-ROM «Rechentraining, Kopfrechnen ab dem 6. Schuljahr»

Denkfähigkeit schulen

Im Schweizer Zahlenbuch finden sich vielfältige Aufgabenstellungen, die eine Schulung der Denkfähigkeit ermöglichen und auch für Lernende mit besonderem Bildungsbedarf geeignet sind. Einige Beispiele aus dem Schweizer Zahlenbuch 5 und 6 sind hier aufgelistet.

● **Denkschule**
Die Denkschule gibt auch Schülerinnen und Schülern mit besonderem Bildungsbedarf die Gelegenheit, an Strategie-, Schiebe-, Lege- und Denkspielen mathematisches Denken zu entwickeln und Problemlöseverhalten zu üben. Es zeigt sich, dass Schülerinnen und Schüler, die Schwierigkeiten im Umgang mit Zahlen und Rechnungen haben, durchaus fähig sind, Aufgaben aus der Denkschule erfolgreich zu bewältigen. Anstatt immer nur an ihren Defiziten zu arbeiten, werden hier ihre Ressourcen gepflegt und gefördert, was sehr motivierend ist. Zudem können die Spiele genutzt werden, um Schülerinnen und Schüler in Einzel- oder Partnerarbeit selbstständig arbeiten zu lassen. Vor allem in heterogenen Klassen bekommt die Lehrperson dadurch die Zeit und die Möglichkeit, sich vermehrt einzelnen Schülerinnen und Schülern zu widmen.

Folgende Aspekte sind bei der Arbeit mit der Denkschule zu berücksichtigen:
- Damit die Schülerinnen und Schüler selbstständig mit der Denkschule arbeiten können, ist es nötig, die Spiele sorgfältig und über längere Zeit einzuführen.
- Bei der Einführung ist darauf zu achten, dass die Schülerinnen und Schüler genügend Zeit haben, um eigene Vorgehensweisen auszuprobieren. Auch hier gilt das Prinzip des Lernens auf eigenen Wegen. Häufig finden die Schülerinnen und Schüler nach längeren Versuch-Irrtum-Phasen zu Regeln und Gesetzmässigkeiten. Es ist wichtig, dass sich die Lehrperson bewusst zurückhält und keine Lösungswege vorwegnimmt, sondern immer wieder durch geschickte Fragen Hilfestellungen anbietet.
- Nicht alle Spiele sprechen alle Schülerinnen und Schüler und vor allem sämtliche Altersstufen in gleicher Weise an. Das Anspruchsniveau der Spiele und die Lernvoraussetzungen der Schülerinnen und Schüler müssen daher aufeinander abgestimmt werden. In der fünften und sechsten Klasse können auch Denkspiele aus dem Schweizer Zahlenbuch 3 und 4 ausgewählt werden.

Denkschule im Schweizer Zahlenbuch 5 und 6:
- Denkschule für das 5. Schuljahr siehe Begleitband zum Schweizer Zahlenbuch 5, S. 53ff., dazugehörige Kopiervorlagen D01-D10 auf der CD-ROM zum Begleitband

- Denkschule für das 6. Schuljahr siehe Begleitband zum Schweizer Zahlenbuch 6, S. 53ff., Kopiervorlagen D01–D10 auf der CD-ROM zum Begleitband

● **Folgenkurs**
Der Folgenkurs, der im Schweizer Zahlenbuch 4 begonnen hat, wird im Schweizer Zahlenbuch 5 und 6 fortgesetzt und mit Folgen basierend auf geometrischen Mustern ergänzt. Der Folgenkurs kann sehr gut für Schülerinnen und Schüler mit besonderem Bildungsbedarf eingesetzt werden:
- Folgen eignen sich zum Festigen des Aufbaus der Zahlenreihe.
- Durch die verschiedenen Regeln kann der Schwierigkeitsgrad variiert werden. Ausgehend vom Zählen in Schritten kann zu komplexeren Regeln fortgeschritten werden. Die Folgen eignen sich deshalb sehr gut für individualisierendes Arbeiten.
- Durch das Arbeiten mit Folgen können mathematische Gesetzmässigkeiten entdeckt werden.
    • Die Schülerinnen und Schüler können selbst Regeln für Zahlenfolgen festlegen und einander die Aufgaben zum Lösen geben. So entsteht ohne zusätzlichen Aufwand der Lehrperson sinnvolles Übungsmaterial.
    • Geometrische Muster, deren Fortsetzung und Erfindung beinhalten auch ästhetische Aspekte und stellen für Schülerinnen und Schüler mit besonderem Bildungsbedarf eine Möglichkeit dar, andere als rein numerische Fähigkeiten zu zeigen und zu entwickeln.

Folgenkurs im Schweizer Zahlenbuch 5 und 6:
- Folgenkurs für das 5. Schuljahr und dazugehörige Kopiervorlagen siehe Begleitband zum Schweizer Zahlenbuch 5, S. 65ff. und S. 355ff., F01–F04
- Folgenkurs für das 6. Schuljahr und dazugehörige Kopiervorlagen siehe Begleitband zum Schweizer Zahlenbuch 6, S. 69ff. und S. 419ff., F01–F05

Der Einsatz des Taschenrechners

Insbesondere bei Schülerinnen und Schülern mit besonderem Bildungsbedarf stellt sich immer wieder die Frage, wann der Taschenrechner anstelle des Kopfrechnens, des halbschriftlichen Rechnens oder der schriftlichen Verfahren sinnvoll eingesetzt werden kann. Mathematisch anspruchsvolle Tätigkeiten können oft nur dann geleistet werden, wenn die Schülerinnen und Schüler durch die Verwendung eines Taschenrechners von den rein mechanischen Rechenvorgängen entlastet werden, z. B. beim Sachrechnen oder beim Erforschen von Zahlmustern.

Das Bearbeiten von Sachaufgaben, das Weiterverarbeiten von Zahlenangaben in Sachkontexten oder das Erforschen von Zahlenmustern (besonders bei umfangreichem Zahlenmaterial) erfordert die Konzentration auf die Sache, den Text, das Mathematisieren, das Überschlagen und Überprüfen des Resultates bzw. auf das Erkennen von Mustern. Für das Berechnen von Ergebnissen bleibt insbesondere bei Schülerinnen und Schülern mit besonderem Bildungsbedarf keine Zeit und oft auch keine Energie mehr übrig. Es ist deshalb wichtig, dass der Taschenrechner in solchen Situationen eingesetzt wird.

Der Einsatz des Taschenrechners muss ebenso wie der Einsatz anderer Rechentypen vorbereitet und erarbeitet werden. Dies soll nicht einmalig geschehen, sondern immer wieder im Unterricht thematisiert und von Übungen zum

Runden, Schätzen und Überschlagen begleitet werden (siehe HPK 4, S. 39, «Halbschriftliches Rechnen, schriftliches Rechnen und der Taschenrechner»).

- **Überschlagsrechnen gewichten**
  - Schülerinnen und Schüler mit besonderem Bildungsbedarf laufen oft Gefahr, Zahlen oder Operationszeichen willkürlich einzutippen oder sich zu vertippen. Häufig erkennen sie die dadurch entstandenen Fehler nicht und akzeptieren «unmögliche» Resultate, ohne sie zu überprüfen. Deshalb muss das Arbeiten mit dem Taschenrechner zwingend an das Durchführen von Überschlagsrechnungen gekoppelt werden.
  - Für das Überschlagsrechnen eignen sich die halbschriftlichen Strategien sehr gut (vgl. auch Krauthausen 2009).

- **Kopfrechnen nicht vernachlässigen**
  - Um das sichere Ausführen halbschriftlicher Strategien und das Überschlagen zu gewährleisten, sollen Kopfrechenübungen im Unterricht immer wieder aufgenommen und gepflegt werden (siehe oben, automatisierendes Üben).

- **Beitrag zum Aufbau von mathematischem Verständnis**
  - Der gewöhnliche Taschenrechner ist ein «einfacher Befehlsempfänger». Er kann ausführen, was eingetippt wird. Welche Operation zum Lösen einer bestimmten Aufgabe gewählt werden soll, sagt der Taschenrechner nicht.
  - Einen Beitrag zum Operationsverständnis kann der Taschenrechner dann leisten, wenn Schülerinnen und Schüler den Rechner z. B. für Ergänzungs- oder «Mal-wie-viel»-Aufgaben wie z. B. 50 • ___ = 1000 einsetzen. Da der Taschenrechner im Allgemeinen nicht über eine «Mal- wie-viel»-Taste verfügt, müssen sie die Operation so übersetzen und eingeben, dass der Rechner sie versteht (1000 : 50 = ___).

Der beschriebene Einsatz des Taschenrechners gibt Raum für das Mathematisieren, Explorieren, Argumentieren und Formulieren und trägt somit zur Realisierung von aktiv-entdeckendem Lernen bei.

Beschreibung der Lernstandserfassung

Zu Beginn der fünften Klasse verfügen Schülerinnen und Schüler über unterschiedliche mathematische Kenntnisse. Damit im Mathematikunterricht an die Vorkenntnisse angeknüpft werden kann, müssen diese erfasst werden. In diesem Kapitel wird aufgezeigt, wie mit den vorliegenden Aufgaben (siehe «Beobachtungsbogen zur Lernstandserfassung», S. 15 ff.) eine Standortbestimmung durchgeführt werden kann.

Die vorgeschlagenen Aufgaben betreffen zentrale Elemente des Lernstoffes der vierten Klasse, den sogenannten mathematischen Basisstoff. Der Schwerpunkt liegt dabei auf der Erarbeitung des Zahlenraums bis zur Million und den Grössen. Die Stoffauswahl wurde immer mit Blick auf Schülerinnen und Schüler mit besonderem Bildungsbedarf getroffen. Ausgewählt wurden Inhalte, von denen aufgrund von theoretischen Entwürfen und empirischen Untersuchungen angenommen wird, dass sie für das weitere mathematische Lernen unverzichtbar sind (vgl. Humbach 2008; Moser Opitz 2007).

Die Lernstandserfassung eignet sich auch für Schülerinnen und Schüler der Oberstufe, die beim Mathematiklernen Schwierigkeiten zeigen. Auf eine eigene Lernstandserfassung zu Inhalten des fünften Schuljahres wird verzichtet. Wenn grössere Schwierigkeiten vorhanden sind, stehen diese in der Regel mit fehlenden Grundlagen des Lernstoffes der ersten vier Schuljahre in Zusammenhang.

Die Lernstandserfassung kann in ihren Grundzügen auch dann verwendet werden, wenn bisher noch nicht mit dem Zahlenbuch gearbeitet wurde. Für das Erfassen der halbschriftlichen Multiplikation mit dem Malkreuz muss allerdings vorgängig die Darstellung am Vierhunderterfeld erarbeitet werden.

Die vorliegende Lernstandserfassung ist nicht standardisiert und deshalb als Selektionsinstrument nicht geeignet. Sie soll vor dem Hintergrund didaktischer und mathematischer Überlegungen Fähigkeiten, Vorkenntnisse und Schwierigkeiten der Schülerinnen und Schüler erfassen und damit der Klassen- oder Förderlehrperson als Grundlage für individualisierende Fördermassnahmen dienen. Wenn für die Zuweisung zu Fördermassnahmen der Einsatz eines standardisierten Instruments erforderlich ist, kann ab dem letzten Quartal des vierten Schuljahres «Basisdiagnostik Mathematik für die Klassen 4–8» (Moser Opitz et al., 2010) verwendet werden.

Wenn die Lernstandserfassung für einige Schülerinnen und Schüler zu anspruchsvoll ist, kann auf Aufgaben der Lernstandserfassung in den vorangehenden Heilpädagogischen Kommentaren zum Schweizer Zahlenbuch 2, 3 und 4 (HPK 2, 3 und 4) zurückgegriffen werden. Siehe dazu die Lernstandserfassung zur ersten Klasse im HPK 2, zur zweiten Klasse im HPK 3, zur dritten Klasse im HPK 4.

Zur Lernstandserfassung gehören folgende Unterlagen in Form von Kopiervorlagen:
- «Beobachtungsbogen» (siehe HPK 5 + 6, S. 15 ff.): Aufgabenstellungen, Beobachtungshinweise
- «Ergebnisse» (siehe HPK 5 + 6, S. 25 f.): Auswertebogen für die übersichtliche Zusammenfassung und Präsentation der Ergebnisse
- «Aufgabenblätter» (siehe HPK 5 + 6, S. 27 ff.) für die Schülerinnen und Schüler

Im Anschluss an die Beschreibung eines Aufgabenbereichs finden sich Förderhinweise, wie beobachtete Schwierigkeiten angegangen werden können. Diese beziehen sich auf wichtige Inhalte aus der Grundschulmathematik und es erfolgen jeweils Hinweise auf das Schweizer Zahlenbuch 2, 3 oder 4 sowie auf die entsprechenden Seiten in den Heilpädagogischen Kommentaren 1–4.

Durchführung der Lernstandserfassung / Möglichkeiten für die Individualisierung

Die Lernstandserfassung ist für die Durchführung in der Einzelsituation konzipiert. Die Aufgaben können über mehrere Sitzungen verteilt werden. Für die Durchführung der gesamten Lernstandserfassung sind zwei bis drei Lektionen einzuplanen. Die Lernstandserfassung kann jedoch auch für die Arbeit mit einer Klasse verwendet werden, indem anhand der Aufgabenbeispiele eine Lernzielüberprüfung zusammengestellt wird.

Die empfohlene Abfolge der Themen ist nicht zwingend, es müssen auch nicht alle Aufgaben bearbeitet werden. Wenn bei einer Schülerin oder einem Schüler in einem bestimmten Bereich Schwierigkeiten vermutet werden (beispielsweise bei den Grössen), können nur diese Aufgaben ausgewählt werden. Eine Individualisierung ist auch bezüglich des Zahlenraums möglich. Bei einigen Aufgaben sind Zahlenbeispiele aus verschiedenen Zahlenräumen gegeben (10 000, 100 000 bzw. eine Million). Je nach Vorkenntnissen können jeweils passende Aufgaben ausgewählt werden.

Beschreibung der Aufgaben und Förderhinweise

1 Zählen in Schritten/Zahlwortreihe

1.1 Zählen in Zweierschritten vorwärts
1.2 Zählen in Zehnerschritten rückwärts

Eine sichere Zählkompetenz ist eine wichtige Voraussetzung für den arithmetischen Lernprozess (vgl. dazu auch «Ablösung vom zählenden Rechnen», HPK 2, S. 35 f.). Nur wenn korrekt gezählt werden kann, ist es z.B. möglich, eine Anzahl zu bestimmen, sei es durch Zählen der Elemente (kleinere Anzahl) oder durch Strukturieren oder Schätzen (grössere Anzahl). Das Zählen in Zweier-, Zehner-, Hunderter- und Tausenderschritten usw. unterstützt die ordinale Erschliessung des Zahlenraums (Zahlenstrahl).

Beim Zählen treten jedoch auch häufig Fehler auf, insbesondere bei den Übergängen über die Zehner, Hunderter oder Tausender (vgl. Selter/Spiegel 1997, S. 49). Auch werden Zahlen ausgelassen oder die Schrittgrösse wird verändert. Beispiele für fehlerhaftes Zählen:
Vorwärtszählen in Zweierschritten, z.B.:
- 985, 987, 989, 1000, 1002, 1004 (Schwierigkeiten beim Übergang: Nachbarhundert bzw. -tausender statt Nachbarzehner / mit geraden statt ungeraden Zahlen weiterzählen)
- 9987, 9989, 9991, 9993, 9995, 9997, 9999, 10 000, 10 002, 10 004 (Schwierigkeiten beim Übergang: Nachbarzehntausender statt Nachbarhunderter / mit geraden statt ungeraden Zahlen weiterzählen)
Rückwärtszählen in Zehnerschritten, z.B.:
- 1128, 1118, 1108, 1118, 1128, 1138 (Richtungswechsel statt Übergang)
- 5036, 5026, 5016, 4996 (Schwierigkeiten beim Übergang)
- 5036, 5026, 5016, 5006, 4096 (Schwierigkeiten beim Übergang)

- 5036, 5026, 5016, 5006, 4996, 9486, 8976 (mangelnde Merkfähigkeit)

Förderhinweise Zählen/Zahlwortreihe (Zählkompetenzen): Zählen wird oft nur in den ersten Schuljahren geübt. Von Schülerinnen und Schülern in höheren Klassen wird angenommen, dass sie zählen können, was aber häufig nicht zutrifft. Bei jeder Zahlenraumerweiterung ist deshalb darauf zu achten, dass ausreichend Zählübungen gemacht werden, wobei vor allem auf die Übergänge über die Zehner, Hunderter und Tausender zu achten ist. Die neuen Zahlenräume sollen mit den bereits bekannten vernetzt werden, um insbesondere die Analogiebildung zu fördern. Im Zahlenraum bis 1000 können die Zählübungen eventuell mit Hilfe des Tausenderstreifens (Kopiervorlage siehe HPK 5 + 6, S. 136) durchgeführt werden.
Vorwärtszählen in Zweierschritten, z.B.:
- 1, 3, 5, 7, 9, 11 → 21, 23, 25, 27, 29, 31 → 91, 93, 95, 97, 99, 101
- 91, 93, 95, 97, 99, 101 → 991 → 991, 993, 995, 997, 999, 1001
  Es ist wichtig, dass im Unterricht auch ausreichend Angebote zum Rückwärtszählen gemacht werden.
Rückwärtszählen in Zehnerschritten, z.B.:
- 128, 118 108, 98, 88,... 28, 18, 08 → 1128, 1118, 1108, 1098 ...
- 147, 137, ... 107, 97, 87 → 1047, 1037, ... 1007, 997
  Im Zahlenraum bis 1000 können die Zählübungen eventuell mit Hilfe des Tausenderstreifens (Kopiervorlage siehe HPK 5 + 6, S. 136) durchgeführt werden.

Zur Förderung des Zählens in Schritten können auch die Übungen «Zählen in Schritten» in den Karteien «Blitzrechnen 3» sowie auf der CD-ROM «Blitzrechnen 3/4» (Teil 3) eingesetzt werden (Angaben siehe HPK 5 + 6, S. 2).

2 Zahlen

2.1 Schreibweise
2.1.1 Zahlen schreiben
2.1.2 Zahlen lesen

Schwierigkeiten beim Lesen und Schreiben von Zahlen können einerseits am mangelnden Verständnis von Zahlaufbau und Dezimalsystem liegen. Andererseits können die Schwierigkeiten in höheren Zahlenräumen durch die langen Zahlwörter (das Zahlwort zu «1234567» hat 22 Silben) und durch die Sprechweise von mehrstelligen Zahlen in der deutschen Sprache verursacht werden. Die Schreib- und Leserichtung verläuft in unserer Kultur grundsätzlich von links nach rechts. Zahlen bis 100 werden jedoch von rechts nach links gelesen – eine Ausnahme bilden die reinen Zehnerzahlen sowie 11 und 12. Ab 100 wird das Lesen noch komplexer: Es wird links mit dem Hunderter begonnen, dann folgt ein Sprung nach rechts zum Einer und anschliessend wird der Zehner genannt. Bei Zahlen mit mehr als vier Stellen ist zudem vor dem Lesen zu entscheiden, ob mit der ersten oder der zweiten Ziffer von links begonnen werden muss (**8**932; **89**321, **893**217).
Förderhinweise Schreibweise: Die korrekte Schreibweise sowie das korrekte Lesen und Sprechen von Zahlen sollen nicht nach Rezept («Schreibe immer zuerst die vordere/hintere Ziffer») gelernt werden. In erster Linie muss an der Einsicht in den Zahlaufbau gearbeitet werden (siehe 2.4). Dabei gilt es zu beachten, dass es beim Schreiben von Zahlen grundsätzlich keine Rolle spielt, welche Ziffern zuerst geschrieben werden. Wichtig ist nur, dass sie an der

richtigen Stelle notiert werden. Hinweise zum Erarbeiten des Bündelungsprinzips und des Zahlaufbaus sind im SB 3 (S. 24–31) und im SB 4 (S. 22–28) sowie auf den dazugehörigen Seiten im HPK 3 und 4 zu finden.

2.2 Gerade und ungerade Zahlen
2.2.1 Gerade und ungerade Zahlen nennen
2.2.2 Gerade und ungerade Zahlen erkennen

Das Verständnis von geraden und ungeraden Zahlen ist einerseits Ausgangspunkt für das Erkunden von Zahlenmustern, andererseits eine Hilfe für das Überprüfen von Rechenergebnissen und für das Automatisieren (z.B. gerade Zahl plus ungerade Zahl gleich ungerade Zahl, ungerade Zahl mal gerade Zahl gleich gerade Zahl). Zahlen wie 2100, 7000, 50000 werden aufgrund falscher Analogien häufig als ungerade bezeichnet (7 ist ungerade → 7000 ist auch ungerade). Das kann sich insbesondere auf Halbierungsaufgaben auswirken: «7000 kann man nicht halbieren».
Förderhinweise Gerade und ungerade Zahlen: Das Verständnis von geraden und ungeraden Zahlen wird durch das Verdoppeln und Halbieren gefestigt. Das Doppelte einer geraden oder ungeraden Zahl ist immer eine gerade Zahl; nur gerade Zahlen lassen sich ohne Rest halbieren. Wichtig ist, dass zuerst das Erkennen von geraden und ungeraden Zahlen erarbeitet wird (Ziffer an der Einerstelle gerade → Zahl gerade, Ziffer an der Einerstelle ungerade → Zahl ungerade, unabhängig von den anderen Ziffern).

2.3 Zahlenreihe, Zahlenstrahl
2.3.1 Zahlen anordnen
2.3.2 Nachbartausender und Nachbarzehntausender
2.3.3 Zahlenstrahl

Bei der Zahlenreihe geht es sowohl um die Rangordnung der Zahlen als auch um die Entwicklung von Zählstrategien (Übergänge über den Hunderter, Tausender, Zehntausender, Zählen in Schritten).
Das Benennen von Nachbartausender und -zehntausender (siehe «Glossar») ist einerseits wichtig zur Erarbeitung der Zahlenreihe. Andererseits trägt es zum Aufbau von Grössenvorstellungen, zum Verständnis von Stellenwerten und des Rundens bei.
Der Zahlenstrahl wird eingesetzt, um Zahlen zu platzieren oder abzulesen, um in Schritten zu zählen oder um das Verständnis der Übergänge über die Zehner, Hunderter, Tausender, Zehntausender usw. zu erwerben. Zusätzlich wird er für das Erarbeiten und Erkennen von dezimalen Grössenbeziehungen verwendet (z.B. ein Zehntausender ist zehnmal ein Tausender). Die Kenntnis des Zahlenstrahls ist zudem eine wichtige Voraussetzung für den Umgang mit Grössen (Ablesen von Skalen). Diese Erarbeitung ist anspruchsvoll und erfordert die Kenntnis der Zahlenreihe.
Förderhinweise Zahlenreihe sowie Nachbartausender, Nachbarzehntausender: Um das Verständnis der Zahlenreihe aufzubauen, muss die Zählkompetenz erarbeitet werden. Davon ausgehend können die Nachbarzahlen und später die Nachbartausender und Nachbarzehntausender (siehe «Glossar») erarbeitet werden. Zum Lesen der Zahlen und zur dezimalen Schreibweise finden sich Hinweise im SB 4 (S. 28–29) sowie auf den dazugehörigen Seiten im HPK 4.
Förderhinweise Zahlenstrahl: Wichtig ist, dass die Schülerinnen und Schüler entdecken und verstehen, was die

Markierungsstriche und was die dazwischen liegenden Abschnitte am Zahlenstrahl bedeuten. Den Strichen wird jeweils eine neue Zahl zugeordnet (z. B. 100, 200, 300 usw.), die Abschnitte dazwischen sind hingegen immer gleich (der Unterschied von 100 bis 200 ist 100, von 200 bis 300 ebenso usw.).

Das Verständnis für die Bedeutung der Markierungsstriche kann erreicht werden, indem die Schülerinnen und Schüler die Skalierung selber erarbeiten, z. B. den Tausenderstrahl aus 10 Hunderterstrahlen zusammensetzen oder einen leeren Strahl mit fixem Anfangspunkt (0) und fixem Endpunkt (z. B. 10 000) selbst einteilen (siehe z. B. Scherer/Moser Opitz 2010, S. 144 ff.).

2.4 Zahlaufbau
2.4.1 Zahlen vergleichen
2.4.2 Bedeutung der Ziffern/Stellenwert
2.4.3 Einheiten stellengerecht notieren

Ein wichtiger Aspekt für den Aufbau des Zahlenraums ist die Einsicht, dass sich die Zahlen aus dezimalen Einheiten zusammensetzen. Fehlende Einsicht in den dezimalen Aufbau der Zahlen führt oft zu schwerwiegenden Schwierigkeiten beim Mathematiklernen (z. B. Orientierung in den Zahlenräumen, Verständnis von Dezimalbrüchen, Umgang mit Grössen, Schätzen und Überschlagen).

Für die Notation und Interpretation von Zahlen im Stellenwertsystem ist die Stellentafel wichtig. Zu deren korrekter Nutzung müssen verschiedene Wissenselemente miteinander in Verbindung gebracht werden (Scherer/Moser Opitz 2010, S. 133): Der Stellenwert der Zahl (Position der Ziffer innerhalb der Zahl), die multiplikative Eigenschaft (die 4 in der Zahl 429 bedeutet $4 \cdot 100$, die 2 bedeutet $2 \cdot 10$, die 9 bedeutet $9 \cdot 1$); die additive Eigenschaft $(400 + 20 + 9)$ und die Eigenschaft der Basis 10 (die Werte der Positionen wachsen um Zehnerpotenzen von links bzw. nehmen von links nach rechts um 1 ab: $1000 = 10^3$, $100 = 10^2$, $10 = 10^1$).

Für den Aufbau des Zahlenraums bis zu einer Million ist wichtig, dass Erkenntnisse zum Zahlaufbau bis 1000 auf die neuen Zahlenräume übertragen werden können. Dazu ist zunehmend Abstraktionsfähigkeit erforderlich. Die Voraussetzung für die Erarbeitung des Millionraumes ist somit ein sicheres Verständnis des Zahlaufbaus bis 1000. Ohne dieses entstehen Schwierigkeiten bei der Grössenvorstellung von Zahlen sowie beim Rechnen (insbesondere beim Runden, Schätzen und Überschlagen von Ergebnissen). Deshalb muss zunächst überprüft werden, ob die Schülerinnen und Schüler über diese Voraussetzungen verfügen (vgl. «Lernstandserfassung zum mathematischen Basisstoff» im HPK 3, S. 10 ff., und im HPK 4, S. 12 ff.).

Förderhinweise Zahlaufbau: Die zunehmend notwendigen Abstraktionsleistungen zum Aufbau des Zahlenraums machen es oft erforderlich, dass auch nach der vierten Klasse am Aufbau des Zahlenraums bis zu einer Million gearbeitet wird. Wichtig ist, dass verschiedene Zahlaspekte anhand der Veranschaulichungen Tausenderfeld, Tausenderstrahl, Tausenderbuch aus Zahlenbuch 3 sowie Millionbuch und Zahlenstrahl aus Zahlenbuch 4 wiederholt werden (siehe Scherer/Moser Opitz 2010, S. 137 ff.).

Tausenderraum (Wiederholung): Es muss insbesondere Gewicht auf den Zusammenhang zwischen den Einheiten gelegt werden, z. B. 1000 ist zehnmal 100, 100 ist der zehnte Teil von 1000. Für die Erarbeitung dieser Inhalte können das Material zum Dezimalsystem und die Stellentafel eingesetzt werden. Wenn diese Kenntnisse vorhanden sind, kön-

nen sie durch Analogiebildung auf den Millionraum übertragen und für die Erarbeitung der Dezimalbrüche (Basisstoff im fünften und sechsten Schuljahr) genutzt werden.

Weitere Hinweise finden sich in SB 3, «Orientierung im Tausenderraum»:

sowie auf den dazugehörigen Seiten im HPK 3.

Millionraum: Zur Einsicht in den Zahlaufbau im Millionraum wird das Prinzip der Bündelung von immer gleich vielen Einheiten zu einer neuen Einheit weitergeführt: Immer zehn Tausender geben einen Zehntausender, immer zehn Zehntausender einen Hunderttausender, immer zehn Hunderttausender eine Million.

Wichtig ist, dass die Schülerinnen und Schüler Bündelungen auch bei ungewohnter Zahlenschreibweise erkennen. So muss bei der Schreibweise «27 Tausender» erkannt werden, dass die 2 zwei Zehntausender bedeutet.

Weitere Hinweise finden sich in SB 4, «Orientierung im Millionraum»:

sowie auf den dazugehörigen Seiten im HPK 4.

3 Addition, Subtraktion und Ergänzen im Zahlenraum bis 10 000 bzw. 1 000 000

3.1 Grosse Zahlen im Kopf addieren
3.2 Zehntausender, Hunderttausender unterschreiten
3.3 Ergänzen auf den Nachbartausender, den Nachbarzehntausender

Das Addieren, Subtrahieren und Ergänzen mit grossen Zahlen ist wichtig für das Überschlagen mit gerundeten Zahlen und Grössen. Dazu sind zwei Voraussetzungen notwendig: einerseits Kopfrechenfähigkeiten im Tausenderraum (insbesondere das Nutzen von operativen Beziehungen, um Rechenstrategien zu entwickeln), andererseits die Einsicht ins Stellenwertsystem.

Förderhinweise Addition, Subtraktion und Ergänzen (im Kopf): In einem ersten Schritt ist zu überprüfen, ob die Schülerinnen und Schüler über die genannten Voraussetzungen verfügen. Wenn sich Lücken zeigen, müssen diese aufgearbeitet werden. Dazu ist es nicht unbedingt notwendig, mit kleinen Zahlen zu arbeiten, da dies gerade für ältere Schülerinnen und Schüler oft demotivierend ist. Operative Beziehungen und Einsicht ins Stellenwertsystem können auch durch Analogiebildung erarbeitet werden:

$100 + 30 = 130 \rightarrow 1000 + 30 = 1030$, $10\,000 + 30 = 10\,030$
$900 - 70 = 830 \rightarrow 9000 - 700 = 8300$; $90\,000 - 7000 = 83\,000$ usw.;

$360 + \mathbf{40} = 400 \rightarrow 3600 + \mathbf{400} = 4000 \rightarrow 36\,000 + \mathbf{4000} = 40\,000$ usw.

Grundsätzliche Hinweise zum Erarbeiten von operativen Beziehungen zur Addition und Subtraktion bzw. zum Ergänzen finden sich im SB 4 (S. 8–9, «Addieren und Subtrahieren») sowie auf den dazugehörigen Seiten im HPK 4. Förderhinweise zum Bestimmen der Nachbareinheiten bei grossen Zahlen finden sich im HPK 4 (S. 83f., «Runden: Nachbareinheiten bestimmen»). Weitere Übungen sind im SB 4 (S. 32–33, «Rechnen mit gerundeten Tausendern») sowie auf den dazugehörigen Seiten im HPK 4 zu finden. Zur Förderung können auch die Übungen «Subtraktion von Stufenzahlen» in der Kartei «Blitzrechnen 4» und auf der CD-ROM «Blitzrechnen 3/4» (Teil 4) eingesetzt werden (Angaben siehe HPK 5 + 6, S. 2).

3.4 Schriftlich addieren
3.5 Schriftlich subtrahieren

Schülerinnen und Schüler mit besonderem Bildungsbedarf sind oft sehr motiviert, die schriftlichen Verfahren zu lernen. Allerdings besteht die Gefahr, dass dies nur rezepthaft und ohne Verständnis geschieht und in der Folge zu vielen Fehlern führt. Es kommt immer wieder vor, dass die Schülerinnen und Schüler das «Rezept» vergessen oder die verschiedenen Verfahren miteinander vermischen (Verwechslung von Abläufen, Rechenrichtung usw.). Deshalb ist es wichtig, dass bei der Erarbeitung der schriftlichen Operationen Gewicht auf Einsicht und Verständnis gelegt wird (vgl. dazu auch «Bedeutung des halbschriftlichen und des schriftlichen Rechnens», HPK 4, S. 39ff.). Bei der schriftlichen Addition und der schriftlichen Subtraktion treten folgende Fehler häufig auf (vgl. Gerster 1982, S. 28 und 52):
- Fehler beim Einspluseins und Einsminuseins: Aufgaben werden z.B. durch Abzählen gelöst, dabei wird das Anfangsglied mitgezählt. Das Resultat wird um 1 zu gross/zu klein.
- Fehler mit der Null: 7 + 0 = 0 oder 7 – 0 = 0 (wegen 7 • 0 = 0).
- Fehler durch unterschiedliche Stellenzahl: Zahlen werden nicht stellengerecht untereinander geschrieben, insbesondere wenn sie nicht gleich viel Stellen aufweisen.
- Vermeiden des Zehnerübergangs: Eine Ziffer der oberen Zahl ist kleiner als die entsprechende Ziffer der unteren Zahl (z.B. die Einerstelle in 703 – 97). Es wird gerechnet 7 – 3 = 4.

Förderhinweise Schriftliche Addition und Subtraktion: Wenn beim schriftlichen Addieren und Subtrahieren Schwierigkeiten auftreten, ist es wichtig, zu überprüfen, ob die notwendigen Voraussetzungen zum Erarbeiten der schriftlichen Verfahren vorhanden sind (insbesondere das Verständnis von Addition, Subtraktion und Ergänzen, die Einsicht in die verschiedenen Aspekte des Dezimalsystems sowie die halbschriftliche Strategie «Stellenwerte extra» zur Addition und zur Subtraktion).
Hinweise zum Aufarbeiten der beiden Operationen sind zu finden im SB 3 (S. 76, «Vorbereitung der schriftlichen Addition»; S. 77, «Schriftliche Addition»; S. 80, «Vorbereitung der schriftlichen Subtraktion»; S. 81, «Schriftliche Subtraktion») und im SB 4 (S. 40, «Schriftliche Addition»; S. 41, «Schriftliche Subtraktion») sowie auf den dazugehörigen Seiten im HPK 3 und 4.

4   Multiplikation

4.1   Verdoppeln
4.2   Multiplizieren mit 10, 100, 1000
4.3   Multiplizieren von beliebigen Stufenzahlen
4.4   Multiplizieren am Vierhunderterfeld

Innerhalb der Multiplikation kommt dem Verdoppeln eine besondere Bedeutung zu. Die Operation ist wichtig für den Aufbau von Kopfrechenkompetenzen, für die Orientierung im Zahlenraum (5000 + 5000 = 10000, 2 • 5000 = 10000), das Zählen in Schritten (insbesondere in 250er-, 500er-, 2500er-, 5000er-Schritten, beginnend bei 0) sowie das Schätzen und Überschlagen.
Multiplizieren mit den Stufenzahlen 10, 100 und 1000 und Multiplizieren von beliebigen Stufenzahlen wie 30, 300, 3000 gehören zum mathematischen Basisstoff und sind insbesondere wichtig für das Überschlagen und Überprüfen von Ergebnissen sowie für den Umgang mit Masseinheiten. Zudem trägt dies zur Einsicht ins Dezimalsystem bei und ist grundlegend für das Verständnis der Dezimalbrüche.
Mit dem Multiplizieren am Vierhunderterfeld wird Einsicht in das Distributivgesetz (siehe «Glossar») aufgebaut. Daran anschliessend werden die halbschriftlichen Strategien (z.B. am Malkreuz) und das Verständnis für die Erarbeitung der schriftlichen Multiplikation erarbeitet.
Förderhinweise Verdoppeln: Das Prinzip des Verdoppelns lässt sich mit dem Spiegel bzw. mit Geld veranschaulichen. Hinweise finden sich im SB 3 (S. 16, «Verdoppeln», und S. 38, «Geldbeträge verdoppeln und halbieren») im SB 4 (S. 32–33, «Rechnen mit gerundeten Tausendern») sowie auf den dazugehörigen Seiten im HPK 3 und 4.
Zur Förderung können auch die Übungen «Verdoppeln/Halbieren im Hunderter» und «Verdoppeln/Halbieren im Tausender» in der Kartei «Blitzrechnen 3» und «Verdoppeln/Halbieren» in der Kartei «Blitzrechnen 4» sowie auf der CD-ROM «Blitzrechnen 3/4» eingesetzt werden (Angaben siehe HPK 5 + 6, S. 2).
Förderhinweise Multiplizieren mit 10, 100, 1000 und Multiplizieren von beliebigen Stufenzahlen: Wichtig ist, dass die Schülerinnen und Schüler verstehen, was bei der Multiplikation mit 10, 100 und 1000 geschieht. Beim Multiplizieren mit 100 werden beispielsweise aus den Einern Hunderter, aus den Zehnern Tausender und aus den Tausendern Hunderttausender. Das heisst, in der Stellentafel findet eine Verschiebung der Ziffern um zwei Stellen nach links statt. Nur durch Einsicht in dieses Prinzip verstehen die Schülerinnen und Schüler, was das «Anhängen von Nullen» (an der Einer- und Zehnerstelle) in der formalen Darstellung bedeutet. Für den Zahlenraum bis 1000 können diese Zusammenhänge mit dem Material zum Dezimalsystem erarbeitet werden, ausgehend davon können mit Plättchen an der Stellentafel Analogien für grössere Zahlenräume hergestellt werden. Weitere Hinweise finden sich im SB 3 (S. 98–99, «Zehnereinmaleins»; S. 102 «Mal 10, durch 10 / Mal 100, durch 100) und SB 4 (S. 52–53, «Einfache Malaufgaben» anhand des Stellen-Einmaleins) sowie auf den dazugehörigen Seiten im HPK 3 und 4.
Zur Förderung können auch die Übungen «Mal 10/durch 10» in der Kartei «Blitzrechnen 3» und «Stellen-Einmaleins, auch umgekehrt» in der Kartei «Blitzrechnen 4» sowie auf der CD-ROM «Blitzrechnen 3/4» (Teil 4) eingesetzt werden (Angaben siehe HPK 5 + 6, S. 2).
Förderhinweise Multiplizieren am Vierhunderterfeld: Voraussetzung für die Benützung des Vierhunderterfeldes

ist der sichere Umgang mit Punktfeldern und insbesondere die Darstellung der Multiplikation. Siehe dazu SB 3 (S. 13, «Rechnen mit dem Malkreuz»; S. 66, «Malaufgaben am Vierhunderterfeld») sowie auf den dazugehörigen Seiten im HPK 3 und 4. Die Multiplikation am Vierhunderterfeld beruht auf dem Distributivgesetz (siehe «Glossar») und bereitet deshalb auch auf die Algebra vor.

5 Division

5.1   Halbieren
5.2   Dividieren durch 10, 100, 1000
5.3   Halbschriftlich dividieren

Das Halbieren ist wichtig für den Aufbau und das Automatisieren des Einmaleins, das Ableiten von Rechenstrategien, die Orientierung im Zahlenraum (die Mitte zwischen 0 und 10000, zwischen 0 und 100000, zwischen 0 und 1000000; die Hälfte von 10000, 100000, 1000000) und das Schätzen und Überschlagen.

Das Dividieren durch 10, 100 und 1000 gehört zum mathematischen Basisstoff und ist insbesondere wichtig für das Überschlagen und Überprüfen von Ergebnissen sowie für den Umgang mit Masseinheiten. Zudem trägt es zur Einsicht ins Dezimalsystem bei und ist grundlegend für das Verständnis der Dezimalbrüche.

Die halbschriftliche Division eignet sich gut, um das Prinzip des Dividierens deutlich zu machen. Die Division wird im Unterricht häufig auf der formalen Ebene als Umkehrung der Multiplikation erarbeitet. Dies kann dazu führen, dass insbesondere Schülerinnen und Schüler mit besonderem Bildungsbedarf nicht verstehen, was dividieren bedeutet. Damit fehlen oft zentrale Voraussetzungen für das Bruchdenken und Bruchrechnen, die zum Basisstoff im fünften und sechsten Schuljahr gehören.

Förderhinweise Halbieren: Das Prinzip des Halbierens lässt sich mit Zehnerstreifen und Plättchen oder mit Geld veranschaulichen. Hinweise finden sich im SB 3 (S. 17, «Halbieren», und S. 38, «Geldbeträge verdoppeln und halbieren»), im SB 4 (S. 32–33, «Rechnen mit gerundeten Tausendern») sowie auf den dazugehörigen Seiten im HPK 3 und 4.

Zur Förderung können auch die Übungen «Verdoppeln/ Halbieren im Hunderter» und «Verdoppeln/Halbieren im Tausender» in der Kartei «Blitzrechnen 3» und «Verdoppeln/ Halbieren» in der Kartei «Blitzrechnen 4» sowie auf der CD-ROM «Blitzrechnen 3/4» eingesetzt werden (Angaben siehe HPK 5 + 6, S. 2).

Förderhinweise Dividieren durch 10, 100, 1000: Wichtig ist, dass die Schülerinnen und Schüler verstehen, was bei der Division durch 10, 100 und 1000 geschieht. Beim Dividieren durch 100 werden beispielsweise aus Zehntausendern Hunderter und aus Tausendern Zehner, das heisst, in der Stellentafel findet eine Verschiebung der Ziffern um zwei Stellen nach rechts statt. Nur durch Einsicht in dieses Prinzip verstehen die Schülerinnen und Schüler, was das «Durchstreichen von Nullen» in der formalen Darstellung bedeutet. Für den Zahlenraum bis 1000 können diese Zusammenhänge mit dem Material zum Dezimalsystem erarbeitet werden; ausgehend davon können mit Plättchen an der Stellentafel Analogien für grössere Zahlenräume hergestellt werden. Wichtig ist weiter, dass immer wieder die Beziehung zu den entsprechenden Multiplikationsaufgaben (Umkehraufgaben) hergestellt wird. Weitere Hinweise finden sich im SB 3 (S. 102, «Mal 10, durch 10 / Mal 100, durch 100»), im SB 4 (S. 52, «Einfache Malaufgaben» anhand des

Stellen-Einmaleins) sowie auf den dazugehörigen Seiten im HPK 3 und 4.

Zur Förderung können auch die Übungen «Mal 10/durch 10» in der Kartei «Blitzrechnen 3» und «Stellen-Einmaleins, auch umgekehrt» in der Kartei «Blitzrechnen 4» sowie auf der CD-ROM «Blitzrechnen 3/4» (Teil 4) eingesetzt werden (Angaben siehe HPK 5 + 6, S. 2).

Förderhinweise Halbschriftliche Division: Beim halbschriftlichen Dividieren geht es – im Gegensatz zum schriftlichen Verfahren – nicht darum, den grösstmöglichen Quotienten zu finden, sondern darum, sich diesem schrittweise anzunähern. Um dies aufzuzeigen, kann das Material zum Dezimalsystem verwendet werden (siehe SB 4, S. 56, «Halbschriftliche Division», sowie die dazugehörigen Seiten im HPK 4).

6 Sachaufgaben

6.1   Sachaufgaben lösen
6.2   Sachtext bearbeiten

Das Bearbeiten von Sachaufgaben ist ein zentraler Aspekt des Mathematiklernens (siehe HPK 4, S. 43, «Sachrechnen»; Scherer/Moser Opitz 2010, S. 160ff.). Im Zentrum steht die Fähigkeit, eine Sachsituation zu verstehen, mit Hilfe von Skizzen, Listen oder Tabellen in ein mathematisches Modell zu übersetzen, mit mathematischen Mitteln die Lösung zu bestimmen und das Ergebnis für die reale Situation zu interpretieren.

Förderhinweise Sachaufgaben: Im Vordergrund soll die Auseinandersetzung mit der Sache stehen, das heisst, die Schülerinnen und Schüler sollen Gelegenheit bekommen, sich mit Themen zu befassen, denen sie in ihrem Alltag, in ihrer Freizeit oder bei ihren Hobbys und in ihren Interessengebieten begegnen (siehe Scherer/Moser Opitz 2010, S. 161f.).

Davon ausgehend kann die Sachrechenkompetenz durch das Erfinden und Lösen von eigenen Sachaufgaben gepflegt werden, siehe z.B. «Sachaufgaben erfinden» in SB 3, S. 89, und in SB 4, S. 17, sowie die dazugehörigen Seiten im HPK 3 und 4. Zu beachten ist auch das Stellen von Fragen zu Texten (Bücher, Zeitungen, Prospekte, Schulbuch) oder zu Alltagssituationen.

Wichtig ist zudem, dass die Schülerinnen und Schüler Lösungsschritte planen und «Übersetzungshilfen» verwenden lernen, indem sie Zeichnungen machen, die Daten in Listen- oder Tabellenform oder grafisch darstellen, siehe z.B. SB 3 (S. 72, «Lösungsschritte überlegen») und SB 4 (S. 74–75, «Überlegen und ausprobieren»).

Zur Förderung können auch die Übungen «Rechnen mit Grössen», «Grössenpaare» und «Textaufgaben» in der Kartei «Sachrechnen im Kopf 3/4» eingesetzt werden (Angaben siehe HPK 5 + 6, S. 2).

7 Grössen

7.1   Sich Längenmasse vorstellen
7.2   Beziehungen zwischen Masseinheiten
7.3   Passende Grössenangaben eintragen
7.4   Auf Tausender genau runden

Um Grössenvorstellungen aufzubauen und mit Grössen umzugehen, müssen vielfältige Vorkenntnisse vorhanden sein und zueinander in Beziehung gebracht werden:
–   Zusammenhang zwischen den dezimalen Einheiten →

Verständnis der Beziehungen zwischen den Masseinheiten, Umwandeln
- Zahlenstrahl → Umgang mit Skalen
- Nachbareinheiten → Runden, Überschlagen
- Stützpunktvorstellungen (z.B. 1 cm ≈ Fingernagelbreite, 10 cm ≈ Höhe einer Postkarte) → Schätzen

Förderhinweise Masseinheiten und Grössenangaben:
In einem ersten Schritt sind die Kenntnisse des Dezimalsystems zu überprüfen (siehe Aufgaben 2.1., 2.3. und 2.4 in dieser Lernstandserfassung). Förderhinweise zur Erarbeitung des Dezimalsystems finden sich unter Punkt 2 dieser Lernstandserfassung. Zur Erarbeitung der Masseinheiten und deren Beziehungen untereinander ist es wichtig, dass die Grössen miteinander verglichen werden, und zwar mittels konventioneller Einheiten mit Hilfe von Messgeräten und mittels unkonventioneller Einheiten (z.B. Bechern, Stäben). Solche Handlungen und Situationen werden jedoch mathematisch erst bedeutsam, wenn sie mit mathematischen Begriffen (Masseinheit, Masszahl, Messskala) in Verbindung gebracht werden, siehe «Grössen» im HPK 4 (S. 47) und SB 4 (S. 4–5, «Immer grösser – immer mal 10») sowie die dazugehörigen Seiten im HPK 4. Für den Umgang mit Skalen (Massband, Litermass usw.) ist insbesondere die Kenntnis des Zahlenstrahls wichtig.

Weitere Hinweise zum Aufbau von Grössenvorstellungen siehe SB 3 (S. 22–23, «Meter, Dezimeter, Zentimeter»; S. 50–51, «Gewichte/Kilogramm, Gramm»; S. 70, «Millimeter»; S. 74–75, «Liter, Deziliter, Zentiliter») und SB 4 (S. 4–5, S. 44–45, «Grosse Gewichte»; S. 48, «Liter und Milliliter») sowie die dazugehörigen Seiten im HPK 3 und 4.

Zur Förderung können auch die Übungen «Geld», «Zeit», «Länge», «Gewicht» in der Kartei «Sachrechnen im Kopf 3/4» eingesetzt werden (Angaben siehe HPK 5 + 6, S. 2).

Förderhinweise Auf Tausender genau runden: Als Vorübung zum Erarbeiten des Rundens können mit Hilfe des Zahlenstrahls die Nachbartausender bestimmt werden. Erste Hinweise zum Runden finden sich im SB 4 (S. 32–33, «Rechnen mit gerundeten Tausendern») sowie auf den dazugehörigen Seiten des HPK 4.

Beobachtungsbogen zur Lernstandserfassung (mathematischer Basisstoff der vierten Klasse)

Name   Datum

Die Schülerinnen und Schüler verwenden zur Bearbeitung der Aufgaben die Aufgabenblätter (S. 27 ff.).

Aufgabenbereiche und Aufgaben	Beobachtungshinweise	Beobachtungen
1 Zählen in Schritten/Zahlwortreihe		
1.1 Zählen in Zweierschritten vorwärts Zähle von 985 aus, von 9987 aus in Zweierschritten vorwärts, bis ich «Stopp!» sage (985 → Stopp bei 1007; 9987 → Stopp bei 10 013). (Diese Aufgabe wird mündlich gelöst.)	Bis zu welcher Zahl zählt die Schülerin/der Schüler sicher? Werden bestimmte Zahlen ausgelassen? «Verrutscht» die Schülerin/der Schüler in andere Einheiten, z. B. so: 985, 987, **789** usw.? Gibt es speziell beim Übergang über den Tausender Schwierigkeiten? Kommen andere Zählfehler vor?	
1.2 Zählen in Zehnerschritten rückwärts Zähle von 1128 aus, von 5036 aus in Zehnerschritten rückwärts, bis ich «Stopp!» sage (1128 → Stopp bei 1078; 5036 → Stopp bei 4986). (Diese Aufgabe wird mündlich gelöst.)	Bis zu welcher Zahl zählt die Schülerin/der Schüler sicher? Werden bestimmte Zahlen ausgelassen? Gibt es speziell beim Übergang über den Hunderter/Tausender Schwierigkeiten? Wird vorwärts anstatt rückwärts gezählt? Kommen andere Zählfehler vor?	
2 Zahlen/Dezimalsystem		
2.1 Schreibweise		
2.1.1 Zahlen schreiben Schreibe die Zahlen auf, die ich diktiere: 5341, 4440, 1000000, 375000, 53789, 10080	In welcher Reihenfolge werden die Ziffern geschrieben? Werden einzelne Stellenwerte verwechselt? Ist die Schreibrichtung konstant oder immer wieder anders und somit fehleranfällig? Werden insbesondere Zahlen mit Nullen korrekt geschrieben?	

2.1.2 Zahlen lesen

Lies die Zahl, auf die ich zeige:
6008, 7987, 10005, 755351, 360034, 200540

Beobachtungshinweise:
Welche Zahlen werden richtig gelesen?
Werden Zehntausender und Tausender verwechselt?
(z. B. «tausendfünf» für 10005)
Werden falsche oder ungewöhnliche Zahlwörter verwendet, z. B. wegen Anderssprachigkeit?

2.2 Gerade und ungerade Zahlen

2.2.1 Gerade und ungerade Zahlen nennen

Nenne zwei gerade und zwei ungerade Zahlen, die grösser sind als 1000, und schreibe sie auf.

Beobachtungshinweise:
Können gerade und ungerade Zahlen > 1000 genannt/aufgeschrieben werden?

2.2.2 Gerade und ungerade Zahlen erkennen

In der Tabelle sind die Zahlen 892, 2001, 7000, 753876, 50000 notiert. Finde heraus, welche Zahlen gerade und welche ungerade sind, und kreuze die Antwort wie im Beispiel an.
Warum ist … eine gerade/ungerade Zahl?

Beobachtungshinweise:
Kann eine gerade von einer ungeraden Zahl unterschieden werden?
Kann das Vorgehen begründet werden?

2.3 Zahlenreihe, Zahlenstrahl

2.3.1 Zahlen anordnen[1]

(Die Zahlen 0, 100, 500, 1000, 5000, 7500, 10000 auf Post-it-Zettel schreiben.)
Klebe den Zettel mit der 0 und in einiger Entfernung davon den Zettel mit der 10000 auf den Tisch (oder den Boden). Klebe die Zettel mit der 100, 500, 1000, 5000, 7500 ungefähr dorthin, wo ihr Platz in der Zahlenreihe ist (die Zettel einzeln abgeben).
Aufgabe analog mit den Zahlen 0, 500000, 750000, 100000, 50000, 10000, 1000000 durchführen.

Beobachtungshinweise:
Wie wird die Zahlenreihe gesehen? (Von links nach rechts oder umgekehrt? Von unten nach oben oder umgekehrt?)
Werden die Zahlenkarten in der Zahlenreihe an ihrem ungefähren Platz positioniert?
Wie wird dabei vorgegangen? (Kann z. B. erklärt werden, warum 5000 in der Mitte zwischen 0 und 10000 liegt; warum 7500 in der Mitte zwischen 5000 und 10000 liegt?)

---

[1] Diese Aufgabe ist nicht auf dem Aufgabenblatt.

Aufgabenbereiche und Aufgaben	Beobachtungshinweise	Beobachtungen
2.3.2 Nachbartausender und Nachbarzehntausender (siehe «Glossar») Trage zu 2141, 9756 jeweils die beiden Nachbartausender in die Tabelle ein. Weisst du, was ein Nachbartausender ist? Trage zu 32212, 58999 jeweils die beiden Nachbarzehntausender in die Tabelle ein. Weisst du, was ein Nachbarzehntausender ist? Wenn nötig, jeweils ein Beispiel geben: Die Nachbartausender von 1234 sind 1000 und 2000 (Nachbarzehntausender von 21345; 21000 und 22000).	Weiss die Schülerin/der Schüler, was ein Nachbartausender bzw. ein Nachbarzehntausender ist? Können die beiden Nachbartausender bzw. Nachbarzehntausender jeweils richtig eingetragen werden?	
2.3.3 Zahlenstrahl Zahlenstrahl bis 10000: Markierungsstrich zur Zahl finden: Zu welchem Strich gehört die Zahl 100, 600, 1700, 5000, 6900? Verbinde. Zahl zum Markierungsstrich finden: Welche Zahlen gehören in die leeren Ovale? Trage sie ein. (500, 4100, 8500) Zahlenstrahl bis 1000000: Markierungsstrich zur Zahl finden: Zu welchem Strich gehört die Zahl 200000, 60000, 560000, 8900000? Verbinde. Zahl zum Markierungsstrich finden: Welche Zahlen gehören in die leeren Ovale? Trage sie ein. (50000, 400000, 740000)	Werden die Zahlen zu den entsprechenden Strichen geschrieben? Wird an den Markierungsstrichen abgezählt? Werden die richtigen Zahlen in die Ovale eingetragen?	
2.4 Zahlaufbau		
2.4.1 Zahlen vergleichen Welche Zahl ist grösser? Unterstreiche die grössere Zahl. Warum ist sie grösser? 4357 oder 4057 93004 oder 93049 9001 oder 7999 111111 oder 99999	Kann die Schülerin/der Schüler die Zahlen richtig vergleichen? Erfolgt die Begründung mit Bezugnahme auf den Stellenwert?	

Aufgabenbereiche und Aufgaben	Beobachtungshinweise	Beobachtungen
2.4.2 Bedeutung der Ziffern/Stellenwert Aus wie vielen Einern besteht ein Zehner, aus wie vielen Zehnern besteht ein Hunderter? Aus wie vielen Hundertern besteht ein Tausender? Aus wie vielen Tausendern besteht ein Zehntausender? Aus wie vielen Tausendern besteht ein Hunderttausender?	Kann die Beziehung zwischen den dezimalen Einheiten richtig hergestellt werden?	
2.4.3 Einheiten stellengerecht notieren Übertrage in die Stellentafel und schreibe die Zahl, die entsteht, rechts daneben: 6 ZT, 3 T, 14 H, 8 Z, 7 E 5 ZT, 27 T, 7 Z, 15 E	Wird eine Bündelung beim Eintragen in die Stellentafel vorgenommen und trägt die Schülerin/der Schüler eine Ziffer pro Spalte ein? Wird die Bündelung beim Schreiben der Zahl vorgenommen bzw. wird die Zahl korrekt notiert?	
3 Addition, Subtraktion und Ergänzen im Zahlenraum bis 10000 bzw. 1000000		
3.1 Grosse Zahlen im Kopf addieren Addiere im Kopf. Schreibe das Ergebnis auf. 6000 + 80 50000 + 17 10000 + 30 400000 + 500 Welche Stellen verändern sich jeweils, welche bleiben gleich?	Werden die Aufgaben richtig gelöst? Werden die Aufgaben ohne zu rechnen gelöst? Erkennt die Schülerin/der Schüler, welche Stellen sich verändern und welche nicht?	
3.2 Zehntausender, Hunderttausender unterschreiten Subtrahiere im Kopf. Schreibe das Ergebnis auf. 10000 – 1 100000 – 1 10000 – 10 100000 – 10 10000 – 100 100000 – 100	Werden die Aufgaben richtig gelöst? Kann die Schülerin/der Schüler die Aufgaben im Kopf lösen?	
3.3 Ergänzen auf den Nachbartausender, den Nachbarzehntausender Löse die Aufgaben. Schreibe das Ergebnis auf. 3500 + ___ = 4000 23000 + ___ = 30000 7850 + ___ = 8000 45700 + ___ = 50000	Werden die Aufgaben (richtig) gelöst? Ist die ergänzte Zahl um einen Hunderter oder einen Tausender zu gross?	

Aufgabenbereiche und Aufgaben	Beobachtungshinweise	Beobachtungen
3.4 Schriftlich addieren Löse die Aufgaben schriftlich. 6705 + 369 9883 + 2301 + 386 Was bedeutet der Übertrag (die «kleine Zahl»)?	Werden die Zahlen stellengerecht untereinander geschrieben? Werden die Aufgaben (richtig) gelöst? Wird der Übertrag korrekt notiert? Kann die Schülerin/der Schüler erklären, was der Übertrag bedeutet? Wird der Übertrag stellengerecht (d.h. direkt unter der betreffenden Stelle) notiert?	
3.5 Schriftlich subtrahieren Löse die Aufgaben schriftlich. 7003 – 1624 8547 – 805 Was bedeutet der Übertrag (die «kleine Zahl»)? Warum muss der Übertrag addiert und nicht subtrahiert werden?	Werden die Zahlen stellengerecht untereinander geschrieben? Werden die Aufgaben (richtig) gelöst? Wird der Übertrag korrekt notiert? Kann der Schüler/die Schülerin erklären, wie er bzw. sie vorgeht? (z.B. ergänzen, abziehen) Kann die Schülerin/der Schüler erklären, was der Übertrag bedeutet und warum er auch bei der Subtraktion *addiert* werden muss? Wird der Übertrag stellengerecht (d.h. direkt unter der betreffenden Stelle) notiert?	
4 Multiplikation		
4.1 Verdoppeln Wie viel ist das Doppelte von 5000, 2500, 3600, 2785, 50000, 250000? Trage das Doppelte in die Tabelle ein. Schreibe passende Rechnungen dazu.	Werden die Aufgaben richtig gelöst? Wird die Operation «verdoppeln» als Addition oder als Multiplikation mit 2 aufgeschrieben?	
4.2 Multiplizieren mit 10, 100, 1000 Löse die Aufgaben. Schreibe das Ergebnis auf. 10 • 257 1060 • 100 307 • 10 1000 • 36 100 • 730 70 • 1000 Hast du eine Regel entdeckt? Kannst du sie erklären?	Werden die Aufgaben richtig gelöst? Wird die Null/werden die Nullen an der richtigen Stelle eingefügt? Kann eine Regel formuliert und begründet werden?	

Aufgabenbereiche und Aufgaben	Beobachtungshinweise	Beobachtungen
4.3 Multiplizieren von beliebigen Stufenzahlen Löse die Aufgaben. Schreibe das Ergebnis auf. 20 • 300 30 • 1000 600 • 50 500 • 2000 700 • 200 2000 • 4000 Hast du eine Regel entdeckt? Kannst du sie erklären? Warum gibt es bei 600 • 50 vier Nullen im Ergebnis?	Werden die Aufgaben richtig gelöst? Kann eine Regel formuliert und begründet werden?	
4.4 Multiplizieren am Vierhunderterfeld Stelle die Aufgaben 9 • 13, 12 • 16 am Vierhunderterfeld mit dem Malwinkel dar. Welche (Teil-)Aufgabe gehört zu welchem Feld? Notiere das Ergebnis im Malkreuz. Falls die Berechnung am Vierhunderterfeld und die Notation am Malkreuz nicht gelingen: Kannst du die Aufgabe ohne Vierhunderterfeld lösen?	Können die Aufgaben am Vierhunderterfeld gezeigt werden? Kann die Schülerin/der Schüler Teilaufgaben und Felder verbinden? Können die Ergebnisse im Malkreuz notiert werden? Kann die Schülerin/der Schüler die Aufgabe auf eine andere Weise lösen?	
5 Division		
5.1 Halbieren Wie viel ist die Hälfte von 5000, 10000, 7500, 25000, 50000, 100000? Trage die Hälfte in die Tabelle ein. Schreibe passende Rechnungen dazu. Schreibe die passende Umkehraufgabe auf.	Kann die Operation «halbieren» als Division durch 2 aufgeschrieben werden? Wird die Rechnung richtig durchgeführt? Wird auch eine Lösung gefunden, wenn die Tausender-, Zehntausenderziffer ungerade ist? Kann aus einer Halbierungsaufgabe die Verdopplungsaufgabe abgeleitet werden?	
5.2 Dividieren durch 10, 100, 1000 Löse die Aufgaben. Schreibe das Ergebnis auf. 500 : 10 3800 : 100 530 : 10 10000 : 1000 500 : 100 620000 : 1000 Hast du eine Regel entdeckt? Kannst du sie erklären? Kannst du überprüfen, ob dein Ergebnis stimmt?	Werden die Aufgaben richtig gelöst? Enthält das Resultat zu wenig/zu viel Nullen? Kann eine Regel formuliert und begründet werden? Wird beim Überprüfen die Umkehroperation angewendet?	

Aufgabenbereiche und Aufgaben	Beobachtungshinweise	Beobachtungen
5.3 Halbschriftlich dividieren Löse die Aufgaben. Schreibe das Ergebnis auf. 525 : 5 = 1000 : 8 = Wie hast du gerechnet? Erkläre/schreibe auf/zeichne, wie du vorgegangen bist.	Löst die Schülerin/der Schüler die Aufgabe im Kopf oder halbschriftlich?	
6 Sachaufgaben		
6.1 Sachaufgaben lösen Lies die Sachaufgaben. Schreibe das Ergebnis und eine passende Rechnung auf. 1 Heft kostet Fr. 0.90 (oder 90 Rp.). Wie viel kosten 5 Hefte? 3 Brötchen kosten Fr. 3.60 (oder 3 Fr. 60 Rp.). Wie viel kostet 1 Brötchen? Wie viel kosten 4 Brötchen?	Kann die Schülerin/der Schüler die Aufgabe richtig lösen? Kann eine passende Rechnung gefunden werden? Können bereits berechnete Ergebnisse genutzt werden? (Preis für 4 Brötchen aus dem Preis von 3 und dem Preis von 1 Brötchen zusammensetzen.)	
6.2 Sachtext bearbeiten Lies den Text: *Der Mensch ist das einzige Säugetier, das über 120 Jahre alt werden kann. Ein Elefant kann 50 bis 60 Jahre alt werden, eine Kuh wird etwa 10 Jahre alt, bevor sie geschlachtet wird. Die Schildkröte, die zur Familie der Reptilien gehört, kann über 150 Jahre alt werden.* Was hast du erfahren? Erzähle oder zeichne. Um wie viele Jahre kann die Schildkröte älter werden als die Kuh? Erkläre, wie du rechnest.	Hat die Schülerin/der Schüler den Text und die wesentlichen Informationen verstanden? Findet die Schülerin/der Schüler eine (richtige) Antwort auf die Frage? Kann die Schülerin/der Schüler das Vorgehen aufzeichnen, aufschreiben, erklären?	

7 Grössen

7.1 Sich Längenmasse vorstellen

Zeige/zeichne: So lang ist ungefähr 1 mm, 1 cm, 1 dm, 1 m.

Beobachtungshinweise:
Kann die Schülerin/der Schüler die Grössen richtig zeigen/zeichnen?
Sind die Angaben zu lang/zu kurz?
Stimmen die Relationen der Längen ungefähr, auch wenn diese nicht richtig gezeichnet/gezeigt worden sind?

7.2 Beziehungen zwischen Masseinheiten herstellen

Wie viele Minuten hat eine Stunde?
1 h = _____ min
Wie viele Zentimeter hat ein Meter?
1 m = _____ cm
Wie viele Meter hat ein Kilometer?
1 km = _____ m
Wie viele Deziliter hat ein Liter?
1 l = _____ dl
Wie viele Gramm hat ein Kilogramm?
1 kg = _____ g

Beobachtungshinweise:
Kann die Schülerin/der Schüler die korrekten Massbeziehungen nennen/eintragen?
Welche Beziehungen werden falsch genannt/eingetragen?
Sind die Abkürzungen für die Einheiten bekannt?

7.3 Passende Grössenangaben eintragen

Dieser Text hat Lücken. Du sollst herausfinden, welche Grössenangabe aus der Auswahl in die jeweilige Lücke passt.

Am Montagabend um 1) 23.30 wurde im Zoo ein Elefantenmädchen geboren. Es ist 2) 97 cm gross und 3) 120 kg schwer. Die Elefantenmutter ist viel schwerer, sie wiegt rund 4) 3400 kg. Das Baby trinkt pro Tag 5) 10 l Muttermilch. Es trinkt mit dem Maul und nicht mit dem Rüssel.

Auswahl:
1) 23:30 Uhr, 13:10 Uhr
2) 9,7 m, 97 cm, 970 cm
3) 1200 g, 12 kg, 120 kg
4) 34 t, 3400 kg, 340 kg
5) 10 l, 1 dl, 1000 l

Beobachtungshinweise:
Versteht die Schülerin/der Schüler den Text?
Wird die adäquate Grösse eingesetzt?

7.4   **Auf Tausender genau runden**

Ein Velo kostet Fr. 1234.–.
Sind das ungefähr 1000 oder ungefähr 2000 Fr.?
Begründe deine Antwort.

Ein Kleinbus wiegt 2390 kg. Sind das ungefähr 2 t
oder ungefähr 3 t?
Begründe deine Antwort.

Das Fussballspiel wurde von 11700 Zuschauern besucht. Sind das ungefähr 11000 oder ungefähr
12000 Zuschauer?
Begründe deine Antwort.

Kann die Schülerin/der Schüler die Rundungsregel korrekt
anwenden?
Kann die Wahl begründet werden? (z. B. auf dem Rechenstrich)

Ergebnisse der Lernstandserfassung (mathematischer Basisstoff der vierten Klasse)

Name _____   Datum _____

Aufgabenbereiche und Aufgaben	Beobachtungen
1 Zählen in Schritten/Zahlwortreihe	
1.1 Zählen in Zweierschritten vorwärts	
1.2 Zählen in Zehnerschritten rückwärts	
2 Zahlen/Dezimalsystem	
2.1 Schreibweise	
2.1.1 Zahlen schreiben	
2.1.2 Zahlen lesen	
2.2 Gerade und ungerade Zahlen	
2.2.1 Gerade und ungerade Zahlen nennen	
2.2.2 Gerade und ungerade Zahlen erkennen	
2.3 Zahlenreihe, Zahlenstrahl	
2.3.1 Zahlen anordnen	
2.3.2 Nachbartausender und Nachbarzehntausender	
2.3.3 Zahlenstrahl	
2.4 Zahlaufbau	
2.4.1 Zahlen vergleichen	
2.4.2 Bedeutung der Ziffern/Stellenwert	
2.4.3 Einheiten stellengerecht notieren	

3   Addition, Subtraktion und Ergänzen im Zahlenraum bis 10 000 bzw. 1 000 000

3.1	Grosse Zahlen im Kopf addieren	
3.2	Zehntausender, Hunderttausender unterschreiten	
3.3	Ergänzen auf den Nachbartausender, den Nachbarzehntausender	
3.4	Schriftlich addieren	
3.5	Schriftlich subtrahieren	

4   Multiplikation

4.1	Verdoppeln	
4.2	Multiplizieren mit 10, 100, 1000	
4.3	Multiplizieren von beliebigen Stufenzahlen	
4.4	Multiplizieren am Vierhunderterfeld	

5   Division

5.1	Halbieren	
5.2	Dividieren durch 10, 100, 1000	
5.3	Halbschriftlich dividieren	

6   Sachaufgaben

6.1	Sachaufgaben lösen	
6.2	Sachtext bearbeiten	

7   Grössen

7.1	Sich Längenmasse vorstellen	
7.2	Beziehungen zwischen Masseinheiten herstellen	
7.3	Passende Grössenangaben eintragen	
7.4	Auf Tausender genau runden	

1.1 Zählen in Zweierschritten vorwärts

Zähle von **985** aus in Zweierschritten vorwärts, bis ich «Stopp» sage.

Zähle von **9987** aus in Zweierschritten vorwärts, bis ich «Stopp» sage.

1.2 Zählen in Zehnerschritten rückwärts

Zähle von **1128** aus in Zehnerschritten rückwärts, bis ich «Stopp» sage.

Zähle von **5036** aus in Zehnerschritten rückwärts, bis ich «Stopp» sage.

2.1.1 Zahlen schreiben

Schreibe die Zahlen auf, die ich diktiere.

Zahl 1		Zahl 4	
Zahl 2		Zahl 5	
Zahl 3		Zahl 6	

2.1.2 Zahlen lesen

Lies die Zahl, auf die ich zeige.

6008	7987	10 005
755 351	360 034	200 540

2.2.1 Gerade und ungerade Zahlen nennen

Nenne zwei gerade und zwei ungerade Zahlen, die grösser sind als 1000, und schreibe sie auf.

Gerade Zahlen: _____ _____

Ungerade Zahlen: _____ _____

2.2.2 Gerade und ungerade Zahlen erkennen

Finde heraus, welche Zahlen
gerade und welche ungerade sind,
und kreuze die Antwort wie im Beispiel an.

Zahl	gerade	ungerade
7		x
892		
2001		
7000		
753 876		
50 000		

2.3.2 Nachbartausender und Nachbarzehntausender

Trage zu jeder Zahl die beiden Nachbartausender in die Tabelle ein.

Kleinerer Nachbartausender	Zahl	Grösserer Nachbartausender
	2141	
	9756	

Trage zu jeder Zahl die beiden Nachbarzehntausender in die Tabelle ein.

Kleinerer Nachbarzehntausender	Zahl	Grösserer Nachbarzehntausender
	32 212	
	58 999	

2.3.3 Zahlenstrahl

Zu welchem Strich gehört die Zahl 100, 600, 1700, 5000, 6900? Verbinde wie im Beispiel.

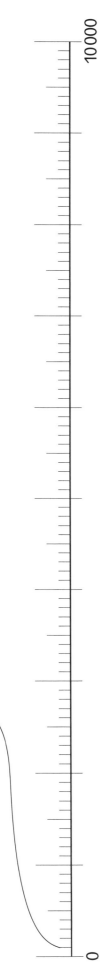

Welche Zahlen gehören in die leeren Ovale? Trage sie ein.

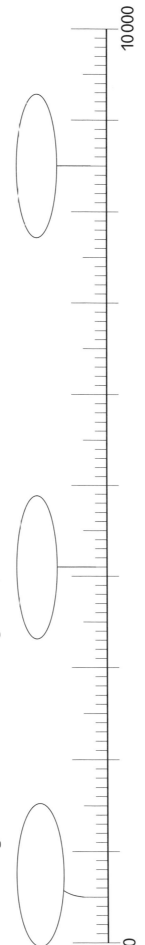

Zu welchem Strich gehört die Zahl 200000, 60000, 560000, 8900000? Verbinde.

Welche Zahlen gehören in die leeren Ovale? Trage sie ein.

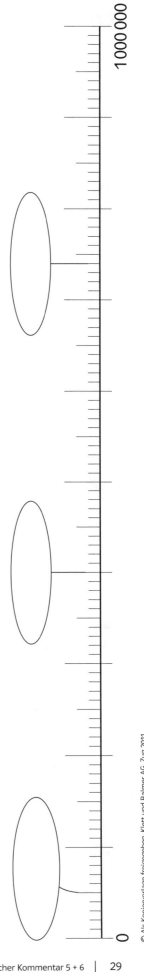

2.4.1 Zahlen vergleichen

Welche Zahl ist grösser? Unterstreiche die grössere Zahl.

4357   oder   4057   93 004   oder   93 049

9001   oder   7999   111 111   oder   99 999

2.4.3 Einheiten stellengerecht notieren

Übertrage in die Stellentafel und schreibe die Zahl, die entsteht, rechts daneben.

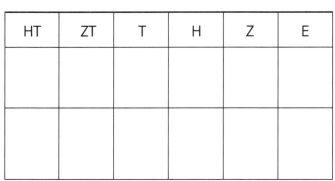

	HT	ZT	T	H	Z	E	Zahl
6 ZT, 3 T, 14 H, 8 Z, 7 E							_____
5 ZT, 27 T, 7 Z, 15 E							_____

3.1 Grosse Zahlen im Kopf addieren

6 000 + 80 = _____   50 000 + 17 = _____

10 000 + 30 = _____   400 000 + 500 = _____

3.2 Zehntausender, Hunderttausender unterschreiten

Subtrahiere im Kopf. Schreibe das Ergebnis auf.

10 000 − 1 = _____   100 000 − 1 = _____

10 000 − 10 = _____   100 000 − 10 = _____

10 000 − 100 = _____   100 000 − 100 = _____

3.3 Ergänzen auf den Nachbartausender, auf den Nachbarzehntausender

3500 + _____ = 4000   23 000 + _____ = 30 000

7850 + _____ = 8000   45 700 + _____ = 50 000

3.4 Schriftlich addieren

Löse die Aufgaben schriftlich.

6705 + 369

9883 + 2301 + 386

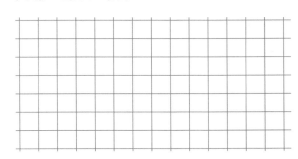

3.5 Schriftlich subtrahieren

Löse die Aufgaben schriftlich.

7003 – 1624

8547 – 805

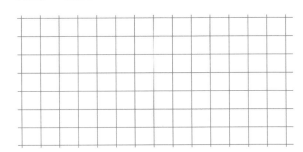
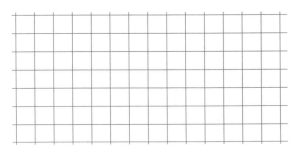

4.1 Verdoppeln

Wie viel ist das Doppelte jeder Zahl? Trage das Doppelte in die Tabelle ein.
Schreibe passende Rechnungen dazu.

Zahl	5000	2500	3600	2785	50 000	250 000
Das Doppelte						
Rechnungen						

4.2 Multiplizieren mit 10, 100, 1000

Löse die Aufgaben. Schreibe das Ergebnis auf.

10 • 257 = _____

1060 • 100 = _____

307 • 10 = _____

1000 • 36 = _____

100 • 730 = _____

70 • 1000 = _____

4.3 Multiplizieren von beliebigen Stufenzahlen

Löse die Aufgaben. Schreibe das Ergebnis auf.

20 • 300 = _____   30 • 1000 = _____

600 • 50 = _____   500 • 2000 = _____

700 • 200 = _____   2000 • 4000 = _____

4.4 Multiplizieren am Vierhunderterfeld

Stelle die Aufgaben am 400er-Feld mit dem Malwinkel dar.
Notiere das Ergebnis im Malkreuz.

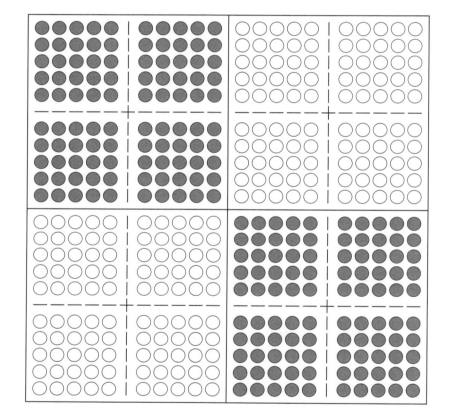

9 • 13

12 • 16

5.1 Halbieren

Wie viel ist die Hälfte jeder Zahl? Trage die Hälfte in die Tabelle ein.
Schreibe passende Rechnungen dazu. Schreibe die passende Umkehraufgabe auf.

Zahl	5000	10 000	7500	25 000	50 000	100 000
Die Hälfte						
Rechnungen						
Umkehraufgabe						

5.2 Dividieren durch 10, 100, 1000

Löse die Aufgaben. Schreibe das Ergebnis auf.

500 : 10 = _____ 3800 : 100 = _____

530 : 10 = _____ 10 000 : 1000 = _____

500 : 100 = _____ 620 000 : 1000 = _____

5.3 Halbschriftlich dividieren

Löse die Aufgaben. Schreibe das Ergebnis auf. Wie hast du gerechnet?
Erkläre/schreibe auf/zeichne, wie du vorgegangen bist.

525 : 5 = 1000 : 8 =

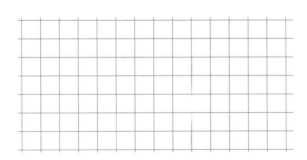
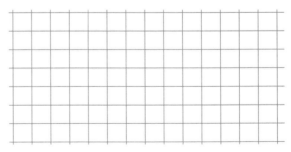

6.1 Sachaufgaben lösen

Lies die Sachaufgaben. Schreibe das Ergebnis und eine passende Rechnung auf.

1 Heft kostet Fr. 0.90 (oder 90 Rp.). Wie viel kosten 5 Hefte?

Ergebnis: _____

Rechnung: _____

3 Brötchen kosten Fr. 3.60 (oder 3 Fr. 60 Rp.). Wie viel kostet 1 Brötchen?

Wie viel kosten 4 Brötchen? Wie heisst die passende Rechnung?

Ergebnis: _____

Rechnung: _____

6.2 Sachtext bearbeiten

Lies den Text:

Der Mensch ist das einzige Säugetier, das über 120 Jahre alt werden kann. Ein Elefant

kann 50 bis 60 Jahre alt werden, eine Kuh wird 10 Jahre alt, bevor sie geschlachtet wird.

Die Schildkröte, die zur Familie der Reptilien gehört, kann über 150 Jahre alt werden.

Was hast du erfahren? Erzähle oder zeichne.

Um wie viele Jahre kann die Schildkröte älter werden als die Kuh? Erkläre, wie du

rechnest.

7.1 Sich Längenmasse vorstellen

Zeige/zeichne: So lang ist ungefähr

1 mm

1 cm

1 dm

1 m

7.2 Beziehungen zwischen Masseinheiten herstellen

Wie viele Minuten hat eine Stunde?   1 h = _____ min

Wie viele Zentimeter hat ein Meter?   1 m = _____ cm

Wie viele Meter hat ein Kilometer?   1 km = _____ m

Wie viele Deziliter hat ein Liter?   1 l = _____ dl

Wie viele Gramm hat ein Kilogramm?   1 kg = _____ g

7.3 Passende Grössenangaben eintragen

Dieser Text hat Lücken. Du sollst herausfinden, welche Grössenangabe aus der Auswahl in die jeweilige Lücke passt.

Am Montagabend um 1) _____ wurde im Zoo ein Elefantenmädchen geboren. Es ist 2) _____ gross und 3) _____ schwer. Die Elefantenmutter ist viel schwerer, sie wiegt rund 4) _____. Das Baby trinkt pro Tag 5) _____ Muttermilch. Es trinkt mit dem Maul und nicht mit dem Rüssel.

Auswahl für die Grössenangaben:

1)   23:30, 13:10

2)   9,7 m, 97 cm, 970 cm

3)   1200 g, 12 kg, 120 kg

4)   34 t, 3400 kg, 340 kg

5)   10 l, 1 dl, 1000 l

7.4 Auf Tausender genau runden

Frage	Gerundete Zahl
Ein Velo kostet Fr. 1234.–. Sind das ungefähr 1000 Fr. oder ungefähr 2000 Fr.?	
Ein Kleinbus wiegt 2390 kg. Sind das ungefähr 2 t oder ungefähr 3 t?	
Das Fussballspiel wurde von 11700 Zuschauern besucht. Sind das ungefähr 11000 oder ungefähr 12000?	

Algorithmus
Rechenvorgang, der nach einem bestimmten, sich wiederholenden Schema abläuft.

arithmetisches Mittel
Das arithmetische Mittel von n Zahlen wird gebildet, indem man diese Zahlen addiert und durch n dividiert. Das arithmetische Mittel wird oft auch Durchschnitt genannt.

Assoziativgesetz (auch Verbindungsgesetz)
Die Summanden einer Summe bzw. die Faktoren eines Produktes dürfen beliebig zusammengefasst werden:
$a + b + c = (a + b) + c = a + (b + c)$ bzw.
$a \cdot b \cdot c = (a \cdot b) \cdot c = a \cdot (b \cdot c)$

Bruch
Darstellung einer rationalen Zahl in der Form eines Bruches $\frac{Zähler}{Nenner}$, wobei Zähler und Nenner ganze Zahlen sind. Bedeutung der Brüche:
- Bruch als Beziehung zwischen Ganzen und Teilen: Echter Bruch (Zähler < Nenner): $\frac{3}{4}$ bedeutet «3 Teile *von* insgesamt 4 Teilen». Der Wert eines echten Bruches ist kleiner als 1.
  Unechter Bruch (Zähler ≥ Nenner): $\frac{5}{3}$ bedeutet, dass mehrere Ganze jeweils in 3 Teile geteilt und 5 solche Teile genommen werden. $\frac{5}{3}$ kann auch als $1\frac{2}{3}$ («ein Ganzes und zwei Drittel») dargestellt werden. Der Wert eines unechten Bruches ist grösser oder gleich 1.
- Bruch als Zahl («Bruchzahl», «gebrochene Zahl»). Jeder Bruch hat einen genau festgelegten Platz auf dem Zahlenstrahl. $\frac{3}{4}$ liegt zwischen 0 und 1; $\frac{5}{3}$ zwischen 1 und 2; $\frac{20}{10} = 2$. Er kann auch als Dezimalbruch (siehe dort) dargestellt werden.
- Bruch als Operation (Division): $\frac{3}{4} = 3 : 4$ («drei geteilt durch vier»)
- Bruch als Operator: $\frac{3}{4}$ von 100
- Bruch als Proportion (Verhältnis) $\frac{3}{4} = 3:4$ («drei zu vier»)

Bündelung, bündeln
Zusammenfassen (z.B. durch Umtauschen oder Einkreisen) einer bestimmten Anzahl von Einheiten zur nächstgrösseren Einheit, z.B. zehn Einer zum Zehner, zehn Zehner zum Hunderter, zehn Hunderter zum Tausender usw. Vgl. auch «Entbündelung, entbündeln».

Dezimalbruch
Darstellung einer rationalen Zahl in der Komma- oder Punktschreibweise: Die Stellen rechts vom Komma (Punkt) bedeuten Zehntel, Hundertstel, Tausendstel usw.

$\frac{3}{10}$ = 0,3 (0.3)

$\frac{5}{100}$ = 0,05 (0.05)

$\frac{13}{10}$ = 1,3 (1.3)

$\frac{20}{100}$ = 0,20 (= 0.20) = 0,2 (0.2)

$\frac{5400}{100}$ = 54

Distributivgesetz (Verteilungsgesetz)
Werden zwei Summen miteinander multipliziert, wird jeder Summand der ersten mit jedem Summanden der zweiten Summe multipliziert und die vier Produkte werden addiert:
$(a + b) \cdot (c + d) = a \cdot c + a \cdot d + b \cdot c + b \cdot d$

Veranschaulichung durch die Felddarstellung der Multiplikation (siehe dort).

Dreieckszahlen
Zahlen der Zahlenreihe 1, 3, 6, 10, 15, 21 … Dreieckszahlen werden durch Addieren von aufeinanderfolgenden natürlichen Zahlen gebildet. $0 + 1 = 1$, $1 + 2 = 3$, $1 + 2 + 3 = 6$, $1 + 2 + 3 + 4 = 10$ usw. Reihen mit 1, 2, 3, 4, 5 … Punkten lassen sich in Dreiecksform untereinander anordnen.

Durchschnitt
Siehe «Arithmetisches Mittel»

Entbündelung, entbündeln
Umtauschen («Aufbrechen») von Einheiten in kleinere Einheiten, z.B. einen Tausender in zehn Hunderter oder in hundert Zehner. Vgl. auch «Bündelung, bündeln».

Felddarstellung der Multiplikation
Malrechnungen wie z.B. $3 \cdot 4$ als drei Reihen mit je vier Plättchen bzw. als vier Reihen mit je drei Plättchen legen, zeichnen oder mit dem Malwinkel auf dem Hunderter-, Vierhunderter- oder Tausenderfeld darstellen.

Figur-Grund-Wahrnehmung
Einzelne Teilaspekte vor einem komplexen Hintergrund bzw. aus einer Gesamtfigur heraus erkennen und isolieren. Bezieht sich auf die visuelle und auditive Wahrnehmung, die Motorik sowie das Denken.

Flächeninvarianz
Wenn eine Fläche aufgeteilt wird und die Teile zu einer neuen Form zusammengesetzt werden, ändert sich der Inhalt der Gesamtfläche nicht.

ganze Zahlen
Erweiterung des Zahlenraumes der natürlichen Zahlen mit den negativen Zahlen:
…, −4, −3, −2, −1, 0, 1, 2, 3, 4 …
…, −4, −3, −2, −1
werden auch als negative ganze Zahlen,
1, 2, 3, 4 … als positive ganze Zahlen bezeichnet.

Grafomotorik
Differenzierte Bewegungen der Finger und der Hand beim Schreiben, Malen, Zeichnen.

Halbgerade
Jeder Punkt auf einer Geraden zerlegt diese in zwei Halbgeraden. Eine Halbgerade ist Teil einer Geraden und hat einen Anfangspunkt.

halbschriftliche Strategien: Addition und Subtraktion
Stellenwert extra (395 + 172 → 300 + 100, 90 + 70, 5 + 2), schrittweise (Hunderter dazu, Zehner dazu, Einer dazu: 395 + 100 → 495 + 70 → 565 + 2), geschickt rechnen, vereinfachen (z.B. 400 + 172 → 572 − 5).

halbschriftliche Strategien: Multiplikation und Division
Multiplikation am Vierhunderterfeld (siehe dort). Protokollieren am Malkreuz (siehe dort). Division: Zerlegung des Dividenden in geeignete Zahlen

des kleinen Einmaleins oder des Stellen-Einmaleins (siehe dort): 753 : 3 → z.B. 300 : 3 = 100, 300 : 3 = 100, 150 : 3 = 50, 3 : 3 = 1 → 251).

Hunderterfeld

Darstellung des Zahlenraumes von 1 bis 100 als strukturiertes Punktfeld in quadratischer Anordnung. Hervorhebung der Fünferstruktur durch je eine waagrechte und eine senkrechte Lücke nach jeweils fünf Zeilen bzw. fünf Spalten.
Betonung des kardinalen Zahlaspektes.
Einsatz: Erkunden und Erarbeiten des Zahlaufbaus aus Zehnern (ganze Zeilen oder Spalten) und Einern (einzelne Punkte), Entwicklung der Grössenvorstellung im Zahlenraum bis 100, gesamthaftes Zeigen von Anzahlen, strukturierte Erfassung und Darstellung von Zahlen bzw. Anzahlen, Zählen in Schritten, Ergänzen auf Zehnerzahlen, Ergänzen auf 100, Veranschaulichung von Addition und Subtraktion, Veranschaulichung des Distributivgesetzes (siehe dort).

Hunderterstrahl

Siehe «Zahlenstrahl»

Hundertertafel

Quadratische Anordnung der Zahlen von 1 bis 100 in der Lese- und Schreibrichtung von links oben nach rechts unten. Betonung der Position der Zahlen (jede Zahl hat aufgrund des ordinalen Zahlaspektes ihren eindeutig festgelegten Platz) unter Hervorhebung der dezimalen Schreibweise (Zahlen mit gleichen Einern untereinander).
Einsatz: Erkunden und Erarbeiten der Gesetzmässigkeiten des Zahlaufbaus und der Zahlenschreibweise im Zehnersystem, Orientierung im Hunderterraum, Entdecken von Strukturen und Zahlenmustern.
Die Hundertertafel soll nicht als Rechenhilfsmittel verwendet werden, da sie zum zählenden Rechnen verleiten kann.

kardinaler Zahlaspekt

Der kardinale Aspekt der Zahl drückt die Mächtigkeit (Anzahl der Elemente) einer Menge aus. Antwort auf die Frage: Wie viele Elemente?

Kernaufgabe

Aufgabe des Einspluseins, die leicht zu lösen ist oder aus der sich andere Aufgaben leicht erschliessen lassen, Zahl ± 0, Zahl ± 1, die Verdopplung (z.B. 5 + 5 → 5 + 6, 5 + 4), die Zerlegungen von 10 in zwei Summanden.

Kommutativgesetz (Vertauschungsgesetz)

Werden die zwei Summanden einer Addition bzw. die zwei Faktoren einer Multiplikation vertauscht, ändert sich das Resultat nicht:
$a + b = b + a$ bzw. $a \cdot b = b \cdot a$

Malkreuz

Protokollform für Malaufgaben in Anlehnung an die Felddarstellung der Multiplikation und gemäss dem Distributivgesetz (siehe dort).

Masszahl

Zahl bei Grössenangaben wie z.B. 3 kg. 3 ist die Masszahl, kg die Masseinheit.

Material zum Dezimalsystem

Material aus Holz, das den Zahlaufbau aus dezimalen Einheiten veranschaulicht: ein kleiner Würfel für den Einer, ein Stab für den Zehner, eine Platte für den Hunderter, ein grosser Würfel für den Tausender. Betonung der multiplikativen Beziehung zwischen den dezimalen Einheiten und den Zehnerpotenzen ($10 = 10^1$, $100 = 10 \cdot 10 = 10^2$, $1000 = 10 \cdot 10 \cdot 10 = 10^3$).
Einsatz: Bündeln und Entbündeln (immer zehn Einheiten werden zur nächstgrösseren Einheit zusammengefasst, eine Einheit kann in zehn nächstkleinere umgetauscht werden), Zahldarstellung mit dezimalen Einheiten, multiplikativer Zusammenhang der Einheiten (ein Zehner ist 10-mal ein Einer, ein Hunderter ist 10-mal ein Zehner usw., Zehner-Einmaleins, Stellen-Einmaleins), Rechenstrategien erkunden und ausführen.

Mathematisieren

Reale Situationen in die Sprache der Mathematik übersetzen, mit Mitteln der Mathematik Lösungen bestimmen und das Ergebnis für die reale Situation interpretieren.

Millionbuch

Das Millionbuch ist die Erweiterung des Tausenderbuches: Auf jeder Zahl des Tausenderbuches wird ein neues Tausenderbuch befestigt. Dadurch trägt das Millionbuch zur Vorstellung «Million» bei (eine Million besteht aus tausend Tausendern) und zeigt formal den dezimalen Aufbau grosser Zahlen und deren Position im jeweiligen Tausender, Zehntausender oder Hunderttausender.
Einsatz: Das Millionbuch soll mit den Schülerinnen und Schülern angefertigt werden. Der Entstehungs- und Herstellungsprozess ist wesentlich für das Verstehen des Zahlenraumes bis zur Million sowie für das Erkunden und Erarbeiten der Gesetzmässigkeiten des Zahlaufbaus und der Zahlenschreibweise im Zehnersystem. Es dient der Orientierung im Millionraum und dem Entdecken von Analogien, Strukturen und Zahlenmustern.

Nachbartausender

Der grössere Nachbartausender von 3456 ist 4000, der kleinere Nachbartausender von 3456 ist 3000. Nachbarzehner, -hunderter, -zehntausender usw. werden analog gebildet.

natürliche Zahlen

1, 2, 3, 4, 5, 6 ... oder 0, 1, 2, 3, 4, 5 ...

ordinaler Zahlaspekt

Der ordinale Aspekt der Zahl drückt aus, welchen Platz ein Element in einer geordneten Reihe einnimmt. Antwort auf die Frage: das wievielte Element?

periodischer Dezimalbruch

Jeder Bruch wird in der Schreibweise eines Dezimalbruchs zu einem abbrechenden oder zu einem periodischen Dezimalbruch.
Beim periodischen Dezimalbruch wiederholt sich irgendwo nach dem Komma ab einer bestimmten Stelle eine bestimmte Anzahl Ziffern in ständig gleicher Weise. Die sich wiederholende Ziffernfolge nennt man die «Periode des Dezimalbruchs».

Die Ziffern der Periode werden bei erstmaligem Auftreten mit einem Strich überstrichen. Die Anzahl Ziffern der Periode wird «Länge der Periode» genannt.

Primzahlen

Zahlen, die nur durch 1 und durch sich selbst teilbar sind. Primzahlen lassen sich daher nur als Multiplikation darstellen, wenn ein Faktor 1 ist, z.B. 13 = 1 • 13.

Raumorientierung

Oberbegriff für das Wahrnehmen, Herstellen und Verändern von räumlichen Beziehungen und Bewegungen im Raum (jeweils real oder in der Vorstellung).

Rechenbaum

Der Rechenbaum ist eine grafische Darstellung für Rechenabläufe. Mehrere ineinander verschachtelte Rechenoperationen lassen sich schematisch darstellen. Der Rechenbaum eignet sich z.B. im Umgang mit Sachaufgaben als «Übersetzungshilfe» eines Textes in die mathematische Darstellung sowie zum Planen und Protokollieren der Lösungsschritte.

Rechenstrich

«Leerer», waagrechter Strich, auf dem die Zahlen ihrer Abfolge entsprechend (üblicherweise von links nach rechts) eingetragen werden. Im Unterschied zum Zahlenstrahl müssen die Abstände zwischen den einzelnen Zahlen nicht aufeinander abgestimmt, also nicht proportional sein. Betonung des ordinalen Zahlaspektes. Einsatz: Anordnen von Zahlen an ihrem ungefähren Platz, Darstellen bzw. Protokollieren von Abfolgen und Abläufen (z.B. Zählen in Schritten, Additions-, Ergänzungs- und Subtraktionsstrategien).

Stellen-Einmaleins

Mit Stufenzahlen (siehe dort) erweitertes Einmaleins, z.B.
1 • 1; 10 • 1, 1 • 10; 100 • 1, 10 • 10, 1 • 100 usw. oder 3 • 4; 30 • 4, 3 • 40; 300 • 4, 30 • 40, 3 • 400 usw.

Stellentafel (Stellenwerttabelle)

Tabelle für die Darstellung bzw. Notation der dezimalen Einheiten: Im Tabellenkopf sind die Einheiten entweder gezeichnet (Hunderterplatte, Zehnerstab, Einerwürfel), in Worten (Hunderter, Zehner, Einer) oder abgekürzt (H, Z, E) angegeben.
Für die Darstellung von Dezimalbrüchen wird die Stellentafel rechts des Einers erweitert mit den Einheiten Zehntel, Hundertstel, Tausendstel (z, h, t).
Die Einheiten können mit Plättchen gelegt, mit Punkten gezeichnet oder mit Ziffern(-karten) dargestellt werden.
Einsatz: Übersetzen von der (Zehner-)Bündelung mit konkreten Materialien in die formale Schreibweise im Stellenwertsystem und umgekehrt, Ausführen und Darstellen von Rechenstrategien, Erkunden von Zahlzusammenhängen und Zahlenmustern.

strukturierte Anzahlerfassung

Vorstrukturierte Anzahlen (z.B. 5, 10, 25, 50, 100) visuell erfassen. Unstrukturierte Anzahlen visuell gliedern.

Stufenzahlen

Zehnerpotenzen mit ganzzahliger Hochzahl wie z.B. 1000000 (10^6); 1000 (10^3); 10 (10^1); 1 (10^0); 0,1 (10^{-1}); 0,01 (10^{-2}) und Vielfache davon wie z.B. 3000, 200 oder 50.

Stützpunktvorstellung

Individuelle Vorstellung einer bestimmten Grösse, z.B. 1 cm ≈ Fingernagelbreite, Seitenkante eines Spielwürfels; 100 m ≈ zweimal die Länge des Schwimmbeckens.

Tausenderbuch

Zehn waagrecht aneinandergereihte Seiten mit je einer (meist nur teilweise beschrifteten) Hundertertafel, wobei die Beschriftung dem jeweiligen Hunderter angepasst ist: im ersten Hunderter von 1 bis 100, im zweiten von 101 bis 200 usw. (Kopiervorlage, S. 42). Betonung der Position der Zahlen (jede Zahl hat aufgrund des ordinalen Zahlaspektes ihren eindeutig festgelegten Platz) unter Hervorhebung der dezimalen Schreibweise und Struktur.
Einsatz: Erkunden und Erarbeiten der Gesetzmässigkeiten des Zahlaufbaus und der Zahlenschreibweise im Zehnersystem, Orientierung im Tausenderraum, Entdecken von Analogien, Strukturen und Zahlenmustern. Das Tausenderbuch soll nicht als Rechenhilfsmittel verwendet werden, da es zum zählenden Rechnen verleiten kann.

Tausenderfeld

Zehn waagrecht aneinandergereihte Hunderterfelder (siehe dort) (Kopiervorlage HPK 5 + 6, S. 134).
Einsatz: Erkunden und Erarbeiten des Zahlaufbaus aus Hundertern (ganze Seiten), Zehnern (ganze Zeilen oder Spalten) und Einern (einzelne Punkte), Entwicklung der Grössenvorstellung im Zahlenraum bis 1000, gesamthaftes Zeigen von Anzahlen, strukturierte Erfassung und Darstellung von Zahlen bzw. Anzahlen, Zählen in Schritten, Ergänzen auf Zehnerzahlen, Ergänzen auf den nächsten Hunderter, Ergänzen auf 1000, Veranschaulichung des Distributivgesetzes (siehe dort).

Tausenderstrahl

Veranschaulichung der Zahlenreihe (siehe dort) bis 1000. Eine waagrechte Linie wird durch senkrechte, nicht oder teilweise beschriftete Markierungsstriche verschiedener Länge oder Stärke in Einer-, Fünfer-, Zehner-, Hunderterabstände unterteilt.

Übungsformat

Immer wiederkehrende Aufgabenstellung in bestimmter Darstellung, die produktives Üben ermöglicht: z.B. Zahlenmauer, Rechendreieck, magisches Quadrat, Malkreuz (siehe dort).

Vierhunderterfeld

Vier Hunderterfelder (siehe dort) sind quadratisch zum Vierhunderterfeld angeordnet. Einsatz: Darstellung der Multiplikation zweier Zahlen, die kleiner oder gleich 20 sind.

visuelle Differenzierung

Unterschiede von optischen Sinneseindrücken.

Wertetabelle

Tabelle, um funktional (z. B. proportional) zusammenhängende Grössen (Grössenpaare) darzustellen.

Zahlenreihe

Reihenfolge der natürlichen Zahlen (1, 2, 3, 4 …). Betonung des ordinalen Zahlaspektes. Veranschaulichung
der Zahlenreihe durch die Zwanziger- bzw. Hunderter-
reihe (lineare Anordnung von leeren oder beschrifteten
Kreisen, manchmal auch Kästchen).
Einsatz: Erarbeiten der Rangordnung der Zahlen, Entwicklung von Zählstrategien (Übergänge über den
Zehner, Zählen in Schritten). Die Zahlenreihe soll aber
nicht als Rechenhilfsmittel verwendet werden, da sie
zum zählenden Rechnen verleiten kann.

Zahlenstrahl

Veranschaulichung der Zahlenreihe (siehe dort): Eine
waagrechte Linie wird durch senkrechte, nicht oder teil-
weise beschriftete Markierungsstriche verschiedener
Länge oder Stärke in Einer-, Fünfer-, Zehner-, Hunderter-
abstände usw. unterteilt.
Durch die Wahl der Länge *eines* Abstandes (z. B. des
Zehnerabstandes) sind alle anderen Abstände auf dem
Zahlenstrahl festgelegt und proportional zueinander.
Jede Zahl wird gleichzeitig durch den Endpunkt einer
Strecke (also durch einen festen Platz auf dem Zahlen-
strahl) und durch die Länge der Strecke (von 0 aus
gemessen) repräsentiert. Betonung des ordinalen Zahl-
aspektes. Der Zahlenstrahl wird im Zahlenraum bis 100
«Hunderterstrahl», im Zahlenraum bis 1000 «Tausender-
strahl» genannt.
Einsatz: Erkunden, Erarbeiten und Erkennen von dezimalen Grössenbeziehungen (z. B. ein Zehner ist 10-mal
ein Einer), genaues Platzieren und Ablesen von Zahlen,
Zählen in Schritten, Erarbeiten der Übergänge über die
Zehner, Hunderter usw. Der Zahlenstrahl soll aber nicht
als Rechenhilfsmittel verwendet werden, da er zum
zählenden Rechnen verleiten kann.

Zahlwortreihe

Verbale Aufzählung der Zahlwörter gemäss der Zahlenreihe (siehe dort).

Bauer, L.: Diagnose und Förderung im Mathematikunterricht der Hauptschule. Fallstudien zum Bruch- und Prozentrechnen. In: Fritz, A./Schmidt, S. (Hrsg.): Fördernder Mathematikunterricht in der Sek I. Rechenschwierigkeiten erkennen und überwinden. Weinheim: Beltz, 2009, S. 141ff.

Gerber, H./Wälti, B.: 10 x 10 mathematische Erlebnisse für die Grundschule. Zofingen: Erle, 2001.

Gerster, H. D.: Schülerfehler bei schriftlichen Rechenverfahren – Diagnose und Therapie. Freiburg: Herder, 1982.

Häsel, U.: Sachaufgaben im Mathematikunterricht der Schule für Lernbehinderte. Theoretische Analyse und empirische Studien. Hildesheim: Franzbecker, 2001.

Hengartner, E./Hirt., U./ Wälti, B. und Primarschulteam Lupsingen: Lernumgebungen für Rechenschwache bis Hochbegabte. Natürliche Differenzierung im Mathematikunterricht. Zug: Klett und Balmer 2010 (2., aktualisierte und erweiterte Auflage).

Humbach, M.: Arithmetische Basiskompetenzen in der Klasse 10. Quantitative und qualitative Analysen. Berlin: Dr. Köster, 2008.

Krauthausen, G.: Entwicklung arithmetischer Fertigkeiten und Strategien – Kopfrechnen und halbschriftliches Rechnen. In: Fritz, A./Ricken, G./Schmidt, S. (Hrsg.): Rechenschwäche. Lernwege, Schwierigkeiten und Hilfen bei Dyskalkulie. Ein Handbuch. 2., überarbeitete Auflage. Weinheim: Beltz, 2009, S. 100–117.

Maak, A.: Zusammen über Mathe sprechen. Mathematik mit Kindern erarbeiten. Mühlheim an der Ruhr: Verlag an der Ruhr, 2003.

Mayer, P. H.: Geschlechtsspezifische Differenzen im räumlichen Vorstellungsvermögen. In: Psychologie und Unterricht 43 (1996), S. 245–265.

Moser Opitz, E.: Rechenschwäche/Dyskalkulie. Theoretische Klärungen und empirische Untersuchungen an betroffenen Schülerinnen und Schülern. Bern: Haupt, 2007.

Moser Opitz, E./Reusser, L./Moeri Müller, M./Anliker, B./Wittich, C./Freesemann, O.: Basisdiagnostik Mathematik für die Klassen 4–8 (BASIS-MATH 4–8). Bern: Huber, 2010.

Prediger, S.: Inhaltliches Denken vor Kalkül. Ein didaktisches Prinzip zur Vorbeugung und Förderung bei Rechenschwierigkeiten. In: Fritz, A./Schmidt, S. (Hrsg.): Fördernder Mathematikunterricht in der Sek I. Rechenschwierigkeiten erkennen und überwinden. Weinheim: Beltz, 2009, S. 213–234.

Scherer, P./Moser Opitz, E.: Fördern im Mathematikunterricht der Primarstufe. Heidelberg: Spektrum Akademischer Verlag, 2010.

Scherer, P./Moser Opitz, E.: Sachrechnen. In: Fördern im Mathematikunterricht der Primarstufe. Heidelberg: Spektrum Akademischer Verlag, 2010, S. 160–178.

Schmassmann, M.: «Geht das hier ewig weiter?» Dezimalbrüche, Grössen, Runden und der Stellenwert. In: Fritz, A./Schmidt, S. (Hrsg.): Fördernder Mathematikunterricht in der Sek I. Rechenschwierigkeiten erkennen und überwinden. Weinheim: Beltz, 2009, S. 167–185.

Schwank, I.: Um wie viel geht es? Orientierung im Zahlenraum mit Bruchzahlen. In: Fritz, A./Schmidt, S.: Fördernder Mathematikunterricht in der Sekundarstufe I. Weinheim: Beltz, 2009, S. 109–122.

Selter, Ch./Spiegel, H.: Wie Kinder rechnen. Klett, Leipzig, 1997.

Senn, Ch.: Eine Sprache finden – gerade im Mathematikunterricht. In: Die Grundschulzeitschrift, Sammelband Offener Mathematikunterricht – Mathematiklernen auf eigenen Wegen. Friedrich Verlag: 2001, S. 51–53.

Steinweg, A. S.: Wie heisst die Partnerzahl? Ein Übungsformat für alle Schuljahre. Die Grundschulzeitschrift 133/2000, S. 18–20.

Wartha, S./Wittmann, G.: Lernschwierigkeiten im Bereich der Bruchrechnung und des Bruchzahlbegriffs. In: Fritz, A./Schmidt, S.: Fördernder Mathematikunterricht in der Sekundarstufe I. Weinheim: Beltz, 2009, S. 73–108.

Wittmann, E. C. (1992): Üben im Lernprozess. In: Wittmann, E. C./Müller, G. N.: Handbuch produktiver Rechenübungen, Band 2: Vom halbschriftlichen zum schriftlichen Rechnen. Stuttgart: Klett, S. 175–182.

Die vorliegende Übersicht listet alle Seiten des Schulbuches 5 und 6 auf. Die im Heilpädagogischen Kommentar 5 + 6 kommentierten Seiten sind mit einem Pfeil gekennzeichnet. Sie werden 14 mathematischen Themen zugeordnet und in den «Themenbereichen 1–14» (S. 49 ff.) kommentiert.

Im Weiteren sind hier jeweils die zentralen Aufgaben angegeben. Diese beinhalten den mathematischen Basisstoff ab dem fünften Schuljahr.
Diese Auswahl soll es den Lehrpersonen erleichtern, den Lehrstoff für ihre Schülerinnen und Schüler auszuwählen.

Zahlenbuch 5 — Heilpädagogischer Kommentar 5+6

Seite	Titel	Zentrale Aufgaben		Themenbereich
	Lernstandserhebung und Wiederholung			
4–5	Mathematik 5. Klasse			
→ 6–7	Natürliche Zahlen	1, 2, 4–6, ↗ «Ergänzen auf …»	1	Rechnen mit natürlichen Zahlen
→ 8–9	Mit natürlichen Zahlen im Kopf rechnen	1, 2A, 2C, 2D, 3, 6, ↗ «In … Schritten auf …» ↗ «Multiplizieren – Dividieren»	1	Rechnen mit natürlichen Zahlen
→ 10–11	Ornamente	1A, 1B, 2, 4	12	Geometrie: ebene Figuren und Flächen
→ 12–13	Repetition der 4 Grundoperationen	1–3	1	Rechnen mit natürlichen Zahlen
→ 14–15	Sachrechnen im Kopf	1, 2A–C, 3, 4, 5A, 5C, 5D, 5F	10	Sachrechnen
→ 16–17	Addition und Subtraktion – halbschriftlich oder schriftlich	1, 2A–C, 3, 5A–C	1	Rechnen mit natürlichen Zahlen
→ 18–19	Multiplikation und Division – halbschriftlich oder schriftlich	2A, 2B, 6A, 6B	1	Rechnen mit natürlichen Zahlen
→ 20–21	Figuren und Flächen	1–4, 5A, 5B, 6 7	12 14	Geometrie: ebene Figuren und Flächen Geometrische Berechnungen
	Grössen und Komma			
→ 22–23	Tabellen und Grafiken	1, 3, 5, 6	11	Durchschnitte, Tabellen, Grafiken, Diagramme
24–25	Grössen bei Bienen			
→ 26–27	Grössen bei Flugzeugen	1, 2, 5, 7	7	Grössen, Dezimalbrüche und Runden
→ 28–29	Anschlüsse	1, 4, 7, 8	11	Durchschnitte, Tabellen, Grafiken, Diagramme
→ 30–31	Aufrunden und abrunden	1, 2, 5, ↗ «Runde auf …»	7	Grössen, Dezimalbrüche und Runden
→ 32–33	Durchschnitte	1, 2, 6, 9	11	Durchschnitte, Tabellen, Grafiken, Diagramme
→ 34–35	Grössen und Komma	1–5	7	Grössen, Dezimalbrüche und Runden
→ 36–37	Rechnen mit Komma	1–3	7	Grössen, Dezimalbrüche und Runden
→ 38–39	Knoten	Aufgaben nach Auswahl der Lehrperson	13	Geometrie: Körper
	Brüche (Einführung)			
→ 40–41	Brüche im Alltag	Plättchen legen, Anteile beschreiben	5	Brüche
→ 42–43	Anteile als Brüche – Brüche als Anteile	1, 2A, 2B, 3, 5	5	Brüche
→ 44–45	Gleicher Bruchteil – andere Form	1–5	5	Brüche
→ 46–47	Modelle für Brüche 1	1–3, 9, ↗ «Bruchteile von 60»	5	Brüche

Seite	Titel	Zentrale Aufgaben	Themenbereich
Sachrechnen und Geometrie			
→ 48–49	«Das Glück dieser Erde …»	1, 2, 5, 6, 9	10 Sachrechnen
50–51	Orientierungslauf		
→ 52–53	Vergrössern und verkleinern (Proportionalität)	1A, 1B	9 Proportionalität
→ 54–55	Preistabellen – Preisberechnungen (Proportionalität)	1, 2, 6, ↗ «Mal – durch, durch – mal»	9 Proportionalität
56–57	Bäume wachsen		
→ 58–59	Mit dem Schiff zum Meer	1	10 Sachrechnen
→ 60–61	Zirkel und Geodreieck	1, 2–5 (nach Auswahl der Lehrperson)	12 Geometrie: ebene Figuren und Flächen
Brüche (Vertiefung)			
→ 62–63	Bruchteile von Grössen 1	1A, 4A, 6A	7 Grössen, Dezimalbrüche und Runden
64–65	Bruchteile von Grössen 2		
66–67	Modelle für Brüche 2		
68–69	Künstler konstruieren		
→ 70–71	Dezimalbrüche und Zahlenstrahl	1, 2, 3A–C, 4A, 5A, 7	6 Dezimalbrüche
→ 72–73	Dezimalbrüche und Stellentafel	1, 2, 5A, 5B, 7	6 Dezimalbrüche
Weiterführende Übungen zur Arithmetik und zur Geometrie			
→ 74–75	Zahlenrätsel	1–3	4 Auf dem Weg zur Algebra
→ 76–77	Versteckte Zahlen	1A–D, 5	4 Auf dem Weg zur Algebra
78–79	Klammern und Rechenbäume		
80–81	Zahlenquadrate		
→ 82–83	Körper aus Würfeln	1, 3, 4	13 Geometrie: Körper
→ 84–85	Quaderansichten	Aufgaben nach Auswahl der Lehrperson	13 Geometrie: Körper
86–87	Würfelspiele (Wahrscheinlichkeit)		
→ 88–89	Folgen	1–3, ↗ «Quadratzahlen»	3 Folgen
Weiterführende Übungen zum Sachrechnen			
→ 90–91	Gefässe füllen (Proportionalität)	1A, 1B, 3A–C, 4	9 Proportionalität
92–93	Staffellauf		
94–95	Kriminalpolizei (Statistik und Kombinatorik)		
→ 96–97	Spitze!	«Laufen», 6	9 Proportionalität
98–99	Wie alt werden Bäume?		
Mini-Projekte			
→ 100–101	Bald ist Weihnachten		13 Geometrie: Körper
102–103	Wir planen unsere Schulreise		
104–105	Jakob Steiner (1796–1863)		

	Seite	Titel	Zentrale Aufgaben	Themenbereich
		Lernstandserhebung und Wiederholung		
	4–5	Mathematik 6. Klasse		
→	6–7	Gebrochene Zahlen	1, 3A, 4A, 4B, ⚷ «Ergänzen auf …»	6 Dezimalbrüche
→	8–9	Schätzen und runden	1–3, 4A, 4B	7 Grössen, Dezimalbrüche und Runden
→	10–11	Rechnen mit natürlichen Zahlen	1	1 Rechnen mit natürlichen Zahlen
→	12–13	Ornamente	1A, 1B, 2, 3, 4A, 4B, 5	12 Geometrie: ebene Figuren und Flächen
→	14–15	Sachrechnen im Kopf	1, ⚷ «Sachaufgaben»	10 Sachrechnen
	16–17	Zahlen verstecken – Zahlen suchen		
→	18–19	Verkehr – was ist verkehrt? (Tabellen)	1A, 1B, 2 3, 4A, 5A	10 Sachrechnen 11 Durchschnitte, Tabellen, Grafiken, Diagramme
		Grössen und Dezimalbrüche		
→	20–21	Grössen auf Schiffen	1, 2, 4	7 Grössen, Dezimalbrüche und Runden
	22–23	Rechnen mit Dezimalbrüchen		
→	24–25	Rechnen mit Grössen	1, 5A, ⚷ «Addieren – subtrahieren», «Multiplizieren – dividieren»	7 Grössen, Dezimalbrüche und Runden
→	26–27	Flächen	1; aus 2 und 4 einzelne Figuren auswählen	14 Geometrische Berechnungen
→	28–29	Ballspiele	1A, 1B, 2A–C	14 Geometrische Berechnungen
	30–31	Tabellen untersuchen		
→	32–33	Sachaufgaben erfinden	1, 2	10 Sachrechnen
		Brüche		
→	34–35	Geobrett	Koordinaten; 1–4, 6	12 Geometrie: ebene Figuren und Flächen
→	36–37	$\frac{1}{4}+\frac{1}{5}$	1, 2A, 3, 5A, 5B, ⚷ «Mit Brüchen rechnen»	5 Brüche
→	38–39	Brüche vergleichen	Der grössere Bruch gewinnt; 1, ⚷ «Mit Brüchen rechnen»	5 Brüche
	40–41	Anteile von…		
	42–43	Künstler konstruieren		
→	44–45	$\frac{1}{3}$ von $\frac{1}{4}$	1, 2, 4A, 4C, 5A, 5C	5 Brüche
→	46–47	Brüche erweitern und kürzen	1, 2A, 6A–C, ⚷ «Mit Brüchen rechnen»	5 Brüche
→	48–49	$0,75 = \frac{3}{4} = 75\%$	3A, 4, 5 ⚷ «Brüche – Dezimalbrüche – Prozente»	8 Prozent
		Sachrechnen und Geometrie		
	50–51	Überschlagsrechnung		
→	52–53	Wandern	2A, 2B	9 Proportionalität
	54–55	Zug fahren		
→	56–57	Winkelmessung	1, 2, 4A–C, 6A	14 Geometrische Berechnungen
→	58–59	Quader	1–4	13 Geometrie: Körper
→	60–61	Rauminhalte (Volumen)	1, 2A–C, 3	14 Geometrische Berechnungen

	Seite	Titel	Zentrale Aufgaben	Themenbereich	

Natürliche Zahlen und Brüche (Vertiefung)

	Seite	Titel	Zentrale Aufgaben		Themenbereich
→	62–63	Reihenzahlen – Quadratzahlen – Primzahlen	1–3, 5A, 5B, 6A, 6B, 6D	2	Spezielle natürliche Zahlen, Teiler und Vielfache
→	64–65	Teiler	1–3, 8	2	Spezielle natürliche Zahlen, Teiler und Vielfache
→	66–67	Kreismuster – Kreisornamente	1A, 1B, 2, 4, 5	12	Geometrie: ebene Figuren und Flächen
→	68–69	Folgen	1A, 2A, ⟡ «Folgen fortsetzen»	3	Folgen
→	70–71	Vielfache	1A, 1B, 3, 4, 5A, 5B	2	Spezielle natürliche Zahlen, Teiler und Vielfache
→	72–73	Brüche – Dezimalbrüche	1 ⟡ «Brüche – Dezimalbrüche – Prozente»	6	Dezimalbrüche

Sachrechnen und Geometrie (Vertiefung)

	Seite	Titel	Zentrale Aufgaben		Themenbereich
→	74–75	Prozente – Kreisdiagramme	1A, 3, 4A, 5	8	Prozent
			4, 6	11	Durchschnitte, Tabellen, Grafiken, Diagramme
	76–77	Wir brauchen Wald			
	78–79	Geheimsprachen – Geheimschriften – Geheimzahlen			
→	80–81	Blut	1, 2, 7A	11	Durchschnitte, Tabellen, Grafiken, Diagramme
	82–83	Spinnen			
→	84–85	Zahlen zum Leben	Aufgabenauswahl nach Interesse der Schülerinnen und Schüler	11	Durchschnitte, Tabellen, Grafiken, Diagramme
	86–87	Wahrscheinlich zufällig			
	88–89	Wege codieren			
→	90–91	Knoten	1, 3A–D	13	Geometrie: Körper
	92–93	Koordinaten			

Arithmetik (Weiterführung)

	Seite	Titel	Zentrale Aufgaben		Themenbereich
	94–95	Rechnen mit und ohne Klammern			
→	96–97	Zahlenmauern	6A–D	4	Auf dem Weg zur Algebra
	98–99	Zahlenquadrate			
	100–101	Zahlenzauber			
→	102–103	Zahlentexte	1, 2, ⟡ «Zahlentexte»	4	Auf dem Weg zur Algebra

Miniprojekte

	Seite	Titel	Zentrale Aufgaben		Themenbereich
→	104–105	Bald ist Weihnachten		13	Geometrie: Körper
	106–107	Wir planen einen Sporttag			
	108–109	Mathematik-Olympiade			

Themenbereiche 1–14 und dazugehörende Schulbuchseiten (Übersicht 2)

Struktur der Themenbereiche 50

Themenbereiche 1–14

Seiten und zentrale Aufgaben

- Themen- und aufgabenbezogene Auswahl des Basisstoffes: Bei den hier angegebenen Seiten und Aufgaben
  aus dem Schulbuch 5 und 6 (SB 5 und SB 6) handelt es
  sich um eine Auswahl, die für die Arbeit mit Schülerinnen und Schülern mit mathematischen Lernschwierigkeiten als zentral erachtet wird.

Schwerpunkt

- Die zentralen Inhalte des Themenbereiches werden hier
  zusammengefasst.

Grundsätzliche Überlegungen

- Die Bedeutung, die didaktischen Leitideen und die
  mathematischen Aspekte des jeweiligen Themenbereiches werden hier beschrieben und es werden Überlegungen zur Förderung von Schülerinnen und Schülern
  mit mathematischen Lernschwierigkeiten gemacht.

Unbedingt erarbeiten

- Diese Rubrik beschreibt die Inhalte eines Themenbereiches, die unbedingt erarbeitet werden müssen bzw. die
  in einem ersten Schritt zu erarbeiten sind. Die Bearbeitung dieser Inhalte ist besonders geeignet, um beste-
  hende Lücken aufzuarbeiten oder um auf den weiter-
  führenden Stoff vorzubereiten.

Mathematische Vorkenntnisse

- Unter diesem Punkt sind die mathematischen Vorkenntnisse aufgelistet, die für die Erarbeitung der Inhalte des
  jeweiligen Themas wichtig sind:
- Vorkenntnisse aus dem Schweizer Zahlenbuch 1 bis 4
  für das Schweizer Zahlenbuch 5 und 6
- Vorkenntnisse aus dem Schweizer Zahlenbuch 5 für das
  Schweizer Zahlenbuch 6

Mögliche Schwierigkeiten

- An dieser Stelle werden Schwierigkeiten beschrieben,
  die bei der Erarbeitung des jeweiligen Themenbereiches auftreten können.

Förderhinweise

- Die Förderhinweise beziehen sich auf die Erarbeitung
  der zentralen Inhalte allgemein oder speziell auf die
  vorgängig genannten möglichen Schwierigkeiten. Es
  wird z.B. auf zusätzliche oder alternative Darstellungen
  und Materialien, auf begleitende Übungen sowie auf
  Trainingsmöglichkeiten hingewiesen.
  Für die Aufarbeitung von fehlendem Basisstoff werden
  zudem immer wieder Vorübungen und Übungen aus
  dem Schulbuch 1 bis 4 und den zugehörigen Heilpädagogischen Kommentaren angegeben.
  Die Förderhinweise sind in zwei Kategorien unterteilt:
- Die «Allgemeinen Förderhinweise» beziehen sich auf
  das Erarbeiten von Basisstoff der vorangegangenen
  Schuljahre und von allgemeinen Vorkenntnissen zum
  Thema.
- Die «Förderhinweise zum Schweizer Zahlenbuch 5 bzw.
  zum Schweizer Zahlenbuch 6» sind auf die Seiten im
  SB 5 und 6 bezogen. Sie beinhalten Wiederholungen
  aus dem SB 1 bis 4 sowie Vorübungen und Bearbei-
  tungsmöglichkeiten, die auf die ausgewählten Seiten
  und Aufgaben abgestimmt sind.
- Die Förderhinweise und die möglichen Schwierigkeiten
  sind einander nicht einzeln zugeordnet. *Ein* Förderhinweis kann *mehrere* der genannten Schwierigkeiten betreffen. Es können sich auch *mehrere* Förderhinweise
  auf *eine* Schwierigkeit beziehen.
- Die Liste der Förderhinweise ist weder abschliessend
  noch zwingend. Die (heilpädagogische) Lehrperson
  muss geeignete Fördermassnahmen aus dem Angebot
  auswählen, diese der jeweils aktuellen Unterrichtssitua-
  tion anpassen und entsprechend ergänzen.

Literatur

- Wer mehr erfahren möchte, findet hier Literatur-
  hinweise zur Vertiefung.

Material

- Material, das für die Umsetzung der Förderhinweise
  benötigt wird, ist hier unter «Arbeitsmaterial» und
  «Verbrauchsmaterial» zusammengestellt.

Seiten und zentrale Aufgaben

Schulbuch 5

Seite	Titel	Aufgaben
6–7	Natürliche Zahlen	1, 2, 4–6 🏸 «Ergänzen auf …»
8–9	Mit natürlichen Zahlen im Kopf rechnen	1, 2A, 2C, 2D, 3, 6 🏸 «In … Schritten auf …» 🏸 «Multiplizieren – dividieren»
12–13	Repetition der 4 Grundoperationen	1–3
16–17	Addition und Subtraktion – halbschriftlich oder schriftlich	1, 2A–C, 3, 5A–C
18–19	Multiplikation und Division – halbschriftlich oder schriftlich	2A, 2B, 6A, 6B

Schulbuch 6

Seite	Titel	Aufgaben
10–11	Rechnen mit natürlichen Zahlen	1

Schwerpunkt

- Natürliche Zahlen im Zahlenraum bis 1 000 000: Zahlaufbau, Beziehung zwischen den dezimalen Einheiten, Übergänge über die dezimalen Einheiten wiederholen.
- Mit natürlichen Zahlen im Kopf, halbschriftlich und schriftlich rechnen (Grundoperationen).

Grundsätzliche Überlegungen

Verständnis der natürlichen Zahlen

- Der Umgang mit den natürlichen Zahlen und dem dezimalen Stellenwertsystem im Tausenderraum wird im Schweizer Zahlenbuch 1 bis 3 aufgebaut und im Schweizer Zahlenbuch 4 für den Millionraum weiterentwickelt. Damit wird bereits das Prinzip für die spätere Erschliessung weiterer Zahlenräume über die Million hinaus und für den Bereich der Dezimalbrüche (Zehntel, Hundertstel, Tausendstel usw.) sichtbar.
- In der fünften und sechsten Klasse wird das Verständnis der natürlichen Zahlen und des dezimalen Stellenwertsystems wiederholt und gefestigt. Für Schülerinnen und Schüler mit besonderem Bildungsbedarf ist es wichtig, die Zahlenräume, die sie neu erarbeiten sollen, mit den ihnen bekannten, kleinen Zahlenräumen zu verknüpfen (Spiralprinzip) und Lücken aufzuarbeiten.

Grundlage für das Verständnis der Dezimalbrüche

- Das Verständnis des dezimalen Stellenwertsystems im Bereich der natürlichen Zahlen ist auch zentral für das Verständnis der Dezimalbrüche (siehe SB 5, S. 70–73, und SB 6, S. 6–7 und S. 72–73, sowie Themenbereich 6, «Dezimalbrüche»).
- Es muss deshalb insbesondere überprüft werden, ob die Schülerinnen und Schüler die Beziehung jeder Einheit zu ihren jeweiligen Nachbareinheiten verstehen, z. B.:
  $10 \cdot 100 = 1000$, $100 : 10 = 10$
  $10 \cdot 10 = 100$, $10 : 10 = 1$
  Das ist eine notwendige Voraussetzung dafür, dass diese Beziehung im Bereich der gebrochenen Zahlen fortgesetzt werden kann:
  $10 \cdot 1 = 10$, $1 : 10 = \frac{1}{10} = 0.1$

Grundoperationen mit natürlichen Zahlen: Wahl des Rechentyps

- Die Grundoperationen werden im Schweizer Zahlenbuch 1 bis 4 an strukturierten Arbeitsmaterialien erarbeitet, wobei auf die Wahl der Rechentypen (im Kopf, halbschriftliche Strategien, schriftliche Verfahren) und der Protokollformen (Malkreuz, Rechenstrich, Stellentafel usw.) durch die Schülerinnen und Schüler Wert gelegt wird.
- Auch in der fünften und sechsten Klasse steht es den Schülerinnen und Schülern grundsätzlich frei, wie sie die Rechnungen lösen wollen. Wenn sich eigene Strategien allerdings für den betreffenden Schüler oder die betreffende Schülerin als wenig effizient oder gar als hinderlich erweisen, soll eine günstigere Strategie angeregt werden.
- Die Verfahren der schriftlichen Multiplikation und Division sind für Schülerinnen und Schüler mit besonderem Bildungsbedarf oft zu anspruchsvoll, und es muss im Einzelfall entschieden werden, ob die Erarbeitung sinnvoll ist.

Rechnen mit Übungsformaten

- Übungsformate wie Zahlenmauern, Rechendreiecke und Malkreuze sind den Schülerinnen und Schülern von den ersten Schuljahren her vertraut. Sie können einerseits für das Üben der Grundoperationen eingesetzt werden, andererseits lassen sie sich auch für das Üben allgemeiner Denkmuster (z. B. das «Rückwärtsdenken» und Verallgemeinern) einsetzen und geben Gelegenheit, Aufgaben zu erfinden. Im SB 6, Seite 96–97, wird anhand der Zahlenmauern ein Zugang zur Algebra geöffnet (siehe Themenbereich 4, «Auf dem Weg zur Algebra», S. 65).

Einsatz des Taschenrechners

- Bereits im HPK 4 wird der Einsatz des Taschenrechners für Schülerinnen und Schüler mit besonderem Bildungsbedarf dann empfohlen, wenn es sich um komplexe Aufgabenstellungen (z. B. problemstrukturierte Übungen mit rasch grösser werdenden Zahlen oder Sachaufgaben mit umfangreichem Datenmaterial) handelt. Das Lösen der Kopfrechenaufgaben mit dem Taschenrechner ist wenig sinnvoll, da es in erster Linie um operativstrukturierte Übungen und das Wiederholen von schriftlichen Verfahren geht. Zur Kontrolle kann aber auch hier der Taschenrechner verwendet werden.

Unbedingt erarbeiten

- Aufbau der natürlichen Zahlen: Analogien zwischen kleinen und grossen Zahlenräumen herstellen, zwischen Einer (E) und Tausender (T), Zehner (Z) und Zehntausender (ZT), Hunderter (H) und Hunderttausender (HT), Tausender (T) und Million (M); Übergänge über die dezimalen Einheiten; Darstellung am Zahlenstrahl und an der Stellentafel; Transferrechnungen (9 + 4 → 9000 + 4000 bzw. 9 T + 4 T).
- Rechentypen: Halbschriftliche Strategien anwenden, schriftliche Verfahren vertiefen, Taschenrechner einsetzen.
- Runden und Überschlagsrechnungen: Das Runden und das Stellen-Einmaleins sind die Voraussetzung für das Überschlagsrechnen und somit auch für das Benützen des Taschenrechners.

Mathematische Vorkenntnisse

Aus dem Schweizer Zahlenbuch 1 bis 4

- Zahlaufbau bis zur Million: dezimale Einheiten, Beziehung zwischen den Einheiten, Felddarstellung, Darstellung mit dem Material zum Dezimalsystem, Zahlenstrahl, Stellentafel, Hundertertafel, Tausenderbuch, Millionbuch (alle siehe «Material»)
- Grundoperationen: Einspluseins und Einmaleins, halbschriftlich, schriftlich (Addition, evtl. Subtraktion), Stellen-Einmaleins, Verdoppeln und Halbieren
- «Zählen in Schritten» (Schrittgrösse vorgegeben) und «In … Schritten zählen auf …» (Anzahl Schritte und Zielzahl vorgegeben, siehe «Material»)
- Übungsformate: Zahlenmauer, Rechendreieck, Malkreuz

Mögliche Schwierigkeiten

Dezimalsystem

Einige Schülerinnen und Schüler
- haben Mühe mit der Schreibweise grosser Zahlen, bei der sich eine Lücke zwischen der Tausendergruppe (HT, ZT, T) und der Einergruppe (H, Z, E) befindet; so wird z.B. die Zahl 123 456 als zwei Zahlen gelesen oder weiterbearbeitet,
- haben z.B. aufgrund einer anderen Erstsprache als Deutsch oder mangelnder serialer Leistung Mühe mit der unterschiedlichen Reihenfolge von Zehnern und Einern, Zehntausendern und Tausendern beim Sprechen und bei der geschriebenen Darstellung von grossen Zahlen,
- gehen aufgrund von fehlendem Verständnis des Dezimalsystems rezepthaft mit Operationen wie mal 10, mal 100, mal 1000 bzw. durch 10, durch 100, durch 1000 um, indem sie «Nullen anhängen» oder «Nullen streichen», die «Rezepte» verwechseln oder Nullen irgendwo einfügen (1005 • 10 = 10 005).

Kopfrechnen / gerade oder ungerade Zahl

Einige Schülerinnen und Schüler
- haben das Einspluseins und das Einmaleins sowie die Umkehraufgaben nicht automatisiert,
- können Verdoppeln nur als Addition, nicht aber als Multiplikation mit 2 ausführen,
- können Zahlen wie 70 500 nicht halbieren, da sie meinen, es sei eine ungerade Zahl.

Halbschriftliche Strategien und schriftliche Verfahren

Einige Schülerinnen und Schüler
- können keine halbschriftliche Strategie (mehr) ausführen,
- finden keine eigene Strategie,
- wenden schriftliche Verfahren an, ohne diese zu verstehen oder sie ausführen zu können.

Runden

Einige Schülerinnen und Schüler
- können zu einer Zahl die Nachbarzehner, -hunderter, -tausender usw. nicht finden,
- können Zahlen nicht runden und folglich keine Überschlagsrechnungen ausführen.

Übungsformate

Einige Schülerinnen und Schüler
- erinnern sich nicht mehr an Zahlenmauern, Rechendreiecke usw.

Allgemeine Förderhinweise

Grosse Zahlen lesen, schreiben, übertragen

- Bei der Übertragung von grossen Zahlen (z.B. 123 456) ins Heft die Schreibweise ohne Lücke, dafür aber mit dem Strich oben pflegen (123'456).
- Farben als Strukturierungshilfe einsetzen (siehe SB 4, S. 28–29, «Stellentafel» und «Ziffernkombinationen», sowie die dazugehörigen Seiten im HPK 4).

Analogiebildung und Kurzschreibweise

- Immer wieder die Analogie zwischen Einer (E), Tausender (T) und Million (M) bzw. zwischen Zehner (Z) und Zehntausender (ZT) sowie Hunderter (H) und Hunderttausender (HT) aufzeigen: Mit dem Material zum Dezimalsystem erarbeiten, an der Stellentafel mit Plättchen legen.

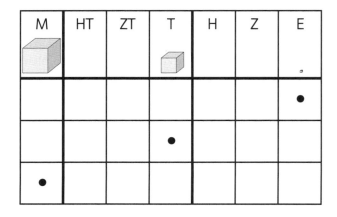

Die Kurzschreibweise pflegen:
345 000 = 345 T, 5000 = 5 T, 2500 = 25 H usw.

- Zählen in Einerschritten: Analogien bei den Übergängen über die Zehner, Hunderter, Tausender herausarbeiten:
9, 10 → 99, 100 → 199, 200 → 1199 → 1200 usw.
- Analogie zwischen Einer- und Tausenderschritten am Beispiel der Übergänge über Stufenzahlen (siehe «Glossar») und reine Zehner-, Hunderter-, Tausenderzahlen herausarbeiten:
99, 100 → 99 T, 100 T bzw. 99 000, 100 000
599, 600 → 599 T, 600 T bzw. 599 000, 600 000

Transferrechnungen

- Rechnungen mit grossen Zahlen mit der Kurzschreibweise vereinfachen:
z. B. 345 000 + _____ = 1 000 000 → 345 T + _ = 1000 T,
3 • 5000 → 3 • 5 T
- Addition/Subtraktion: Zu einer Rechnung aus dem Einspluseins bzw. Einsminuseins (z. B. 5 + 7 oder 11 – 3) «verwandte» Rechnungen aufschreiben.

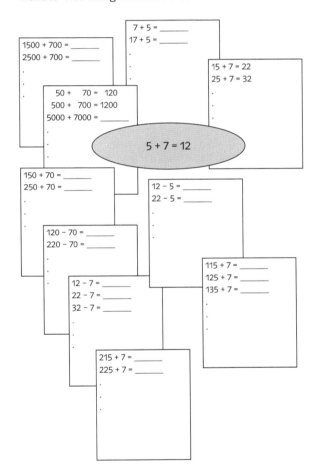

Die Lehrperson beginnt Serien mit jeweils einigen zusammengehörenden Aufgaben und fordert die Schülerinnen und Schüler auf, die begonnenen Serien fortzusetzen.

Umkehrung: Aufgaben wie 11 000 – 3000 (11 T – 3 T) auf 11 – 3 zurückführen, 2500 + 700 (25 H + 7 H) auf 25 + 7 bzw. 5 + 7 zurückführen.

- Analog zum vorhergehenden Förderhinweis können auch «verwandte» Rechnungen im Bereich Multiplikation/Division gesucht werden.

Rechenstrategien auffrischen

- Halbschriftliche Strategien, Protokollieren am Rechenstrich, Ausführen an der Stellentafel oder mit dem Material zum Dezimalsystem: Welche Vorlieben haben die Schülerinnen und Schüler? Was ist präsent, was muss aufgefrischt werden?
Rechnungen schriftlich (wenn dieses Verfahren beherrscht wird) oder mit dem Taschenrechner überprüfen.
Wichtig ist, dass über die Strategien und die Ergebnisse diskutiert wird.

Förderhinweise zum Zahlenbuch 5

SB 5, Seite 6–7: Natürliche Zahlen

SB 5, Seite 6, Aufgabe 1
- Diese Aufgabe kann als Standortbestimmung für die Grössenvorstellung von Zahlen genutzt werden.

SB 5, Seite 6, Aufgabe 2
- Analogien zwischen den Einheiten E, T, M usw. herstellen, wie unter «Allgemeine Förderhinweise» beschrieben.
- Um das Vergleichen der Zahlen zu erleichtern, können diese in eine Stellentafel geschrieben werden.

SB 5, Seite 7, Aufgabe 4
- Diese Aufgabe ist eine wichtige Voraussetzung für das Ergänzen auf 1000, 10 000 usw. sowie das Runden und Überschlagen. Nachbarzehner, -hunderter, -tausender gemäss Skizze am Rechenstrich darstellen, indem die jeweiligen Einer-, Zehner-, Hunderterschritte eingetragen werden.
Zusätzliches Training: CD-ROM «Rechentraining, Kopfrechnen ab dem 5. Schuljahr», Übung «Runde auf …» (siehe «Material»)
- Rundungsregeln wiederholen: Auf- oder abrunden auf Z, H, T genau.

SB 5, Seite 7, Aufgabe 5
- Diese Aufgabe kann als Standortbestimmung für das Ergänzen auf Stufenzahlen sowie auf reine Zehner-, Hunderter-, Tausenderzahlen usw. genutzt werden.
- Eventuell auf SB 4, Seite 24 («Tausender und Million»), S. 26–27 («Grosse Zahlen darstellen», «Kleine und grosse Zahlen») sowie die dazugehörigen Seiten im HPK 4 zurückgreifen.
- Falls nötig, die Übungen «Ergänzen bis 1000» in der Kartei «Blitzrechnen 3» und «Ergänzen bis 1 Million» in der Kartei «Blitzrechnen 4» aufgreifen (siehe «Material»).

Abbildung zu Aufgabe 4

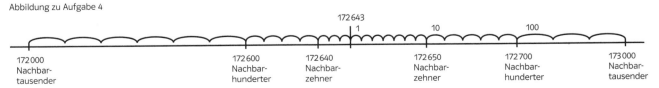

SB 5, Seite 7, Aufgabe 6

- Diese Aufgabe kann als Standortbestimmung für das Subtrahieren von Stufenzahlen und reinen Zehner-, Hunderter-, Tausenderzahlen usw. genutzt werden.
- Falls nötig, die Übung «Subtraktion von Stufenzahlen» in der Kartei «Blitzrechnen 4» aufgreifen.
- 2 Päckchen auswählen.
- Für viele Schülerinnen und Schüler ist es eine Hilfe, wenn sie die Rechnungen mit Stufenzahlen wie z.B. 100 000 − 4, 100 000 − 40, 100 000 − 400 usw. so darstellen, dass die zu einer Rechnung gehörenden Zahlen stellengerecht untereinander stehen. So kann einfacher festgestellt werden, welche Ziffern unverändert bleiben und welche sich verändern.

SB 5, Seite 8–9: Mit natürlichen Zahlen im Kopf rechnen

SB 5, Seite 8, Aufgabe 1

- 2 Päckchen auswählen.
- Die Schülerinnen und Schüler sollen zur Lösung der Rechenaufgaben diejenigen Strategien oder Rechentypen einsetzen, die ihnen vertraut sind (siehe «Allgemeine Förderhinweise»).
- Rechnungen mit gerundeten Zahlen überschlagen.

SB 5, Seite 8, Aufgaben 2A, 2C, 2D

- Diese Aufgaben können als Standortbestimmung für das Zählen in Schritten genutzt werden.
- Falls nötig, die Übung «In … Schritten bis …» in der Kartei «Blitzrechnen 4» aufgreifen (siehe «Material»).

SB 5, Seite 9, Aufgabe 3

- Diese Aufgabe kann als Standortbestimmung für das Verdoppeln und Halbieren genutzt werden.
- «Gerade und ungerade Zahlen» wiederholen: Welche Ziffer ist entscheidend?
- Falls nötig, die Übungen «Verdoppeln» und «Halbieren» in den Karteien «Blitzrechnen 3» und «Blitzrechnen 4» aufgreifen (siehe «Material»).
- Wenn Schwierigkeiten mit den grossen Zahlen auftreten: zuerst 24, 32, 47 usw. verdoppeln, anschliessend 240, 320 usw. verdoppeln. Gemeinsamkeiten und Unterschiede besprechen: Das Doppelte von 24 ist 48, das Doppelte von 240 ist 480, das Doppelte von 2400 ist 4800. Wenn eine Zahl mit 10 multipliziert wird, wird auch das Doppelte zehnmal so gross.

SB 5, Seite 9, Aufgabe 6

- Multiplikation und Division: Zu einer Rechnung aus dem Einmaleins bzw. Einsdurcheins (z.B. 2 • 3 bzw. 56 : 8) verwandte Rechnungen wie 2 • 30, 2 • 300, 20 • 30, 2 • 3000 usw. jeweils auf die Vorderseite einer Karte, das entsprechende Ergebnis auf die Rückseite schreiben. Die Karten mit der Rechnungsseite nach oben auslegen und alle Rechnungen suchen, die 6, 60, 600 usw. ergeben. Gibt es ein System? Analoges Vorgehen für die Division.

Ungeordnete Karten

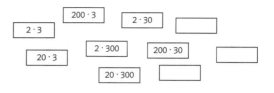

Ordnen nach Ergebnis

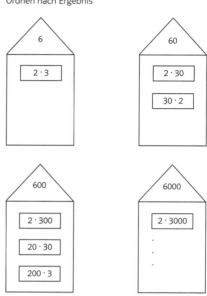

SB 5, Seite 12–13: Repetition der 4 Grundoperationen

SB 5, Seite 12, Aufgabe 1

- Zahlenmauern: Das Übungsformat «Zahlenmauer» anhand des Schweizer Zahlenbuches 1 bis 4 wiederholen.
- Bei Schwierigkeiten mit dem Durchführen der Rechenoperationen kann der Taschenrechner zum Berechnen oder Kontrollieren der Ergebnisse verwendet werden. Es können auch Zahlenmauern mit einfacherem Zahlenmaterial aus dem Schweizer Zahlenbuch 1 bis 4 vorgegeben werden.
- Für die Steine der Zahlenmauern Karten verwenden. Die erste Zahlenmauer lösen. Basiszahlen selbst wählen und eigene Zahlenmauern gestalten.
- Vorübung für die zweite und die dritte Zahlenmauer: In gelösten Zahlenmauern
- einzelne Karten wenden (analog dem Muster der zweiten und der dritten Zahlenmauer),
- die fehlenden Zahlen herausfinden (Operation – Umkehroperation).
- Wie viele / welche Karten müssen gewendet werden, damit man die Zahlen der ursprünglichen Mauer wieder herausfinden kann?
- Eigene Zahlenmauern von den Randzahlen her erfinden (siehe auch Anregungen im Begleitband zum Schweizer Zahlenbuch 5, S. 94).
- Alle Karten einer fertigen Zahlenmauer mischen und die Zahlenmauer von anderen Schülerinnen und Schülern wieder aufbauen lassen.

SB 5, Seite 12, Aufgabe 2

- Rechendreiecke: Das Übungsformat «Rechendreieck» anhand des Schweizer Zahlenbuches 1 bis 4 wiederholen.

- Ein Rechendreieck auf ein grosses Blatt Papier zeichnen. Die gegebenen Zahlen auf Karten schreiben (siehe Rechendreieck A) und diese an ihren Platz im Dreieck legen. Rechendreieck lösen und die Lösungen ebenfalls auf Karten schreiben und zum Rechendreieck legen. Eigene Rechendreiecke herstellen.
- Vorübung für das Rechendreieck B: In gelösten Rechendreiecken
- einzelne Karten wenden (analog dem Muster von Rechendreieck A),
- die fehlenden Zahlen herausfinden (Operation – Gegenoperation).
- Übung zum Rechendreieck C: Den Zusammenhang zwischen den inneren und den äusseren Zahlen eines Rechendreiecks erkunden: Die Summe der inneren Zahlen und die Summe der äusseren Zahlen ausrechnen und die Ergebnisse vergleichen. (Die Summe der äusseren Zahlen ist doppelt so gross wie die Summe der inneren Zahlen.)
- Verallgemeinerung: Um herauszufinden, ob die Summe der äusseren Zahlen immer doppelt so gross ist wie die Summe der inneren Zahlen, können die inneren Zahlen mit verschiedenfarbigen Post-it-Zetteln dargestellt werden.

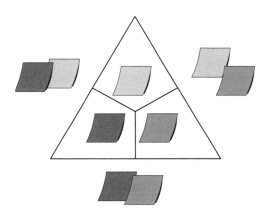

SB 5, Seite 12, Aufgabe 3
- Malkreuze: Das Übungsformat «Malkreuz» (siehe «Glossar») anhand des Schweizer Zahlenbuches 3 und 4 wiederholen.
- Ein Malkreuz auf ein grosses Blatt Papier zeichnen. Die gegebenen Zahlen (siehe erstes Malkreuz) auf Karten schreiben. Die fehlenden Zahlen berechnen und die Lösungen ebenfalls auf Karten schreiben und ins Malkreuz legen.
- Vorübung für Malkreuz B und C: In gelösten Malkreuzen (z.B. für 32 • 146)
- einzelne Karten wenden (analog dem Muster von Malkreuz B und C),
- die fehlenden Zahlen wieder herausfinden (Operation – Umkehroperation).
- Die Malkreuze können auch in der Kurzschreibweise bearbeitet werden.

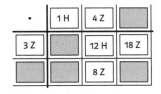

SB 5, Seite 16–17: Addition und Subtraktion – halbschriftlich oder schriftlich

SB 5, Seite 16, Aufgabe 1
- Diese Aufgabe kann als Standortbestimmung für die schriftliche Addition genutzt werden.
- Eventuell auf Seite 40 («Schriftliche Addition») im SB 4 sowie die dazugehörigen Seiten im HPK 4 zurückgreifen.
- Falls nötig, die Bedeutung des Übertrags anhand einer Stellentafel nochmals klären: die Zahlen mit Plättchen legen. Wenn 10 oder mehr Plättchen in einer Spalte liegen, muss gebündelt und in die grössere Einheit umgetauscht werden.

SB 5, Seite 16, Aufgabe 2A–C
- Die Schülerinnen und Schüler sollen zur Lösung der Rechenaufgaben diejenigen Strategien oder Rechentypen einsetzen, die ihnen vertraut sind (siehe «Allgemeine Förderhinweise: Rechenstrategien auffrischen»).
- Rechnungen mit gerundeten Zahlen überschlagen.
- Die Ergebnisse mit dem Taschenrechner kontrollieren (siehe HPK 5 + 6, S. 7f.).

SB 5, Seite 16, Aufgabe 3
- Einzelne Aufgaben auswählen.
- Partnerarbeit: Eine Schülerin löst eine ausgewählte Aufgabe schriftlich, der Partner halbschriftlich. Ergebnisse überprüfen, Rollentausch.

SB 5, Seite 17, Aufgabe 5A–C
- Die Seite 8–9 («Addieren und subtrahieren») im SB 4 sowie die dazugehörigen Seiten im HPK 4 und die Übung «Vermischte Aufgaben» in der Kartei «Blitzrechnen 4» aufgreifen (siehe «Material»).
- Subtraktion mittels halbschriftlicher Strategien lösen (siehe «Allgemeine Förderhinweise: Rechenstrategien auffrischen»).
- Rechnungen mit gerundeten Zahlen überschlagen.
- Die Ergebnisse mit dem Taschenrechner kontrollieren (siehe HPK 5 + 6, S. 7f.).

Schulbuch 5, Seite 18–19: Multiplikation und Division – halbschriftlich oder schriftlich

SB 5, Seite 18, Aufgaben 2A und 2B / Seite 19, Aufgaben 6A und 6B
- Die hier genannten Aufgaben können – gemäss den Empfehlungen in den Aufgabenstellungen und im Begleitband zum Schweizer Zahlenbuch 5 – bearbeitet werden, wenn die Lernenden über die entsprechenden Voraussetzungen verfügen bzw. diese Aufgaben aus SB 4 bearbeiten können:
  SB 4, Seite 12 («Multiplizieren und dividieren»), Seite 52–53 («Einfache Malaufgaben»), Seite 55 («Einfache Divisionsaufgaben»), Seite 56–57 («Halbschriftliche Division») und Seite 59–60 («Rechenwege bei der Multiplikation», «Multiplikation mit Malstreifen»). Auf die dazugehörigen Seiten im HPK 4 zurückgreifen.
- Die Übung «Stelleneinmaleins, auch umgekehrt» in der Kartei «Blitzrechnen 4» aufgreifen (siehe «Material»).
- Multiplikation bzw. Division mittels halbschriftlicher Strategien lösen (siehe «Allgemeine Förderhinweise: Rechenstrategien auffrischen»).
- Rechnungen mit gerundeten Zahlen überschlagen, um

herauszufinden, wie viele Stellen das Ergebnis haben wird.

- Die Ergebnisse mit dem Taschenrechner kontrollieren (siehe HPK 5 + 6, S. 7f.).

Förderhinweise zum Zahlenbuch 6

SB 6, Seite 10–11: Rechnen mit natürlichen Zahlen

Grundsätzlich
- «Allgemeine Förderhinweise» aufgreifen.
- «Förderhinweise zum Schweizer Zahlenbuch 5» zu SB 5, Seite 8–9 und 16–19, aufgreifen (siehe oben).

SB 6, Seite 10, Aufgabe 1
- Die Schülerinnen und Schüler sollen zur Lösung der Rechenaufgaben diejenigen Strategien oder Rechentypen einsetzen, die ihnen vertraut sind (siehe «Allgemeine Förderhinweise»).
- Den Hinweis «Überschlagsrechnung» in der Aufgabenstellung aufgreifen und besprechen. Kann immer die Rundungsregel angewendet werden oder muss manchmal «nach Gefühl» aufgerundet oder abgerundet werden, z.B. bei $48 \cdot 65 = 3120 \rightarrow 50 \cdot 60 = 3000$ oder $40 \cdot 70 = 2800$ oder $50 \cdot 70 = 3500$? Welche Überschlagsrechnung liefert das Ergebnis, das dem genauen Ergebnis am nächsten kommt?
- Den Hinweis «Überlegung bei der Einerziffer» in der Aufgabenstellung aufgreifen. Besprechen, wie man insbesondere bei der Multiplikation oder Division erkennen kann, welche Einerziffer es geben muss: z.B. in $62\,208 : 6$ kann $18 : 6$ oder $48 : 6$ stecken, das heisst, das Ergebnis muss eine 3 oder eine 8 an der Einerstelle haben $\rightarrow 10\,368$.

Literatur

- Gerber, H./Wälti, B.: 10 x 10 mathematische Erlebnisse für die Grundschule, 2001, S. 15: «666 666», Grosse Zahlen lesen, Einblick in Stellenwerte.
- Hengartner, E. et al.: Lernumgebungen für Rechenschwache bis Hochbegabte. 2010, S. 69 ff.: Zahlen an der Stellentafel verändern.
- Hengartner, E. et al.: Lernumgebungen für Rechenschwache bis Hochbegabte. 2010, S. 73 ff.: Zahlen und Ziffern im Zahlenraum bis eine Million.

Material

Arbeitsmaterial
- Material zum Dezimalsystem (Tausenderwürfel, Hunderterplatten, Zehnerstäbe, Einerwürfel aus Holz)
- Zahlenstrahl (nur Markierungsstriche, Kopiervorlage siehe Begleitband zum Schweizer Zahlenbuch 6, S. 422, K01 und HPK 5 + 6, S. 137)
- Hundertertafel (Kopiervorlage siehe Begleitband zum Schweizer Zahlenbuch 6, S. 425, K26 und HPK 5 + 6, S. 133)
- Hunderterfeld (Kopiervorlage siehe Begleitband zum Schweizer Zahlenbuch 6, S. 425, K27 und HPK 5 + 6, S. 133)
- Tausenderbuch (Kopiervorlage siehe HPK 5 + 6, S. 135)
- Stellentafel (Kopiervorlage siehe HPK 5 + 6, S. 138)
- CD-ROM «Rechentraining, Kopfrechnen ab dem 5. Schuljahr» (siehe HPK 5 + 6, S. 2)
- Karteien «Blitzrechnen 3» und «Blitzrechnen 4» (siehe HPK 5 + 6, S. 2)

Verbrauchsmaterial
- Karten
- Post-it-Zettel

Seiten und zentrale Aufgaben

Schulbuch 6

Seite	Titel	Aufgaben
62–63	Reihenzahlen – Quadratzahlen – Primzahlen	1–3, 5A, 5B, 6A, 6B, 6D
64–65	Teiler	1–3, 8
70–71	Vielfache	1A, 1B, 3, 4, 5A, 5B

Schwerpunkt

- Spezielle natürliche Zahlen (z.B. Reihenzahlen, Primzahlen und Quadratzahlen) untersuchen bzw. kennen lernen.
- Eigenschaften und Beziehungen spezieller natürlicher Zahlen erkunden.
- Zahlenmuster erforschen, Vermutungen zur Fortsetzung anstellen.
- Einmaleinsreihen repetieren.
- Natürliche Zahlen in Faktoren zerlegen.
- Teiler und Vielfache suchen.

Grundsätzliche Überlegungen

Thema «Zahlenmuster» für Schülerinnen und Schüler mit besonderem Bildungsbedarf

- Zahlenmuster enthalten eine Vielzahl von Zahlbeziehungen, die entdeckt, untersucht und zum Teil auch variiert werden können. Das Erkennen, Bearbeiten und Untersuchen von Zahlenmustern stellt einen wesentlichen Aspekt des mathematischen Lernens dar und soll auch bei Schülerinnen und Schülern mit besonderem Bildungsbedarf gefördert werden.
- Zahlbeziehungen können zum Ausprobieren und Entdecken motivieren. Es ist deshalb wichtig, dass nicht einfach eine Regel vorgegeben wird, sondern dass die Schülerinnen und Schüler Gelegenheit, Ermutigung, Zeit sowie geeignete Darstellungen und Arbeitsmaterialien erhalten (z.B. die Felddarstellung und die Reihendarstellung der Multiplikation), um Muster zu entdecken und zu verallgemeinern.

Eigenschaften, Beziehungen und Muster von Zahlen entdecken

- Reihenzahlen, Quadratzahlen, Teiler und Vielfache enthalten reichhaltige Möglichkeiten für das Erkennen, Beschreiben sowie – je nach Komplexität der Aufgabenstellung – für das Vermuten, Erklären und Verallgemeinern von Gesetzmässigkeiten.

Erfahrungen aufgreifen

- Eigenschaften von Zahlen bzw. spezielle Zahlen werden auch im Schweizer Zahlenbuch 1 bis 4 thematisiert (z.B. Quadratzahlen in der Einmaleins-Tafel im Schweizer Zahlenbuch 2, Einmaleinszahlen im Schweizer Zahlenbuch 3 usw.). Es ist wichtig, dass auf diese Erfahrungen und Aufgaben zurückgegriffen wird.

Teiler und Vielfache/Bezug zum Einmaleins

- Die Bezeichnungen «Teiler» und «Vielfache» können dazu verführen, Teiler einseitig mit «teilen», Vielfache einseitig mit «vervielfachen» zu assoziieren. Damit die Schülerinnen und Schüler das Verständnis für die Bedeutung von Teilern und Vielfachen entwickeln können, müssen Teiler wie auch Vielfache jeweils aus dem Blickwinkel der *Multiplikation* und der *Division* betrachtet werden:
- Der *Teiler* einer Zahl *teilt* diese ohne Rest. Teiler sind *Faktoren*, mit denen sich die Zahl als Multiplikation darstellen lässt. Die Faktorzerlegung spielt für das Verständnis der Teiler eine wichtige Rolle.
- *Vielfache* einer Zahl sind *Produkte*, die durch Vervielfachen der Zahl mit einer beliebigen natürlichen Zahl entstehen. Jedes Vielfache lässt sich ohne Rest durch diese Zahl teilen.

Unbedingt erarbeiten

- Spezielle Zahlen: Gerade und ungerade Zahlen, Reihenzahlen, Quadratzahlen suchen, erforschen, unterscheiden, erkennen.
- Primzahlen: Begriff verstehen, Primzahlen bis 100 suchen und finden können.
- Teiler: Die Bedeutung der Teiler verstehen; allenfalls die gemeinsamen Teiler und den grössten gemeinsamen Teiler zweier Zahlen suchen.
- Vielfache: Die Bedeutung der Vielfachen verstehen, Vielfache einer Zahl suchen; allenfalls gemeinsame Vielfache und das kleinste gemeinsame Vielfache zweier Zahlen suchen.

Mathematische Vorkenntnisse

Aus dem Zahlenbuch 1 bis 4

- Einmaleins und Einsdurcheins
- Verständnis der Multiplikation und der Division
- Gerade und ungerade Zahlen erkennen und nennen können.

Mögliche Schwierigkeiten

Fehlende arithmetische Grundlagen

Einige Schülerinnen und Schüler
- haben das Einspluseins, das Einsminuseins, das Einmaleins und das Einsdurcheins nicht oder zu wenig automatisiert und haben deshalb Schwierigkeiten, Eigenschaften von Zahlen, Beziehungen zwischen Zahlen und Zahlenmuster zu erkennen, zu beschreiben oder zu erklären,
- haben nur die Ergebnisse der Malrechnungen automatisiert und können deshalb nicht (rasch) erkennen, ob eine Zahl eine Reihenzahl ist oder nicht,
- können eine Reihenzahl nicht auf eine oder mehrere Arten in zwei Faktoren zerlegen,
- können gerade und ungerade Zahlen nicht unterscheiden, weil sie nicht wissen, auf welche Ziffer sie achten müssen.

Teiler und Vielfache

Einige Schülerinnen und Schüler
- verwechseln «Vielfaches» mit «Vierfaches»,
- verstehen den Unterschied zwischen Teilern einer Zahl und Vielfachen einer Zahl nicht,
- verwechseln die Begriffe «ist *teilbar* durch» und «ist *Teiler* von»,
- scheitern beim Bestimmen des kleinsten gemeinsamen Vielfachen, weil sie die Einmaleinsreihen nur bis zehnmal verwenden,
- haben Schwierigkeiten, sich die Begriffe «grösster gemeinsamer Teiler» und «kleinstes gemeinsames Vielfaches» sowie deren Abkürzungen «ggT» und «kgV» zu merken oder sie auseinanderzuhalten,
- verstehen Begriffe wie «Faktor», «Produkt», «vervielfachen» nicht.

Allgemeine Förderhinweise

Einmaleins wiederholen

- Aufbau der Einmaleinsreihen anhand des Einmaleins-Plans: Die Übung «Einmaleins am Plan» in der Kartei «Blitzrechnen 2» aufgreifen (siehe «Material»).
- Insbesondere die Umkehroperationen und die Zerlegungen üben: Wie viele Siebenerschritte muss man machen, um 42 zu erreichen? Mit welchen und wie vielen Schritten kann 24 erreicht werden? (3 Achter, 8 Dreier, 4 Sechser, 6 Vierer) Mit welchen und wie vielen Schritten kann 31 erreicht werden? (Erkennen, dass 31 keine Reihenzahl ist.) Die Übung «Einmaleins – auch umgekehrt» in der Kartei «Blitzrechnen 3» aufgreifen (siehe «Material»).
- Kernaufgaben, Verdopplungen und Quadratzahlen anhand der Einmaleins-Tafel im SB 2 (siehe S. 94–95 sowie hinterer Buchdeckel) auffrischen.
- Einmaleinszahlen anhand von SB 3, Seite 12, sowie den dazugehörigen Seiten im HPK 3 auffrischen.
- Partner- oder Gruppenarbeit. Vorbereitung: Alle Einmaleinszahlen auf je eine Karte schreiben. Jede Schülerin, jeder Schüler wählt eine Karte und schreibt Malaufgaben, die diese Zahl als Ergebnis haben, auf ein Blatt. Karten zurücklegen, eine neue Karte ziehen, die passenden Malrechnungen suchen und aufschreiben usw. Nach einigen Durchgängen werden die Rechnungsblätter, die zu einer Einmaleinszahl gehören, gemeinsam verglichen. Wurden jeweils alle Rechnungen gefunden? Welche Rechnungen fehlen?
- CD-ROM «Rechentraining, Kopfrechnen ab dem 5. Schuljahr», Übung «Multiplizieren – dividieren» durchführen (siehe «Material»).

Taschenrechner

- Bei Schwierigkeiten mit dem Kopfrechnen sollen die Schülerinnen und Schüler Zwischenresultate notieren oder den Taschenrechner benutzen (siehe HPK 5 + 6, S. 7 f.).

Begriffe klären

- Besprechen, welche Begriffe (z. B. Faktor, Produkt, vervielfachen, dividieren) Schwierigkeiten bereiten. Diese Begriffe klären und in eigenen Worten ausdrücken. Eventuell ein Glossar in Plakatform gestalten.

Förderhinweise zum Schweizer Zahlenbuch 6

SB 6, Seite 62–63: Reihenzahlen – Quadratzahlen – Primzahlen

Reihenzahlen
- Klären, dass Dreierzahlen, Viererzahlen usw. über das «übliche» Ende der Reihe hinausgehen, das heisst, 33, 36, 39 usw. gehören auch zu den Dreierzahlen.

SB 6, Seite 62, Aufgaben 1 und 2
- Die Hundertertafel mit den Strichen betrachten und besprechen, dass hier alle Reihenzahlen jeweils mit einem Strich markiert sind. Allenfalls klären, welche Einmaleinsreihe mit «alle geraden Zahlen» gemeint ist.
- Wenn die Schülerinnen und Schüler Schwierigkeiten haben zu verstehen, wie die Striche entstanden sind, können sie z. B. die geraden Zahlen und die Zahlen der Dreierreihe mit Strichen in einer Hundertertafel markieren (Tafel ohne Striche, siehe «Material»). Einige Zahlen erhalten zwei Striche. Welche sind es? (die Zahlen der Sechserreihe)
- Anhand der Tafel kann geforscht und diskutiert werden: Eine Zahl (z. B. 12 oder 68) auswählen: Was bedeuten die Striche? Oder alle Zahlen suchen, die eine bestimmte Anzahl Striche haben. Was haben diese Zahlen gemeinsam? Zur besseren Übersicht können Zahlen mit der gleichen Anzahl von Strichen mit Hilfe eines Leuchtstiftes auf einer vergrösserten Kopie der Tafel hervorgehoben werden.
- Die Zahlen, die in der Hundertertafel im Schulbuch nur einen Strich bekommen haben, näher untersuchen. Warum haben sie nur einen Strich? In welchen Einmaleinsreihen kommen sie vor? An welcher Stelle der jeweiligen Reihe befinden sie sich? (jeweils an der ersten Stelle) Diese Zahlen werden Primzahlen genannt. Zur besseren Übersicht können die Zahlen mit nur einem Strich mit Hilfe eines Leuchtstiftes auf einer vergrösserten Kopie hervorgehoben werden.

SB 6, Seite 62, Aufgabe 3
- Einzelne Zahlen von der Hundertertafel mit den Strichen in Aufgabe 1 auswählen und dazu einige Malrechnungen mit zwei oder mehreren Faktoren schreiben. Beispiel: 36 = 2 • 18, 2 • 3 • 6, 2 • 2 • 9, 3 • 12, 3 • 3 • 4, 4 • 9, 6 • 6 …

SB 6, Seite 63, Aufgaben 5A und 5B
- Quadratzahlen gemäss Skizze mit Wendeplättchen aufbauen.

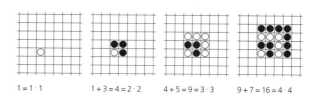

$$1 = 1 \cdot 1 \qquad 1 + 3 = 4 = 2 \cdot 2 \qquad 4 + 5 = 9 = 3 \cdot 3 \qquad 9 + 7 = 16 = 4 \cdot 4$$

- *Eigenschaften erkennen:* Welche Quadratzahlen sind gerade und welche ungerade? Findet ihr ein Muster?
- *Beziehungen beschreiben:* Wie viele Plättchen kommen von einer Quadratzahl zur nächsten dazu? (1, 3, 5, 7 …) Was sind das für Zahlen? (ungerade Zahlen)
- *Muster vermuten und erklären:* Warum ist der Unterschied von einer Quadratzahl zur nächsten immer eine

- ungerade Zahl? (Es kommt immer zweimal die gleiche Anzahl dazu und ein Plättchen in der Ecke.)
- Rechentraining «Quadratzahlen» aus SB 5, Seite 88–89, sowie CD-ROM «Rechentraining, Kopfrechnen ab dem 5. Schuljahr», Übung «Quadratzahlen» aufgreifen (siehe «Material»).
- Die Übung «Zählen in Schritten» in der Kartei «Blitzrechnen 4» aufgreifen (siehe «Material»).

SB 6, Seite 63, Aufgabe 6A

- Die Bedeutung der Zahlen in der Hundertertafel (siehe S. 62), die nur einen Strich haben, diskutieren. Sie lassen sich nur dann als Multiplikation darstellen, wenn ein Faktor 1 ist, z. B. 13 = 1 • 13. Sie heissen Primzahlen.

SB 6, Seite 63, Aufgaben 6B und 6D

- Folgende Fragen diskutieren:
- Ist 2 eine Primzahl? (Ja; 2 ist zwar eine gerade Zahl, weil sie sich ohne Rest durch 2 teilen lässt. Aber 2 lässt sich nur als Multiplikation darstellen, wenn ein Faktor 1 ist: 2 = 1 • 2 = 2 • 1)
- Warum sind 12, 22, 32 usw. keine Primzahlen? (Sie sind gerade Zahlen, das heisst, sie lassen sich ohne Rest durch 2 teilen. Im Gegensatz zur Zahl 2 lassen sie sich aber als Produkt zweier von 1 verschiedener Faktoren darstellen, z. B. 12 = 2 • 6 = 3 • 4 usw.)

SB 6, Seite 64–65: Teiler

Vorbemerkung

- Teiler und Vielfache gehören inhaltlich eng zusammen und werden deshalb häufig verwechselt. Bei Schülerinnen und Schülern mit besonderem Bildungsbedarf ist diesem Aspekt besonders Beachtung zu schenken, indem immer wieder thematisiert wird, worum es gerade geht.
- Im Begleitband zum Schweizer Zahlenbuch 6, S. 284, wird empfohlen, im Anschluss an die Behandlung des Themas «Vielfache» das Thema «Teiler» nochmals kurz aufzugreifen und Beziehungen zwischen den beiden Themen aufzuzeigen.
- Die Abkürzungen ggT und kgV werden oft verwechselt. Sie sollen deshalb sparsam und nur dann verwendet werden, wenn die Schülerinnen und Schüler wissen, für welche Begriffe die Abkürzungen stehen und was diese Begriffe bedeuten.

SB 6, Seite 64, Aufgaben 1 und 2

- Zahlzerlegung in Faktoren: Alle Schülerinnen und Schüler nehmen die gleiche Anzahl Quadrate (z. B. 24, siehe «Material») und bilden damit Rechtecke oder zeichnen verschiedene Rechtecke auf kariertes Papier, z. B. ein 3 x 8-Rechteck oder ein 4 x 6-Rechteck.
- Sie protokollieren die beiden Faktoren in einer Tabelle. Die Handlungen werden besprochen, z. B. «Ich teile 24 Quadrate so auf (oder ich zeichne 24 Quadrate so), dass es 4 Reihen mit je 6 Quadraten ergibt. Das Rechteck besteht aus 4 • 6 = 24 Quadraten.» Die entsprechenden Geteilt- und Malrechnungen werden ebenfalls in der Tabelle notiert.
  Die Schülerinnen und Schüler überprüfen jeweils, ob eine neu hinzukommende Variante schon vorgekommen ist. Wenn ja, wird sie gestrichen (z. B. 3 • 8, vgl. Tabelle).

24	Seitenlänge a	Seitenlänge b	Entsprechende Rechnungen
	6	4	24 : 6 = 4
			24 : 4 = 6
			6 • 4 = 24
			4 • 6 = 24
	8	3	
	12	2	
	1	24	
	~~3~~	~~8~~	

- Begriff «Teiler» erarbeiten: In Aufgabe 1 ergeben sich die Seitenlängen 1, 2, 3, 4, 6, 8, 12, 24. Diese Zahlen heissen *Teiler* der Zahl 24, weil sie 24 ohne Rest *teilen*. Sie sind zugleich Faktoren, die paarweise miteinander multipliziert 24 ergeben:
  1 • 24 = 24, 2 • 12 = 24 usw.
  Umgekehrt betrachtet wird 24 jeweils in zwei Faktoren zerlegt:
  24 = 1 • 24, 24 = 3 • 8, 24 = 6 • 4.
- Wichtig ist, dass die Schülerinnen und Schüler verstehen, dass ein Teiler einer Zahl nicht grösser als die Zahl selbst sein kann.
- Die Variante, in der ein Faktor den Wert 1 hat, muss speziell hervorgehoben werden. 1 und die Zahl selbst heissen «unechte Teiler». Alle anderen Faktoren heissen «echte Teiler».
- Die vorher beschriebene Übung mit anderen Zahlen (auch mit Primzahlen) wiederholen. Darüber diskutieren, dass es manchmal nur *eine* Zerlegung in Faktoren gibt. Zahlen, die nur eine Zerlegung (in unechte Teiler) haben, sind Primzahlen (siehe SB 6, S. 62–63).
- Glossar in Plakatform zu den Begriffen «Teiler» (echte und unechte) und «Primzahl» gestalten: Damit sich die Schülerinnen und Schüler die Begriffe merken können, sollen sie selbst eine Beschreibung oder Zeichnung anfertigen.

SB 6, Seite 64, Aufgabe 3

- Die Vorgehensweise von Livio ausprobieren, besprechen und auf dieselbe Art und Weise Teiler von 20 und 24 suchen.
- Die Anzahl Teiler (12 hat 6 Teiler) kann auf Seite 62 im SB 6 kontrolliert werden: 12 hat auf der Hundertertafel fünf Striche, wobei dort der unechte Teiler 1 nicht mitgezählt wurde.
- Partnerarbeit: Zwei Schülerinnen wählen gemeinsam eine Zahl zwischen 10 und 100 aus, z. B. 42. Die eine schreibt möglichst alle Teiler auf (1, 2, 3, 6, 7, 14, 21, 42), die andere möglichst alle Faktorzerlegungen (42 = 1 • 42, 42 = 2 • 21, 42 = 3 • 14, 42 = 6 • 7). Die Ergebnisse werden verglichen und allenfalls ergänzt oder revidiert: Fehlen Teiler? Sind alle Zerlegungen aufgeschrieben? Wo ist die Zerlegung, die zum Teiler 3 gehört? usw. Rollentausch.

Seite 65, Aufgabe 8

- Gemeinsame Teiler (Partnerarbeit): Eine Schülerin und ein Schüler wählen je eine Zahl, z. B. 18 und 24, legen mit der entsprechenden Anzahl von Quadraten möglichst alle Rechtecke (oder zeichnen sie) und protokollieren die Seitenlängen a und b (Faktoren, Teiler) jeweils in einer Tabelle. Die eingekreisten Zahlen sind die gemeinsamen Teiler von 18 und 24.
- Anhand der Tabelle aus vorherigem Förderhinweis den Begriff «gemeinsamer Teiler» diskutieren: Gibt es glei-

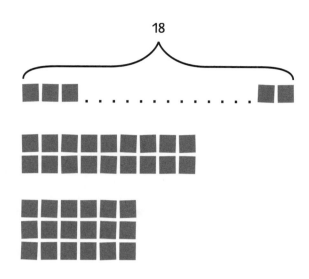

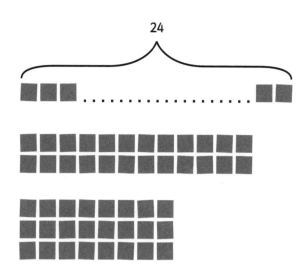

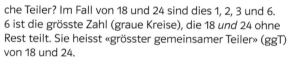

a	b
①	18
②	9
③	6
⑥	3
9	2
18	1

a	b
①	24
②	12
③	8
4	6
⑥	4
⑧	3
12	2
24	1

che Teiler? Im Fall von 18 und 24 sind dies 1, 2, 3 und 6. 6 ist die grösste Zahl (graue Kreise), die 18 *und* 24 ohne Rest teilt. Sie heisst «grösster gemeinsamer Teiler» (ggT) von 18 und 24.

Primzahlen wie z.B. 3 und 5 oder 17 und 19 haben nur den gemeinsamen Teiler 1.

- Glossar in Plakatform zu den Begriffen «gemeinsame Teiler» und «grösster gemeinsamer Teiler» sowie zur Abkürzung «ggT» gestalten (siehe oben, «Teiler»).

SB 6, Seite 70: Vielfache

SB 6, Seite 70, Aufgaben 1A und 1B

- Aufgabe 1 lösen, wie im Begleitband empfohlen. Diskutieren, wie man die Zahlen nennen könnte, die angekreuzt und zugleich auch eingekreist wurden.
- Begriff «Vielfaches» ausgehend von der Alltagssprache diskutieren: Das Dreifache, das Vierfache, das x-Fache: Was ist mit den jeweiligen Ausdrücken gemeint? 12 ist das Dreifache von 4; 20 ist das Fünffache von 4 usw.
- Verallgemeinern: Das Vielfache einer Zahl entsteht durch *Vervielfachen* (Malnehmen) dieser Zahl mit einem beliebigen Faktor; z.B. alle Zahlen der Dreierreihe sind Vielfache von 3, alle Zahlen der Siebenerreihe Vielfache von 7.
- Thematisieren: Die Vielfachen einer Zahl hören nicht bei zehnmal auf: Auch 33, 36 usw. sind Vielfache von 3; 77, 84 usw. sind Vielfache von 7: Im Gegensatz zur endlichen Anzahl Teiler einer Zahl gibt es unendlich viele Vielfache einer Zahl.
- Glossar in Plakatform zum Begriff «Vielfache» gestalten (siehe oben, «Teiler»).
- Wichtig ist, dass die Schülerinnen und Schüler verste-

hen, dass das Vielfache einer Zahl nicht kleiner sein kann als die Zahl selbst.
- Besprechen, dass Zahlen auf der Hundertertafel, die angekreuzt *und* eingekreist sind (z.B. 12, 24, 36), zugleich der Dreier- *und* der Viererreihe angehören. Sie sind Vielfache von 3 *und* von 4.

SB 6, Seite 70, Aufgabe 3

- Zahlen, die zugleich angekreuzt und eingekreist sind, wie z.B. wie 24 und 48, gehören der Achter- und der Zwölferreihe an. Sie sind Vielfache von 8 und von 12. Man nennt sie «gemeinsame Vielfache» von 8 und 12. 24 ist sowohl 3 • 8 als auch 2 • 12. 24 ist die kleinste Zahl unter den Vielfachen von 8 und 12. Sie heisst «kleinstes gemeinsames Vielfaches» (kgV).
- Glossar in Plakatform zu den Begriffen «gemeinsame Vielfache» und «kleinstes gemeinsames Vielfaches» sowie zur Abkürzung «kgV» gestalten (siehe Hinweis zu SB 6, S. 65, Aufgabe 8).

SB 6, Seite 70, Aufgabe 4

- Vielfache und gemeinsame Vielfache am Rechenstrich darstellen: Die Resultate einer Einmaleinsreihe (z.B. Zweierreihe) mit Bögen am Rechenstrich einzeichnen. Die Resultate einer anderen Einmaleinsreihe auf dem Rechenstrich auf Transparentpapier einzeichnen. Die beiden Reihen linksbündig aufeinanderlegen. Wo sich die Bögen jeweils treffen, liegen gemeinsame Vielfache der beiden Zahlen (6, 12, 18 …). Der erste Treffpunkt ist das kleinste gemeinsame Vielfache. Man kann sich auf diese Art vorstellen, dass es unendlich viele gemeinsame Vielfache zweier Zahlen gibt.

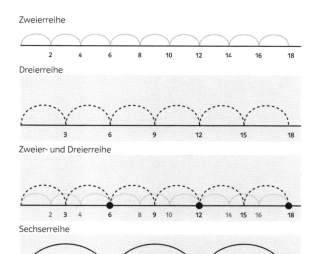

Zweierreihe

Dreierreihe

Zweier- und Dreierreihe

Sechserreihe

Material

Arbeitsmaterial

- Einmaleins-Tafel (Kopiervorlage siehe HPK 5 + 6, S. 139)
- Hundertertafel (Kopiervorlage siehe Begleitband zum Schweizer Zahlenbuch 6, S. 425, K26, und HPK 5 + 6, S. 133)
- Karteien «Blitzrechnen 2», «Blitzrechnen 3» und «Blitzrechnen 4» (siehe HPK 5 + 6, S. 2)
- CD-ROM «Rechentraining, Kopfrechnen ab dem 5. Schuljahr» (siehe HPK 5 + 6, S. 2)

Verbrauchsmaterial

- Karten
- Quadrate mit der Seitenlänge 1,5 cm aus Papier oder Karton
- Leere Plakate (z.B. Flipchart-Papier)
- Wendeplättchen
- Messbänder, Mini-Wäscheklammern
- Transparentpapier

- Vielfache und gemeinsame Vielfache mit Einmaleins-Bändern darstellen: Auf zwei Messbändern je eine Reihe mit Klammern abstecken (siehe HPK 2, S. 83). Die beiden Bänder untereinanderlegen und die Stellen suchen, wo jeweils eine Klammer des einen Bandes auf eine Klammer des anderen Bandes trifft.

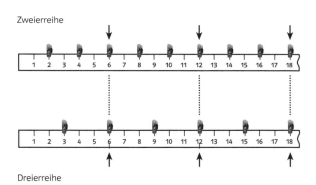

Zweierreihe

Dreierreihe

SB 6, Seite 71, Aufgaben 5A und 5B

- Das kleinste gemeinsame Vielfache wie in Aufgabe 3 oder 4 (Rechenstrich) bestimmen. 5B lässt sich auch auf den Einmaleins-Bändern darstellen.

Seiten und zentrale Aufgaben

Schulbuch 5

Seite	Titel	Aufgaben/Übungsformate
88–89	Folgen	1–3
		✎ «Quadratzahlen»

Schulbuch 6

Seite	Titel	Aufgaben/Übungsformate
68–69	Folgen	1A, 2A
		✎ «Folgen fortsetzen»

Schwerpunkt

- Eigenschaften und Beziehungen von Figuren und Zahlen erkunden.
- Zahlenmuster und geometrische Muster in Folgen erforschen.
- Vermutungen zur Fortsetzung der Muster anstellen.

Grundsätzliche Überlegungen

Charakteristische mathematische Denkprinzipien und Vorgehensweisen

- Beim Thema «Folgen» stehen allgemeine mathematische Lernziele wie *Explorieren*, *Argumentieren* und *Formulieren* und nicht das Lösen einzelner Aufgaben im Vordergrund.
- *Explorieren:* Aufgaben handelnd bearbeiten, Zusammenhänge zwischen einzelnen Aufgaben erforschen, Ausgangssituation variieren, systematisch probieren, Vorgehen und Beobachtungen beschreiben.
- *Argumentieren:* Vermutungen anstellen und begründen (handelnd, bildhaft, sprachlich), verallgemeinern (Gilt die Vermutung immer?), über die Vermutungen diskutieren, Widersprüche entdecken.
- *Formulieren:* Die Vermutungen sprachlich ausdrücken und mathematisch symbolisch darstellen (z. B. als Term).

Thema «Folgen» für Schülerinnen und Schüler mit besonderem Bildungsbedarf

- Folgen enthalten eine Vielzahl von Mustern, die entdeckt und zum Teil auch variiert werden können. Dieses Erkennen und Bearbeiten von Mustern stellt einen wesentlichen Aspekt des mathematischen Lernens dar und soll auch bei Schülerinnen und Schülern mit besonderem Bildungsbedarf entsprechend gefördert werden. Zudem trägt das Erkunden von Folgen zum Festigen des Aufbaus der Zahlenreihe bei.
- Die Eigenschaften von Zahlen und Figuren in Folgen können zum Ausprobieren und Entdecken motivieren. Es ist deshalb wichtig, dass nicht einfach eine Regel vorgegeben wird, sondern dass die Schülerinnen und Schüler Gelegenheit, Ermutigung, Zeit sowie geeignete Möglichkeiten erhalten, um einige Gesetzmässigkeiten und Muster zu entdecken und zu verallgemeinern. Dies erfordert allerdings ein Mass an Abstraktionsfähigkeit,

über das Schülerinnen und Schüler mit besonderem Bildungsbedarf nicht immer bzw. nicht ausreichend verfügen. Das Denken in Gesetzmässigkeiten soll deshalb immer von konkreten Formen- und Zahlenbeispielen aus entwickelt werden.

Eigenschaften, Beziehungen und Muster in Folgen entdecken

- Zahlen und Formen haben *Eigenschaften* und stehen in *Beziehung* zueinander. Wenn sich die Beziehungen *immer* wiederholen und als Gesetzmässigkeiten oder Regeln formuliert bzw. verallgemeinert werden können, werden sie *Muster* genannt.
- Folgen enthalten reichhaltige Möglichkeiten für das Erkennen, Beschreiben sowie – je nach Komplexität der Aufgabenstellung – für das Vermuten, Erklären und Verallgemeinern von Gesetzmässigkeiten.

Unbedingt erarbeiten

- Einfache geometrische Muster erkennen und fortsetzen.
- Gerade und ungerade Zahlen erkennen.
- Reihenzahlen erkennen und dazugehörige Malrechnungen finden.

Mathematische Vorkenntnisse

Aus dem Schweizer Zahlenbuch 1 bis 4

- Einfache geometrische Muster erkennen und fortführen.
- Einspluseins und Einsminuseins
- Einmaleins und Einsdurcheins
- Bedeutung der Multiplikation und der Division
- Gerade und ungerade Zahlen unterscheiden.

Mögliche Schwierigkeiten

Arithmetische Grundlagen

Einige Schülerinnen und Schüler
- haben das Einspluseins, das Einsminuseins, das Einmaleins und das Einsdurcheins nicht oder zu wenig automatisiert und haben deshalb Schwierigkeiten, Eigenschaften von Zahlen, Beziehungen zwischen Zahlen und Zahlenmuster zu erkennen, zu beschreiben oder zu erklären,
- können nicht erkennen, ob eine Zahl zu einer/ zu mehreren Einmaleinsreihen gehört,
- können gerade und ungerade Zahlen nicht unterscheiden, weil sie nicht wissen, auf welche Ziffer sie achten müssen.

Raumorientierung

Einige Schülerinnen und Schüler
- haben wegen Schwierigkeiten in der räumlichen Orientierung Mühe, Eigenschaften von Figuren, Beziehungen zwischen Figuren sowie Muster und Gesetzmässigkeiten in Folgen zu erkennen oder zu erklären.

Allgemeine Förderhinweise

Einspluseins wiederholen

- Die Übungen «Plusaufgaben» und «Minusaufgaben» in der Kartei «Blitzrechnen 1» sowie «Einfache Plus- und Minusaufgaben» in den Karteien «Blitzrechnen 2» und «Blitzrechnen 3» wiederholen (siehe «Material»).

Einmaleins wiederholen

- Die Übungen «Einmaleins am Feld», «Einmaleins am Plan» aus den Karteien «Blitzrechnen 2» und «Blitzrechnen 3» sowie «Einmaleins, auch umgekehrt» in der Kartei «Blitzrechnen 3» wiederholen (siehe «Material»).

Taschenrechner

- Bei Schwierigkeiten mit dem Kopfrechnen sollen die Schülerinnen und Schüler Zwischenresultate notieren oder den Taschenrechner benutzen (siehe HPK 5 + 6, S. 7f.).

Folgenkurse

- Der «Folgenkurs für das 5. Schuljahr» (siehe Begleitband zum Schweizer Zahlenbuch 5, S. 65) und der «Folgenkurs für das 6. Schuljahr» (siehe Begleitband zum Schweizer Zahlenbuch 6, S. 69) knüpfen an den Folgenkurs des 4. Schuljahres (siehe Begleitband zum Schweizer Zahlenbuch 4, S. 31) an. Die Folgenkurse bieten viele Gelegenheiten, Zahlenmuster in arithmetischen und geometrischen Zusammenhängen zu entdecken, fortzusetzen und zu beschreiben.

Förderhinweise zum Schweizer Zahlenbuch 5

SB 5, Seite 88–89: Folgen

Grundsätzlich

- Als Einstieg in das Thema «Folgen» können Aufgaben aus dem «Folgenkurs für das 4. Schuljahr» (siehe Begleitband zum Schweizer Zahlenbuch 4, S. 31) oder die Seite 14–15 im SB 4 («Muster zeichnen», «Folgen fortsetzen») aufgegriffen werden.
- Der Schwierigkeitsgrad von Folgen kann mit verschiedenen Regeln variiert werden. Ausgehend vom Zählen in Schritten kann zu komplexeren Regeln fortgeschritten werden. Die Folgen eignen sich deshalb gut für individualisierendes Arbeiten.
- Die Schülerinnen und Schüler können selbst Regeln für Zahlenfolgen festlegen und die Aufgaben einander zum Lösen geben. So entsteht ohne zusätzlichen Aufwand sinnvolles Übungsmaterial.

SB 5, Seite 88, Aufgabe 1–3

- Die folgenden Anregungen beziehen sich auf Folge I und können auf Folge II und III übertragen werden.
- Bearbeiten gemäss Vorschlag in «Grundsätzliche Überlegungen» im Abschnitt «Eigenschaften, Beziehungen und Muster in Folgen entdecken».
- *Eigenschaften erkennen:* Die Schülerinnen und Schüler beschreiben die Folgen und erkennen so deren Eigenschaften: «Die Figuren sehen aus wie Berge» oder «Die Anzahl Hölzchen in Figur 1, 2, 3 ist jeweils eine gerade Zahl».

- *Beziehungen beschreiben:* Was verändert sich von Figur 1 zu Figur 2? («Es werden mehr Berge, sie werden grösser» oder: «Die Anzahl Hölzchen nimmt von der ersten zur zweiten Figur um 4, von der zweiten zur dritten um 6 zu.»)
- *Muster vermuten, erklären, verallgemeinern:* Bei jeder Figur kommen neue Hölzchen dazu. Wie viele? Findest du eine Gesetzmässigkeit? («Es kommen jeweils 4, 6, 8, 10, 12 Hölzchen dazu, also immer 2 mehr als vorher» oder «Die Unterschiede sind immer das Doppelte von 1, 2, 3, 4, 5 ...»). Es zeigt sich auch eine Gesetzmässigkeit in Bezug auf die Gesamtzahl der Hölzchen: 2, 6, 12, 20 ... (das Doppelte der Dreieckszahlen 1, 3, 6, 10 ...).
- Die Beobachtungen und Vermutungen lassen sich in einer Tabelle dokumentieren:

Folge I

Anzahl Hölzchen	Figur 1	Figur 2	Figur 3	Figur 4	Figur 5	Figur 6	...
Neu dazugelegt	–	4	6	8	10		
Total	2	6	12	20	30		

Förderhinweise zum Schweizer Zahlenbuch 6

SB 6, Seite 68–69: Folgen

Grundsätzlich

- Den Abschnitt «Grundsätzlich» zu SB5, Seite 88–89, aufgreifen.

SB 6, Seite 68, Aufgabe 1A

- Folgen I, II, III: Figuren nachbauen, Anzahl benötigte Würfel bis Figur 4 oder 5 bestimmen, in eine Tabelle eintragen.
- Eigenschaften, Beziehungen und Gesetzmässigkeiten der Formen und Zahlen erkennen, beschreiben, erklären.

SB 6, Seite 68, Aufgabe 2A

- Folgen I und II: Muster erkennen, nachbauen, Anzahl benötigte Würfel bis Figur 4 bestimmen, Tabelle erstellen.
- Eigenschaften, Beziehungen und Gesetzmässigkeiten erkennen, beschreiben, erklären.

Literatur

- Hengartner, E. et al.: Lernumgebungen für Rechenschwache bis Hochbegabte. 2010, S. 115ff.: Mit Würfeln bauen und Zahlenfolgen entdecken.
- Hengartner, E. et al.: Lernumgebungen für Rechenschwache bis Hochbegabte. 2010, S. 125ff.: Mit Würfeln bauen und Zahlenfolgen beschreiben.

Material

Arbeitsmaterial

- Karteien «Blitzrechnen 1», «Blitzrechnen 2», «Blitzrechnen 3», «Blitzrechnen 4» (siehe HPK 5 + 6, S. 2)
- Holzwürfel (Schulverlag Bern, Klassensatz mit 1000 Würfeln, 2 cm Kantenlänge)

Verbrauchsmaterial

- Hölzchen

Seiten und zentrale Aufgaben

Schulbuch 5

Seite	Titel	Aufgaben
74–75	Zahlenrätsel	1–3
76–77	Versteckte Zahlen	1A–D, 5

Schulbuch 6

Seite	Titel	Aufgaben
96–97	Zahlenmauern	6A–D
102–103	Zahlentexte	1, 2
		🏸 «Zahlentexte»

Schwerpunkt

- Platzhalter und Variable kennen lernen.
- Gesetzmässigkeiten mit Hilfe von Platzhaltern entdecken und beschreiben.
- Unbekannte Zahlen suchen durch Verwendung von Platzhaltern.
- Systematisches Probieren
- Umkehrbarkeit von Rechenwegen (Operation und Umkehroperation) erkennen und für die Lösung bestimmter Aufgabentypen (z. B. Zahlentexte) nutzen.
- Terme veranschaulichen und mathematische Texte in Darstellungen mit mathematischen Zeichen (z. B. Terme, Rechenketten, Tabellen) übersetzen.

Grundsätzliche Überlegungen

Charakteristische mathematische Denkprinzipien und Vorgehensweisen

- Auf dem Weg zur Algebra stehen allgemeine mathematische Lernziele wie *Explorieren*, *Argumentieren* und *Formulieren*, nicht aber das Lösen einzelner Aufgaben im Vordergrund.
- *Explorieren:* Aufgaben handelnd bearbeiten, Zusammenhänge zwischen einzelnen Aufgaben erforschen, Ausgangssituation variieren, systematisch probieren, Vorgehen und Beobachtungen beschreiben.
- *Argumentieren:* Vermutungen aufstellen und begründen (handelnd, bildhaft, sprachlich), verallgemeinern (Gilt die Vermutung immer?), über die Vermutungen diskutieren, Widersprüche entdecken.
- *Formulieren:* Die Vermutungen sprachlich ausdrücken und mathematisch symbolisch darstellen (z. B. als Term).

Algebra für Schülerinnen und Schüler mit besonderem Bildungsbedarf

- Algebraisches Denken erfordert in hohem Mass Abstraktionsfähigkeit: Eine konkrete Aufgabe wird verallgemeinert und diese Verallgemeinerung kann in der Formelsprache ausgedrückt werden. Dies bereitet vielen Schülerinnen und Schülern mit besonderem Bildungsbedarf Schwierigkeiten. Algebraisches Denken soll deshalb immer zuerst von konkreten Zahlenbeispielen aus entwickelt werden wie z. B. auf der Seite 92 im SB 4 («Ich denke mir eine Zahl») oder anhand von Zahlenmauern und Rechendreiecken (siehe SB 4, «Zahlenmus-

ter», S. 90–91, und SB 6, S. 96–97). Die Zahlen werden variiert, die Beobachtungen aufgelistet und verbal beschrieben, bevor allenfalls zum Einsatz von Platzhaltern und zu Verallgemeinerungen übergegangen wird.
- Falls algebraisches Denken trotz geeigneter Hilfestellungen Schwierigkeiten bereitet, kann auf das Arbeiten mit Platzhaltern und Verallgemeinerungen verzichtet werden. Stattdessen können Muster diskutiert und beschrieben werden. Es muss somit von Fall zu Fall beobachtet und sorgfältig überprüft werden, bei welchen Schülerinnen und Schülern auf welche Art algebraisches Denken angeregt und weiterentwickelt werden kann.

Zugang zur Algebra: Muster erkennen, Rechengesetze formulieren und Terme entwickeln

- *Muster erkennen:* Algebraisches Denken beginnt schon im Vorschulalter. Kleine Kinder beschreiben z.B. ein Zickzackmuster oft so: «Das geht so: *immer* hinauf und hinunter.» Statt «hinauf und hinunter» unendlichmal zu wiederholen, brauchen sie das Wort *immer*. An diese Erfahrungen wird angeknüpft, wenn später ein Zahlenmuster beschrieben wird: «immer 3 mehr» (z.B. 4, 7, 10, 13 …) oder «Es wird immer die nächste Zahl aus der Zahlenreihe addiert (1, 3, 6. 10 …).»
- *Rechengesetze formulieren:* In der ersten und der zweiten Klasse erfahren die Kinder Rechengesetze wie z.B. 3 + 4 = 4 + 3 bzw. 5 • 6 = 6 • 5. Statt immer wieder neue Beispiele geben zu müssen, genügt es zu sagen: «Wenn man die Zahlen beim Addieren (bzw. Multiplizieren) vertauscht, bleibt das Ergebnis *immer* gleich» oder «erste Zahl plus zweite Zahl = zweite Zahl plus erste Zahl» (bzw. «erste Zahl mal zweite Zahl = zweite Zahl mal erste Zahl»). Ob eine solche Aussage oder Vermutung wirklich *immer* gilt, kann erst mittels algebraischer Darstellungsweisen bewiesen werden.
- Schliesslich kann diese Gesetzmässigkeit allgemein und knapp mit Buchstaben als Platzhaltern formuliert werden: «a + b = b + a» (bzw. «a • b = b • a»).
- *Terme (Formeln) entwickeln:* In der dritten Klasse legen die Schülerinnen und Schüler Flächen mit Meterquadraten aus und stellen fest, dass die Anzahl Quadrate nicht gezählt werden muss, sondern durch Malrechnen ermittelt werden kann. Später wird daraus die Formel für das Berechnen von Rechtecksflächen (A = a • b). Sie gilt *immer*, unabhängig davon, wie gross a und b sind.

Platzhalter/Variable

- Gesuchte Zahlen werden von der ersten Klasse an oft durch ein Fragezeichen, eine leere, unterstrichene Stelle oder ein Kästchen gekennzeichnet (3 + ? = 5, 3 + ___ = 5, 3 + □ = 5) . Später werden diese Zeichen «Platzhalter» oder «Variable» genannt. Auf Seite 74–75 im SB 5 werden gesuchte Zahlen als Säcke mit unbekanntem Inhalt dargestellt.
- Allmählich werden für die Platzhalter Buchstaben verwendet. Die Leerstellenaufgabe ___ + 3 = 5 (mit der Lösung 2 + 3 = 5) wird als Rechenkette mit x für die gesuchte Zahl dargestellt: x +3 5. Dieser Übergang muss mit den Schülerinnen und Schülern sorgfältig erarbeitet und besprochen werden. Später wird daraus die Gleichung x + 3 = 5 (mit der Lösung x = 2). Hier steht die Variable für eine unbekannte Zahl x, deren Wert bestimmt werden kann.

- In den Rechengesetzen wie «a + b = b + a» stehen die Variablen für frei wählbare Zahlen. In Termen wie A = a • b wird die Beziehung zwischen mehreren Grössen durch Variable ausgedrückt (im Fall A = a • b sind zwei Variable frei wählbar, die dritte ergibt sich aus der Rechnung).

Einzelfall und Verallgemeinerung

- Der Umgang mit Übungsformaten wie z.B. «Zahlenmauern» und «Rechendreiecken» im Schweizer Zahlenbuch fördert vom ersten Schuljahr an das Erforschen von Mustern und das Vermuten von Gesetzmässigkeiten.
- Im Schweizer Zahlenbuch 5 und 6 wird anhand dieser Übungsformate aufgezeigt, wie Entdeckungen von einzelnen Zahlbeziehungen verallgemeinert und plausibel begründet werden können. Mit Hilfe von verschiedenfarbigen Post-it-Zetteln als Platzhaltern können die Zahl auf dem Deckstein bzw. die äusseren Zahlen direkt aus den Zahlen auf den Grundsteinen der Mauer bzw. aus den inneren Zahlen des Dreiecks bestimmt werden. Die entstandenen Terme stellen eine Verallgemeinerung dar, da sie unabhängig von der Wahl der Ausgangszahlen sind und somit für alle dreistöckigen Zahlenmauern gelten. Anhand von mehreren Zahlenbeispielen kann überprüft werden, ob der Term stimmt.

Abstraktionsprozesse

- Algebraisches Denken wird anhand von Zahlenbeispielen und verallgemeinerten Darstellungen erarbeitet. Es ist wichtig, dass dieser Prozess nicht nur in einer Richtung vom Konkreten zum Abstrakten oder vom Einzelfall zur Verallgemeinerung verläuft. Die Schülerinnen und Schüler sollen
- mit den verschiedenen Darstellungen experimentieren und zwischen ihnen wechseln,
- immer wieder vom konkreten Beispiel zur Verallgemeinerung und von der Verallgemeinerung zum konkreten Beispiel wechseln.

Einsatz des Taschenrechners

- Damit die Zahlenmuster erkannt werden können, ist es wichtig, dass die Rechenoperationen zu richtigen Ergebnissen führen. Der Taschenrechner ist insbesondere beim Umgang mit grossen Zahlen sehr hilfreich (siehe HPK 5 + 6, S. 7f.)

Unbedingt erarbeiten

- Beziehungen erkennen und ausdrücken: Zahlenmuster und operative Zusammenhänge erkennen und beschreiben (in Worten, evtl. mit Zeichen).
- Platzhalter: Lücke, leeres Kästchen, Fragezeichen oder andere Zeichen (z.B. Buchstaben) als Platzhalter für Zahlen benützen.
- «Tricks» durchschauen: Rätsel und Zahlentricks untersuchen.
- Mathematische Fachsprache: Begriffe «Addition», «Subtraktion», «Multiplikation», «Division» und entsprechende Verben benützen.

Mathematische Vorkenntnisse

Aus dem Schweizer Zahlenbuch 1 bis 4

- Abstraktionsfähigkeit: Einzelfälle verallgemeinern bzw. allgemein beschreiben.
- Operationsverständnis für Grundoperationen, insbesondere Operation und Umkehroperation
- Leerstellenaufgaben: Notation wie z.B. 17 – ? = 12 verstanden.
- Rechengesetze: Kommutativ- und Distributivgesetz verstanden.
- Übungsformate wie Zahlenmauer, Rechendreieck, Rechenkette

Aus dem Zahlenbuch 5

- Platzhalter: Leerstellen, Säcke, Buchstaben als Platzhalter kennen (siehe SB 5, S. 74–77).

Mögliche Schwierigkeiten

Mathematische Begriffe/Lesefähigkeit

Einige Schülerinnen und Schüler
- verstehen Begriffe wie «Summe», «Differenz», «Produkt», «addieren», «subtrahieren» usw. nicht oder können sich diese nicht merken,
- haben Schwierigkeiten, mehrschrittige Anleitungen zu lesen und zu verstehen (z.B. SB 5, S. 74).

Platzhalter und Verallgemeinerung

Einige Schülerinnen und Schüler
- sind irritiert, dass plötzlich Buchstaben oder andere Zeichen verwendet und mittels Operationszeichen verknüpft werden,
- haben Schwierigkeiten, von einem konkreten Beispiel zur Verallgemeinerung zu gelangen.

Allgemeine Förderhinweise

Wiederholung

- Das Einmaleins als erstes algebraisches Experimentierfeld:
- 4 • 7 erhält man aus der Kernaufgabe 5 • 7 folgendermassen: 4 • 7 = 5 • 7 – 7. Dies gilt nicht nur für 7, sondern allgemein für jede beliebige Zahl: 4 • x = 5 • x – x.
- 8 • 7 kann auf dem Hunderterfeld mit dem Malwinkel dargestellt werden, wobei 8 als 5 + 3, 7 als 5 + 2 gesehen werden kann. Die dazugehörige Rechnung ist (5 + 3) • (5 + 2) = 5 • 5 + 5 • 2 + 3 • 5 + 3 • 2. Dies gilt nicht nur für die Zahlen 5, 3, 5, 2, sondern allgemein für beliebige Zahlen a, b, c, d. Es gilt (a + b) • (c + d) = a • c + a • d + b • c + b • d (Distributivgesetz, siehe «Glossar»).

Begriffe klären

- Besprechen, welche Begriffe Schwierigkeiten bereiten, und diese Begriffe klären. Ein Glossar in Plakatform mit zusammengehörenden Fachbegriffen und wenn nötig mit deutschen Übersetzungen gestalten.

mathematisches Zeichen	mathematisches Zeichen in Worten	Operation	operieren	Ergebnis	beteiligte Zahlen oder Buchstaben	Beispiele
+	plus	Addition Plusrechnung	addieren zusammenrechnen	Summe	Summanden	
–	minus	Subtraktion Minusrechnung	subtrahieren wegrechnen	Differenz Unterschied	Minuend Subtrahend	
· Taschenrechner x	mal	Multiplikation Malrechnung	multiplizieren vervielfachen malrechnen	Produkt	Faktoren	
: Taschenrechner ÷	(geteilt) durch	Division Geteiltrechnung	dividieren geteilt rechnen durch rechnen	Quotient	Dividend Divisor Quotient	

Tabelle 1

- Begriffe z. B. in Form eines Netzwerks erarbeiten. Rechenbeispiele, mathematische Zeichen, Namen von Operationen, Ergebnissen und beteiligten Zahlen auf Karten schreiben. Diese können ausgelegt und auf verschiedene Arten geordnet werden.
  Beispiele für diese Begriffe sind in der oben stehenden Tabelle 1 zusammengestellt.

Zahl und Partnerzahl

- Die Lehrperson schreibt drei Zahlenpaare, deren Zahlen jeweils durch dieselbe Rechenoperation verknüpft sind, an die Tafel. Die Schülerinnen und Schüler sollen herausfinden, welche Operation(en) jeweils angewendet wurde(n).
  Beispiel: 17 und 20, 81 und 84, 105 und 108. Die Lösung heisst hier «immer plus 3» oder «immer minus 3». Darüber sprechen, dass die Operationen auf verschiedene Arten beschrieben werden können.
- Diskutieren, dass eine oder mehrere Operationen verwendet werden können, um von der Zahl zur Partnerzahl zu kommen.
- Die Schülerinnen und Schüler erstellen selbst Karten mit solchen Zahlenpaaren und lassen ihre Mitschülerinnen und Mitschüler die angewendeten Operationen herausfinden und aufschreiben.

Förderhinweise zum Schweizer Zahlenbuch 5

SB 5, Seite 74–75: Zahlenrätsel

SB 5, Seite 74, Aufgabe 1–3
- Die Anweisung von Aufgabe 1 mit mehreren Zahlen ausprobieren und die Ergebnisse vergleichen. Bei Schwierigkeiten mit dem Lesen der Anweisung können die Teilschritte «Denk dir eine Zahl», «Addiere 3» usw. auf Karten geschrieben und waagrecht oder senkrecht angeordnet werden.

- Den Verlauf anhand verschiedener Beispiele in einer Tabelle darstellen. Gedachte Zahl farbig kennzeichnen. (Tabelle 2)
- Anhand der Tabelle die Verläufe diskutieren. Was war gleich, was war anders? Spielt die gedachte Zahl eine Rolle für das Ergebnis?
- Der Verlauf kann auch vereinfacht mit grossen Post-it-Zetteln für die Anfangszahl (geheime Zahl) und kleinen Zetteln für die einzelnen Plättchen dargestellt werden.
- Die Darstellung in Aufgabe 2 besprechen.
- Aufgabe 3 wie Aufgabe 1 bearbeiten.

SB 5, 76–77: Versteckte Zahlen

Wiederholungsübungen
- Die Seite 92 («Ich denke mir ein Zahl») im SB 4 und die dazugehörigen Seiten im HPK 4 wieder aufgreifen. Die Bedeutung von «x» besprechen.
- Übung zu Zahl und Partnerzahl aufgreifen (siehe «Allgemeine Förderhinweise»).

SB 5, Seite 76, Aufgabe 1A
- Die Lehrperson bittet eine Schülerin, sich eine Zahl (Startzahl, versteckte Zahl) auszudenken. Die Aufgabe wird gemeinsam gelöst und entsprechend der Abbildung im SB 6, Seite 76, an der Wandtafel protokolliert. Sobald die Lehrperson die letzte Zahl der Kette (Ergebnis) sieht, nennt sie die «versteckte Zahl».
- Wie macht sie das? Warum geht das so schnell? Welchen «Trick» kennt die Lehrperson?
- An der Wandtafel die Umkehroperation notieren.
- Vom Ergebnis zur versteckten Zahl (Startzahl) rückwärtsrechnen: Ergebnis mal 10, plus 10, durch 10, minus 10 → versteckte Zahl.
- Protokollieren als Rechenkette und Umkehrung siehe Begleitband zum Schweizer Zahlenbuch 5, Seite 282. Mehrere Beispiele auf diese Art lösen, um Sicherheit im Umgang mit dem «Rückwärtsrechnen» zu erhalten.

	Denk dir eine Zahl	Addiere 3	Verdopple	Subtrahiere 4	Halbiere	Subtrahiere die gedachte Zahl	Ergebniszahl
Anweisung	x	+ 3	· 2	– 4	: 2	– x	?
Verlauf 1	4	4 + 3 = 7	7 · 2 = 14	14 – 4 = 10	10 : 2 = 5	5 – 4 = 1	1
Verlauf 2	7	7 + 3 = 10	10 · 2 = 20	20 – 4 = 16	16 : 2 = 8	8 – 7 = 1	1
Verlauf 3	2	2 + 3 = 5	2 · 5 = 10	10 – 4 = 6	6 : 2 = 3	3 – 2 = 1	1

Tabelle 2

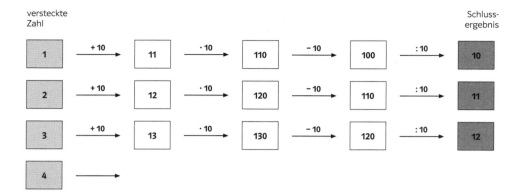

versteckte Zahl ... Schluss-ergebnis

- Versteckte Zahl variieren und die Rechenschritte sowie das Ergebnis protokollieren.
- Versteckte Zahl und Ergebnis jeweils als Zahlenpaar notieren. Kann man die Beziehung, die in allen Zahlenpaaren zwischen der versteckten Zahl und dem Ergebnis besteht, durch eine einzige Operation ausdrücken? (Das Ergebnis ist immer die jeweils «versteckte Zahl + 9».)

SB 5, Seite 76, Aufgabe 1B–D
- Auf die gleiche Art wie Aufgabe 1A bearbeiten. Wie heisst jeweils die Operation, die von der versteckten Zahl zum Ergebnis führt?

SB 5, Seite 77, Aufgabe 5
- Memory: Die Sätze A–D und weitere, selbst erfundene jeweils auf eine Karte schreiben, die passenden Lösungszahlen jeweils auf eine andere Karte. Karten verdeckt auflegen. Je zwei passende Karten müssen gesucht werden.
- Variante: Die Sätze A–D und weitere, selbst erfundene Sätze jeweils auf die Vorderseite einer Karte schreiben, die passenden Lösungszahlen auf die Rückseite. Die Karten beidseitig zum Üben verwenden.

Förderhinweise zum Schweizer Zahlenbuch 6

SB 6, Seite 96–97: Zahlenmauern

Wiederholung
- Die Seite 90–91 («Zahlenmuster») im SB 4 sowie die dazugehörigen Seiten im HPK 4 wieder aufgreifen.
- An einer dreistöckigen Zahlenmauer die Zahlen 1, 2, 3 in den Grundsteinen einsetzen und die übrigen Zahlen berechnen. Anschliessend die Plätze der Zahlen 1, 2, 3 vertauschen. Zahlenmauern ausfüllen. Was passiert? (Im Deckstein gibt es unterschiedliche Ergebnisse.) Können Erklärungen dafür gefunden werden?
- Begründung erarbeiten: Eine dreistöckige Zahlenmauer an die Wandtafel zeichnen. Statt drei Zahlen auf die drei Grundsteine zu schreiben, werden drei verschie-

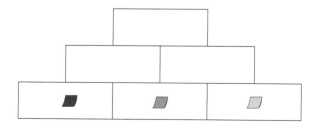

denfarbige, leere Post-it-Zettel (z.B. rot, blau, gelb) als Platzhalter für Zahlen auf die drei Grundsteine geheftet. Wie kann man die Werte in der zweiten Reihe mit Zetteln darstellen? Die Randzahl links wird mit einem roten und einem blauen Zettel, die Randzahl rechts mit einem blauen und einem gelben Zettel dargestellt. Wie sieht der Wert im Deckstein aus? Ein roter, zwei blaue, ein gelber Zettel.

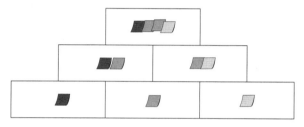

Was passiert mit dem Wert im Deckstein, wenn in der Grundschicht die Zettel vertauscht werden, z.B. rot und gelb oder rot und blau?

SB 6, Seite 96, Aufgabe 6A–D
- Die vier entstandenen Zahlenmauern nebeneinanderlegen. Beobachtungen beschreiben. Wie kommen die Veränderungen zustande?
- Die vier Zahlenmauern, wie vorher beschrieben, mit verschiedenfarbigen Post-it-Zetteln darstellen. Dreistöckige Mauer: Grundschicht: rot, blau, gelb → Deckstein: rot, zweimal blau, gelb. Eine Randzahl kommt einmal als Summand in der Zahl auf dem Deckstein vor, die mittlere Zahl zweimal.
- Unterschied von einer Zahlenmauer zur anderen beschreiben: In der ersten Zahlenmauer kommt Rot einmal auf dem Deckstein vor. In der zweiten Mauer auch. Wird die rote Zahl um 1 erhöht, wird auch das Ergebnis um 1 höher usw.
  Die Aufgabe mit anderen Zahlen auf den Grundsteinen wiederholen, Rollentausch.
- Statt Farben können für die Zahlen auf den Grundsteinen auch Buchstaben als Platzhalter genommen werden, um die Zahl auf dem Deckstein von Zahlenmauern systematisch zu beschreiben:

Anzahl Stockwerke	Basis	Spitze
2	a, b	a + b
3	a, b, c	a + 2 b + c
4	a, b, c, d	a + 3 b + 3 c + d
5		

- Mit Hilfe dieser Aufstellung können verschiedene Untersuchungen angestellt werden (z.B. eine mittlere Zahl um 1, 2 erhöhen usw.).

SB 6, Seite 102–103: Zahlentexte

Wiederholungs- und Vorübungen
- Die Seite 92 («Ich denke mir ein Zahl») im SB 4 sowie die dazugehörigen Seiten im HPK 4 und die Seite 76–77 im SB 5 sowie die dazugehörigen Hinweise (siehe oben) aufgreifen.

SB 6, Seite 102, Aufgabe 1
- Zusätzlich zur Aufgabenstellung: Begriffe klären, wie in «Allgemeine Förderhinweise» beschrieben (siehe oben).

SB 6, Seite 102, Aufgabe 2
- Beispiel 2A: Die Aufgabe in eigenen Worten erzählen oder aufschreiben lassen, z.B. «Man rechnet zu einer unbekannten Zahl die Zahl 3,5 dazu. Dann erhält man das Ergebnis 8.»
- Falls die Schülerinnen und Schüler Schwierigkeiten haben, mit Dezimalzahlen zu rechnen, können ganze Zahlen verwendet werden.
- Übersetzen in die – aus den ersten Schuljahren vertraute – Darstellung einer Aufgabe mit Leerstelle: Die Schülerinnen und Schüler beraten in Gruppen, wie sie den Text in eine Leerstellenaufgabe übersetzen und die unbekannte Zahl herausfinden können: durch Einsetzen oder durch die Umkehroperation («Rückwärtsrechnen»).
  ___ + 3,5 = 8
  4,5 + 3,5 = 8
- Übersetzung in eine Rechenkette: Die Schülerinnen und Schüler beraten in Gruppen, wie sie den Text in eine Rechenkette übersetzen und die unbekannte Zahl herausfinden können: vom Schlussergebnis zur versteckten Zahl durch Umkehroperation: «Rückwärtsrechnen».

- Übungskartei mit Karten der folgenden Art anlegen: Die vorgegebenen Texte jeweils auf die Vorderseite einer Karte schreiben. Die Übersetzung in eine Leerstellenaufgabe oder Rechenkette gemeinsam besprechen und auf der Rückseite der jeweiligen Karte darstellen. Eigene Leerstellenaufgaben, Rechenketten oder Texte erfinden und gleich vorgehen. Die Karten beidseitig zum Üben verwenden. Abweichende Übersetzungen mit Mitschülerinnen und Mitschülern diskutieren.

Literatur

- Steinweg, A. S.: Wie heisst die Partnerzahl? Ein Übungsformat für alle Schuljahre. Die Grundschulzeitschrift 133/2000, S. 18–20.
- Maak, A.: Zusammen über Mathe sprechen, Mathematik mit Kindern erarbeiten. 2003.

Material

Verbrauchsmaterial
- Karten
- Leere Plakate (z.B. Flipchart-Papier)
- Post-it-Zettel in verschiedenen Farben

Seiten und zentrale Aufgaben

Schulbuch 5

Seite	Titel	Aufgaben/Übungsformate
40–41	Brüche im Alltag	1–3
42–43	Anteile als Brüche – Brüche als Anteile	Plättchen legen – Anteile beschreiben; 1, 2A, 2B, 3, 5
44–45	Gleicher Bruchteil – andere Form	1–5
46–47	Modelle für Brüche 1	1–3, 9 🏸 «Bruchteile von 60»

Schulbuch 6

Seite	Titel	Aufgaben/Übungsformate
36–37	$\frac{1}{4} + \frac{1}{5}$	1, 2A, 3, 5A, 5B 🏸 «Mit Brüchen rechnen»
38–39	Brüche vergleichen	Spiel «Der grössere Bruch gewinnt»; 1 🏸 «Mit Brüchen rechnen»
44–45	$\frac{1}{3}$ von $\frac{1}{4}$	1, 2, 4A, 4C, 5A, 5C
46–47	Brüche erweitern und kürzen	1, 2A, 6A–C 🏸 «Mit Brüchen rechnen»

Schwerpunkt

- Die verschiedenen Bedeutungen des Bruches kennen und verstehen lernen.
- Verschiedene Bruchmodelle erkunden und verstehen.
- Brüche vergleichen.
- Mit Brüchen operieren.

Grundsätzliche Überlegungen

Bruchdenken: Allgemeine Lernziele

- Am Beispiel der Brüche werden übergeordnete mathematische Lernziele angestrebt, wie z.B.
- konkrete Situationen in Modelle (Punktfeld, Kreis-, Rechteck-, Streckenmodell) übersetzen,
- Beziehungen und Strukturen entdecken und beschreiben (z.B. Brüche vergleichen),
- Vermutungen aufstellen, begründen, überprüfen.
- Im Vordergrund steht der Bruchbegriff (nicht das Bruchrechnen, sondern das *Bruchdenken*). Für Schülerinnen und Schüler mit besonderem Bildungsbedarf sind die allgemeinen Lernziele besonders wichtig. Nur so können sie Vorstellungsbilder von Brüchen aufbauen und die Bedeutung von Brüchen verstehen.

Denkgewohnheiten erweitern

- Auf dem Weg zum Bruchdenken müssen viele Erfahrungen aus dem Bereich der natürlichen Zahlen relativiert und Denkgewohnheiten entsprechend erweitert werden, z.B.:
- Kleinere Zahlen bedeuten nicht automatisch kleinere Werte:

$\frac{1}{5} > \frac{1}{6}$, obwohl 5 kleiner ist als 6,
$\frac{1}{2} > \frac{3}{8}$, obwohl 1 und 2 kleinere Zahlen sind als 3 und 8. Im Gegensatz dazu ist $\frac{3}{4} < \frac{5}{6}$ (3 und 4 sind tatsächlich kleinere Zahlen als 5 und 6).
- Gleiche Werte können auf beliebig viele Arten ausgedrückt werden ($\frac{1}{2} = \frac{2}{4} = \frac{9}{18} = \ldots$).
- Gleiche Brüche bedeuten nicht immer gleiche Grössen ($\frac{1}{2}$ von 20 ≠ $\frac{1}{2}$ von 100).
- Ein Bruch, z.B. $\frac{3}{4}$, hat verschiedene Bedeutungen:
- *Zahl:* $\frac{3}{4}$ kann als Punkt oder Strecke auf dem Zahlenstrahl dargestellt werden.
- *Beziehung zwischen zwei Zahlen:* $\frac{3}{4}$ bedeutet 3 von 4.
- *Handlung:* 1 Ganzes vierteln, 3 Viertel nehmen.
- *Operation:* Division: $\frac{3}{4}$ = 3 : 4, $\frac{3}{4}$ von 100 bedeutet (100 : 4) • 3.
- *Anteil:* 25 ist ein $\frac{3}{4}$ von 100.
- *Verhältniszahl:* 3:4 gesprochen als «drei zu vier».

Darstellung von Brüchen

- Um die Bedeutung «Bruch» und die Operationen mit Brüchen in ihrer ganzen Komplexität verstehen zu können, müssen Bruchteile auf verschiedene Arten veranschaulicht werden. Im Schweizer Zahlenbuch 5 und 6 werden folgende Modelle zur Darstellung von Bruchteilen vorgestellt.
- Modell «Punktfeld»: Das Ganze ist eine bestimmte Anzahl von Punkten (siehe S. 42–43 im SB 5).
- Flächenmodell: Das Ganze ist ein Rechteck (Rechteckmodell) oder ein Kreis (Kreismodell) (siehe S. 44–45 und S. 46–47 im SB 5).
- Streckenmodell: Das Ganze ist eine Strecke, z.B. ein Abschnitt auf dem Zahlenstrahl (siehe S. 6–7 und S. 44–45 im SB 6).

Bruch als Teil eines Ganzen

- Bruchteile (z.B. ein Viertel) können ausgehend von einem Ganzen (1 Kuchen, 1 Kreis, 1 Rechteck, 1 Strecke …) als Teil davon oder ausgehend vom Ganzen als Anzahl von Elementen dargestellt werden (z.B. Modell «Punktfeld»: Punktmenge mit 20 oder 100 Punkten als Feld oder Reihe). Da dieses Ganze unterschiedlich gross sein kann, können gleiche Bruchteile unterschiedlich viele Punkte bedeuten ($\frac{1}{2}$ von 20 = 10, $\frac{1}{2}$ von 100 = 50), oder unterschiedliche Bruchteile können durch gleich viele Punkte dargestellt werden ($\frac{1}{4}$ von 100 = 25, $\frac{1}{2}$ von 50 = 25).

Bruch als Zahl oder Bruch als Operation

- Bruch als Zahl: Brüche sind absolute Grössenangaben (z.B. $\frac{1}{2}$, $\frac{3}{4}$, $\frac{2}{7}$), wenn sie sich auf das gleiche Ganze beziehen (z.B. gleich grosse Einheit auf dem Zahlenstrahl, gleiche Masseinheit bei Grössen). Jeder Bruch hat wie die natürlichen Zahlen auch einen genau festgelegten Platz auf dem Zahlenstrahl. Zwischen je zwei natürlichen Zahlen liegen unendlich viele Brüche.
- Bruch als Operation: $\frac{1}{2}$ ist gleichbedeutend mit der Division 1 : 2, $\frac{2}{3}$ mit 2 : 3. Brüche sind zudem relative Grössenangaben (die Hälfte einer Klasse, zwei Drittel von diesen Nüssen, drei von fünf Schweizern …), die sich auf verschieden grosse Ganze oder verschieden grosse Mengen (Anzahlen) beziehen. Die Ausdrücke «$\frac{1}{2}$ von 100», «$\frac{3}{4}$ von 60» bedeuten Rechenoperation: 100 : 2, (60 : 4) • 3.

Emotionale Aspekte

- Es kommt immer wieder vor, dass es Schülerinnen und Schülern schwerfällt, sich auf gebrochene Zahlen einzulassen. Die Wörter «Bruch» und «brechen» erinnern an Beinbruch, Einbruch, zu Bruch gehen, zerbrechen, kaputt machen. Viele Ausdrücke mit «halb» bzw. «Hälfte» oder anderen Bruchzahlen, die wir im Alltag verwenden, werden negativ eingesetzt oder interpretiert. Hingegen hat das Wort «ganz» etwas Positives: ganzheitlich, voll und ganz. Eine halbfertige Arbeit wird nicht geschätzt. Manche essen lieber ein ganzes Stück Torte als nur ein halbes. Es ist deshalb wichtig, über Ausdrücke und Situationen mit Bruchangaben zu diskutieren: «Halbfertig» muss ja nicht automatisch heissen «erst die Hälfte erledigt», sondern es kann ja auch bedeuten «*schon* die Hälfte erledigt». Ein halbes Stück Torte zu essen kann gesünder sein, als ein ganzes zu essen.

Unbedingt erarbeiten

- Vorstellung von Brüchen aufbauen: Anhand von Alltagssituationen Brüche als Beziehungen zwischen einem Ganzen und seinen Teilen verstehen.
- Bedeutung und Darstellung an Modellen: Brüche an einem Modell (Uhr, Kreis, Fläche, Punktfeld oder Strecke) darstellen und benennen.
- Brüche vergleichen, Bezugsgrössen aufbauen.
- Ergebnisse von Operationen mit Brüchen einschätzen.

Mathematische Vorkenntnisse

Aus dem Schweizer Zahlenbuch 1 bis 4

- Einsicht in die Beziehung zwischen einem Ganzen und seinen Teilen, z.B. kann $\frac{3}{4}$ bedeuten: «Nimm 3 von 4» oder «3 von 4 Plättchen sind rot», wobei sich 3 auf den Teil, 4 auf das Ganze bezieht.
- Natürliche Zahlen: Felddarstellung und Darstellung auf dem Zahlenstrahl
- Operieren mit natürlichen Zahlen: Operationsverständnis der Grundoperationen, Einspluseins und Einmaleins sowie Umkehroperationen automatisiert (insbesondere Division).

Aus dem Schweizer Zahlenbuch 5

- Die verschiedenen Bedeutungen von Brüchen verstanden.
- Kreismodell und Rechteckmodell: Addieren und Subtrahieren darstellen.

Mögliche Schwierigkeiten

Bedeutung der Bruchschreibweise

Einige Schülerinnen und Schüler
- verstehen nicht, was die obere und was die untere Zahl in einem Bruch bedeuten,
- verwechseln aufgrund von Schwierigkeiten in der Raumorientierung Zähler und Nenner,
- verstehen nicht, warum *zwei* Zahlen nötig sind, um *einen* Wert auszudrücken,
- übersetzen die Situation «3 von 4» in den Bruch $\frac{1}{3}$ statt $\frac{3}{4}$,
- wissen nicht, dass der Bruchstrich auch als Divisionszeichen gelesen werden kann ($\frac{1}{4} = 1 : 4$).

Kreismodell, Rechteckmodell, Streckenmodell

Einige Schülerinnen und Schüler
- teilen für die Kreisdarstellung von $\frac{3}{4}$ den Kreis, das Rechteck oder die Strecke in drei Teile und wissen dann nicht weiter,
- nehmen für die Kreisdarstellung von $\frac{3}{4}$ einen Kreis mit Dritteleinteilung und einen mit Vierereinteilung und legen sie nebeneinander. Beim Rechteck- und Streckenmodell gehen sie entsprechend vor.

Modell «Punktfeld»

Einige Schülerinnen und Schüler
- verstehen die Bruchdarstellung mit Punktfeldern nicht, da die Bruchteile nicht zusammenhängende Stücke sind wie im Kreis- oder Rechteckmodell, sondern ihrerseits wiederum aus vielen Punkten bestehen,
- verstehen nicht, warum in der Darstellung mit Punktfeldern ganze Zahlen zu Brüchen werden: $25 \rightarrow \frac{25}{100} = \frac{1}{4}$,
- übersetzen Bruchteile von Punktmengen nicht korrekt, z.B. bei 3 roten und 4 blauen Punkten geben sie den Bruchteil der roten als $\frac{3}{4}$ an statt als $\frac{3}{7}$,
- haben Mühe mit den vielen verschiedenen Möglichkeiten, einen Anteil auszudrücken,
- sind verwirrt, weil gleiche Brüche verschieden grosse Anteile bezeichnen können (z.B.: Ein Viertel von 20 ist kleiner als ein Viertel von 100),
- sind verwirrt, weil verschiedene Brüche gleich grosse Anteile bezeichnen können (z.B.: Ein Viertel von 100 ist gleich gross wie die Hälfte von 50).

Bruchteile durch Falten herstellen

Einige Schülerinnen und Schüler
- wissen nicht, wie sie ein Blatt Papier in 2, 4, 8 Teile falten sollen,
- verstehen nicht, warum verschiedene Faltungen zu gleichen Brüchen führen. Ein Quadrat kann z.B. so halbiert werden, dass zwei Rechtecke oder zwei Dreiecke entstehen.

Vergleich von Brüchen/Bezugsgrössen, Erweitern/Kürzen

Einige Schülerinnen und Schüler
- verstehen nicht, dass ein Stammbruch (Bruch mit dem Zähler 1) mit kleinerem Nenner einen grösseren Wert hat als ein Stammbruch mit grösserem Nenner ($\frac{1}{2} > \frac{1}{3}$, obwohl 2 < 3),
- sind irritiert, dass nicht immer der Bruch mit dem kleineren Nenner den grösseren Wert hat ($\frac{2}{3} < \frac{5}{6}$), sondern

dass es beim Vergleichen von Brüchen auf den Zähler und den Nenner ankommt,
- meinen, dass $\frac{4}{5}$ kleiner ist als $\frac{3}{5}$, mit der Begründung «Die grössere Zahl ist der kleinere Bruch»,
- sind verwirrt, weil Bruchteile mit gleichem Namen ungleich gross sind; z.B. ist die Hälfte eines kleinen Apfels nicht gleich gross wie die Hälfte eines grossen Apfels.

Erweitern und Kürzen

Einige Schülerinnen und Schüler
- glauben, dass erweitern «vergrössern» und kürzen «verkleinern» heisst,
- verwechseln z.B. «erweitern eines Bruches mit einer Zahl» mit «multiplizieren mit dieser Zahl» bzw. «kürzen mit einer Zahl» mit «dividieren durch diese Zahl»,
- verwechseln «erweitere auf» mit «erweitere mit»: Statt z.B. $\frac{2}{3}$ auf Zwölftel zu erweitern ($\frac{2}{3} = \frac{8}{12}$), erweitern sie $\frac{2}{3}$ mit zwölf ($\frac{2}{3} = \frac{24}{36}$).

Bruchteile von Grössen

Einige Schülerinnen und Schüler
- sind verwirrt, weil einerseits Grössen Bruchteile eines Ganzen sein können (z.B. 1 cm = $\frac{1}{100}$ m) und andererseits auch Bruchteile von Grössen gebildet werden können (z.B. $\frac{1}{2}$ cm).

Operieren mit Brüchen

Einige Schülerinnen und Schüler
- addieren Brüche, indem sie die Zähler und die Nenner addieren ($\frac{1}{2} + \frac{1}{3} = \frac{2}{5}$),
- können Ergebnisse nicht abschätzen, das heisst, sie merken nicht, dass $\frac{1}{2} + \frac{1}{3} = \frac{2}{5}$ nicht stimmen kann (das Resultat muss auf jeden Fall grösser als $\frac{1}{2}$ sein),
- haben Mühe mit der Vorstellung, dass Bruchteile von Brüchen gemacht werden können,
- verstehen die multiplikative Bedeutung des «von» in «$\frac{1}{3}$ von $\frac{1}{4}$» nicht.

Allgemeine Förderhinweise

Wiederholung

- Die Seite 104 («Brüche») im SB 4 sowie die dazugehörigen Seiten im HPK 4 wieder aufgreifen.

Standortbestimmung/Bruchvorstellungen

- Vorhandene Vorstellungen der Schülerinnen und Schüler zu Brüchen herausfinden, z.B. $\frac{1}{2}, \frac{1}{3}, \frac{1}{4}, \frac{1}{10}$ darstellen lassen (handeln, zeichnen, beschreiben): Zeichne die Hälfte, ein Viertel in einen Kreis ein. Analoges Beispiel mit einer Schnur. Überprüfen und diskutieren, ob und warum die Hälfte grösser als ein Viertel ist.

Brüche im Alltag

- Wortschatz aus dem Alltag sammeln: Halbfinale, Halbrahm, erstes Drittel (Eishockey), Stadtviertel, Achtelnote, Viervierteltakt, Dreiviertelstunde usw.
- Besprechen, dass im Alltag zwei Halbe (oder zwei Hälften) nicht immer ein Ganzes sind (z.B. zwei Halbinseln sind keine ganze Insel, zwei Halbwaisen sind kein Vollwaise).

- Plakat mit Bildern von Bruchdarstellungen aus Zeitungen und Werbung gestalten.
- Bruchangaben (in Zahlen) aus Zeitungen und Packungsaufschriften sammeln.
- Bruchangaben (in Worten) sammeln: «jeder Zweite», «die Hälfte aller», «... hat sich um ein Drittel erhöht» usw.

Uhrzeit und Zeichenuhr

- Uhrzeitangaben wie halb, viertel, drei Viertel am Zifferblatt einer Lernuhr einstellen oder an der Zeichenuhr eintragen (Lernuhr und Zeichenuhr siehe «Material»).

Förderhinweise zum Schweizer Zahlenbuch 5

SB 5, Seite 40–41: Brüche im Alltag

SB 5, Seite 40, Aufgabe 1
- Rezept lesen und nicht verstandene Angaben klären.
- Die beiden Aufgaben 1A und eine Auswahl von 1B (z.B. 2, 8 Personen, Klasse) jeweils in Gruppen bearbeiten.
- Besprechen, wie die einzelnen Gruppen bei 1B vorgegangen sind. Haben sie die Lösungen von 1A für die Lösung von 1B genutzt (z.B. für 20 Schülerinnen und Schüler in der Klasse: errechnete Mengenangaben mal 20) oder haben sie die Angaben im Rezept verwendet (für 25: Mengenangaben mal 5) oder haben sie Mischformen entwickelt (z.B. für 21: Mengenangaben im Rezept mal 5 + Mengenangaben aus 1A)?
- Die Übung «Grössenpaare» in der Kartei «Sachrechnen im Kopf 3/4» aufgreifen (siehe «Material»).

SB 5, Seite 41, Aufgabe 2
- Vorübung: CD-ROM «Rechentraining, Kopfrechnen ab dem 5. Schuljahr», Übung «In ... Schritten zählen auf ...» aufgreifen (z.B.: «In 4 Schritten auf 100»: 25, 50, 75, 100 → 1 m = 100 cm, $\frac{1}{4}$ m = 100 cm : 4 = 25 cm = 25 hundertstel Meter = 0.25 m; $\frac{3}{4}$ m = 75 cm = 0.75 m). Schnur abmessen und zerschneiden, wie in der Aufgabe vorgesehen. Besprechen, wie die Handlung in verschiedene formale Darstellungen übersetzt werden kann: 1 m : 2, ein Meter wird halbiert, $\frac{1}{2}$ m, 50 cm, 0.5 m oder 0.50 m.
- Quartett: Je vier Karten mit 1 m : 2, $\frac{1}{2}$ m, 0.50 m, 50 cm; je vier Karten mit der Aufschrift 1 m : 3, $\frac{1}{3}$ m, 0.33 m, 33 cm usw. von den Schülerinnen und Schülern beschriften lassen. Es wird nach den Regeln des Quartetts gespielt. Vier zusammengehörige Karten bilden ein Quartett.

SB 5, Seite 41, Aufgabe 3
- Das Zifferblatt der Uhr ist den meisten Schülerinnen und Schülern vertraut. Es eignet sich sehr gut zum Veranschaulichen von Bruchteilen, insbesondere Hälfte, Drittel, Viertel, drei Viertel (aber auch Fünftel, Zwölftel) usw.
- CD-ROM «Rechentraining, Kopfrechnen ab dem 5. Schuljahr», Übung «Bruchteile von 60» aufgreifen.

SB 5, Seite 42–43: Anteile als Brüche – Brüche als Anteile

Grundsätzlich
- Wenn einige Schülerinnen und Schüler bereits mit dem Kreismodell vertraut sind (Kuchen, Pizza, Bruchteile im Kreismodell, Uhr, Zeichenuhr), kann Seite 46–47 vor Seite 42–45 bearbeitet werden.

SB 5, Seite 42, Plättchen legen – Anteile beschreiben

- Zwanzigerreihe oder Zwanzigerfeld (siehe «Material») so mit Plättchen belegen oder ausmalen, dass ein Viertel (die Hälfte, ein Fünftel) der Plättchen rot ist. Plättchen zu verschiedenen Anordnungen umgruppieren und beschreiben, z. B.: Jedes vierte Plättchen ist rot. Ein Viertel heisst auch «immer 1 von 4».
- Partnerübung: Je eine Karte beschriften mit «Die Hälfte ist rot», «Ein ist Viertel ist rot», «Ein Fünftel ist rot». Ein Schüler belegt die Zwanzigerreihe oder das Zwanzigerfeld passend zu einer Karte, eine Schülerin muss herausfinden, welche Karte es ist. Rollentausch.

- Variante: auch Karten mit «Zwei Fünftel sind rot», «Drei Viertel sind rot» usw. beschriften.

SB 5, Seite 42, Aufgaben 1, 2A, 2B, 3

- Einzelne Beispiele auswählen und gemäss den genannten Vorschlägen lösen.

SB 5, Seite 43, Aufgabe 5

- Die Hälfte, ein Viertel von 100 Punkten durch Falten des Hunderterfeldes darstellen (siehe «Material»). $\frac{1}{2}$ von 100 = 50, $\frac{1}{4}$ von 100 = 25, $\frac{3}{4}$ von 100 = 75 (das ist wichtige Grundlage für den Umgang mit Dezimalbrüchen und Prozenten). Die Verbindung zwischen Bruch und Operation «Division» herstellen: $\frac{1}{4}$ von 100 bedeutet 100 : 4.

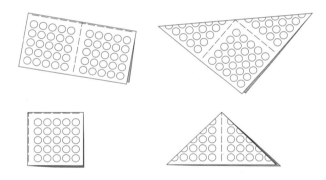

- Die Übungen «100 teilen» in der Kartei «Blitzrechnen 2» aufgreifen (siehe «Material»). Verbindung herstellen zwischen «100 in 4 Teile teilen» und «$\frac{1}{4}$ von 100 ist 25».

SB 5, Seite 44–45: Gleicher Bruchteil – andere Form

SB 5, Seite 44, Aufgabe 1–5

- Für Schülerinnen und Schüler mit besonderem Bildungsbedarf ist das Falten aufgrund von feinmotorischen Beeinträchtigungen manchmal schwierig. Im Vordergrund soll deshalb nicht absolute Präzision, sondern die Idee «Brüche falten» stehen: Wie kann man Hälften, Viertel, Achtel, Sechzehntel durch Falten aus quadratischem Papier (z. B. Origami) oder rechteckigem Papier erzeugen? Welche Formen entstehen? Die unterschiedlichen Formen vergleichen.

SB 5, Seite 46–47: Modelle für Brüche 1

Kreismodell

- Bruchteile zum Kreismodell liegen dem Schweizer Zahlenbuch 5 als Arbeitsmittel bei oder können im Fachhandel (Kreisteile aus Plastik, siehe «Material») bezogen (oder selbst hergestellt) werden:
- Die Bruchteile $\frac{1}{2}, \frac{1}{3}, \frac{1}{4}, \frac{1}{5}, \frac{1}{6}, \frac{1}{8}, \frac{1}{10}, \frac{1}{12}$ werden je auf einer Zeichenuhr (siehe «Material») eingetragen, angemalt und ausgeschnitten.
- Bruchteile wie Hälfte, Viertel, Achtel lassen sich auch aus kreisförmigem Origami-Papier herstellen (falten, schneiden).
- Bruchteile erkunden:
- Der Grösse nach ordnen; diskutieren, warum $\frac{1}{2} > \frac{1}{3}$ oder $\frac{1}{8} < \frac{1}{4}$, obwohl 2 < 3 oder 8 > 4.
- Immer wieder die Bedeutung der beiden an der Bruchschreibweise beteiligten Zahlen besprechen: Der Nenner gibt die Anzahl *aller* Stücke an, in die ein Ganzes geteilt wird, der Zähler gibt die Anzahl der Stücke an, die von der Gesamtzahl genommen wird: $\frac{3}{4}$ heisst, dass es 3 von 4 Stücken sind. Merksätze formulieren und auf einem Plakat notieren.
- Um die Beziehung eines Bruches zum Ganzen zu verstehen, ist es hilfreich, wenn die Bruchteile, die gelegt oder benannt werden sollen, auf eine volle Kreisscheibe (Zeichenuhr aus Plastik) gelegt oder in die Zeichenuhr eingezeichnet werden.

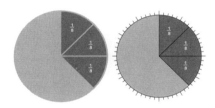

- Einen Bruchteil legen oder zeichnen, der kleiner als $\frac{1}{2}$ bzw. grösser als $\frac{1}{2}$ ist. Überprüfen: Halbkreis aus Transparentpapier über den Bruchteil legen.
- Karten mit Brüchen passend zu den Bruchteilen beschriften: 1 oder $\frac{1}{1}, \frac{1}{2}, \frac{2}{2}, \frac{1}{3}, \frac{2}{3}, \ldots, \frac{12}{12}$. Karten wenden, eine Karte ziehen und herausfinden, ob der Bruch kleiner, gleich oder grösser als $\frac{1}{2}$ ist. Mit den Bruchteilen und dem transparenten Halbkreis überprüfen.
- Mehrere Bruchteile legen oder zeichnen, die zusammen kleiner gleich oder grösser als $\frac{1}{2}$ sind. Überprüfen: Transparentes Papier der Grösse $\frac{1}{2}$ (Halbkreis) über die Bruchteile legen.

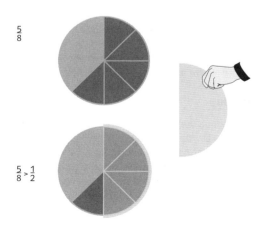

SB 5, Seite 46, Aufgabe 1–3
- Bearbeiten gemäss Aufgabenstellung. Dabei können die Bruchteile auf eine leere Kreisscheibe, eine Zeichenuhr oder einen gezeichneten Kreis gelegt werden, damit die Beziehung zu einem Ganzen sichtbar wird.

SB 5, Seite 47, Aufgabe 9
- Aufgabe bearbeiten, wie im SB vorgesehen. Die Darstellungen besprechen. Wo sieht man $\frac{1}{2}$? Wo $\frac{3}{4}$?
- Gruppenarbeit, jeweils eine Schülerin/ein Schüler wählt ein Modell und das dazugehörende Material: Die Lehrperson gibt die Aufgabe auf einer Karte vor (z.B. $\frac{1}{3} + \frac{2}{3}$ = $\frac{4}{6}$). Die Schülerinnen und Schüler stellen die Aufgabe mit ihrem Modell dar. Die Darstellungen werden besprochen und verglichen. Die Modelle bzw. Materialien werden ausgetauscht. Die Lehrperson stellt eine neue Aufgabe.

Förderhinweise zum Schweizer Zahlenbuch 6

SB 6, Seite 36–37: $\frac{1}{4} + \frac{1}{5}$

Wiederholung
- Die Seite 66–67 im SB 5 sowie die Anregungen in den dazugehörigen Hinweisen wieder aufgreifen (siehe oben).

SB 6, Seite 36, Aufgaben 1 und 2A
- Summen schätzen mit dem Kreismodell: Die zu addierenden Brüche mit Bruchteilen darstellen und auf einen ganzen Bruchkreis (z.B. Zeichenuhr, siehe «Material») legen, sodass die Beziehung der Summe zu einem Ganzen sichtbar wird. Ist die Summe kleiner oder grösser als ein Ganzes oder gleich?
- Auf die zu addierenden Bruchteile ein transparentes Papier der Grösse $\frac{1}{2}$ (Halbkreis) legen, sodass die Beziehung der Summe zum halben Bruchkreis sichtbar wird. Ist die Summe kleiner oder grösser als die Hälfte oder ist sie gleich?

SB 6, Seite 36, Aufgabe 3
- Summen mit dem Rechteckmodell genau bestimmen: So vorgehen, wie es die vier Schritte in der Illustration auf Seite 37 im SB zur Aufgabe vorgeben. Sollten Schwierigkeiten beim Verstehen der Schritte auftreten, kann mit zwei Blättern Papier (einem undurchsichtigen und einem transparenten) gearbeitet werden: Das undurchsichtige in vier senkrechte Streifen (Viertel), das transparente in fünf waagrechte Streifen (Fünftel) teilen und jeweils den ersten Streifen schraffieren (Viertel rot, Fünftel blau). Dann wird das transparente auf das undurchsichtige Blatt gelegt. Die neue Einteilung in 5 x 4 = 20 Felder wird sichtbar, wobei jedes neue Feld ein Zwanzigstel ist (zur Verdeutlichung kann die Vierteleinteilung auch durchgepaust werden). Der Viertelstreifen besteht aus 5 Zwanzigsteln, der Fünftelstreifen aus 4 Zwanzigsteln. Zusammen sind es 9 Zwanzigstel. Sollte das Ablesen Schwierigkeiten bereiten, weil sich die Flächen in einem Feld überschneiden, kann dieses Feld aus dem oberen Blatt ausgeschnitten und neu platziert werden (wie im vierten Schritt dargestellt).

SB 6, Seite 37, Aufgaben 5A und 5B
- Vor der Bearbeitung diskutieren: Wie ist das Päckchen aufgebaut? Wie verändert sich das Ergebnis jeweils? Anschliessend mit undurchsichtigen und transparenten Blättern arbeiten wie in Aufgabe 3.
- 5A: Der erste Summand bleibt immer gleich, beim zweiten ändert sich jeweils der Nenner. Das undurchsichtige Blatt für den ersten Summanden kann für alle Aufgaben des Päckchens verwendet werden. Das transparente Papier für den zweiten Summanden muss jeweils ausgewechselt und neu eingeteilt werden.
- 5B: Der erste Summand bleibt immer gleich. Beim zweiten wird der Zähler jeweils um 1 erhöht. Der Nenner bleibt gleich. Das transparente Papier kann deshalb weiterverwendet werden. Es muss aber jeweils eine neue Zeile ausgemalt werden.

SB 6, Seite 38–39: Brüche vergleichen

SB 6, Seite 38, Spiel «Der grössere Bruch gewinnt»
- Brüche durch Argumentieren vergleichen:
  2 Bruchkarten (siehe «Material») ziehen und die Brüche durch Argumentieren vergleichen: Mein Bruch ist grösser als deiner, weil …
- ich mehr und noch dazu grössere Stücke habe als du ($\frac{3}{4} > \frac{2}{5}$),
- meiner grösser ist als $\frac{1}{2}$, deiner aber kleiner als $\frac{1}{2}$ ($\frac{4}{7} > \frac{2}{5}$),
- bei meinem Bruch weniger auf ein Ganzes fehlt als bei deinem ($\frac{5}{6} > \frac{4}{5}$).
- Zur Kontrolle oder wenn der Vergleich durch Argumentieren allein nicht möglich ist: Brüche mit Hilfe des Kreismodells vergleichen, z.B.: $\frac{3}{5}$ und $\frac{7}{12}$ mit der Zeichenuhr (siehe «Material») darstellen, die Abschnitte auszählen ($\frac{3}{5}$ entspricht 36 Abschnitten; $\frac{7}{12}$ entspricht 35 Abschnitten, wobei ein Abschnitt $\frac{1}{60}$ ist), → $\frac{3}{5}$ ist grösser.
- Alternative 1: Die beiden Brüche mit den jeweiligen Bruchteilen (Kreismodell, siehe «Material») darstellen und aufeinanderlegen.
- Alternative 2: Mit Hilfe des Rechteckmodells vergleichen, wie es bei Aufgabe 1 im Folgenden beschrieben wird.

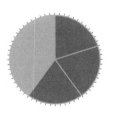

$\frac{3}{5} = \frac{36}{60}$

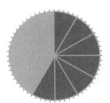

$\frac{7}{12} = \frac{35}{60}$

SB 6, Seite 38, Aufgabe 1
- $\frac{1}{4}$ und $\frac{1}{5}$ mit Hilfe des Rechteckmodells vergleichen: So vorgehen, wie es die vier Schritte in der Illustration zur Aufgabe vorsehen. Sollten Schwierigkeiten beim Verstehen der Schritte auftreten, kann mit zwei Blättern Papier (einem undurchsichtigen und einem transparenten) gearbeitet werden: das undurchsichtige in vier senkrechte Streifen (Viertel), das transparente in fünf waagrechte Streifen (Fünftel) teilen und jeweils den ersten Streifen schraffieren (Viertel rot, Fünftel blau) (a und b). Dann wird das transparente auf das undurchsichtige Blatt gelegt (c). Die neue Einteilung in 5 x 4 = 20 Felder wird sichtbar, wobei jedes neue Feld ein Zwan-

zigstel ist (zur Verdeutlichung kann die Vierteleinteilung auch durchgepaust werden). Der Viertelstreifen besteht aus 5 Zwanzigsteln, der Fünftelstreifen aus 4 Zwanzigsteln. Der blaue Fünftelstreifen wird in seine 4 Teile zerschnitten (d) und neu aufgelegt (wie in Bild 4). Nun wird sichtbar, welches der grössere Bruch ist und wie gross der Unterschied ist ($\frac{1}{4} - \frac{1}{5} = \frac{1}{20}$) (e).

(a)

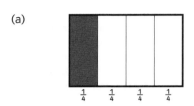

(b)

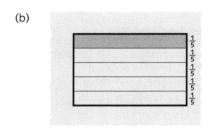

(c)

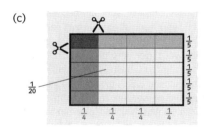

(d)

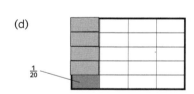

- Alternative: Die Brüche $\frac{1}{4}$ und $\frac{1}{5}$ mit Hilfe des Kreismodells vergleichen (siehe «Der grössere Bruch gewinnt», $\frac{1}{4}$ entspricht 15 Abschnitten auf der Zeichenuhr, $\frac{1}{5}$ entspricht 12 Abschnitten; → $\frac{1}{4}$ ist grösser). Oder die beiden Brüche mit den jeweiligen Bruchteilen darstellen und aufeinanderlegen.

SB 6, Seite 44–45: $\frac{1}{3}$ von $\frac{1}{4}$

Vorübungen und begleitende Übungen

- Den Ausdruck «ein Drittel von» auf Mengen (Modell «Punktfeld») beziehen: Wie viel ist ein Drittel von allen Kindern in der Klasse? Wie viel ist ein Drittel meines Taschengeldes? usw. Wie kann man das darstellen? Wie kann man ein Drittel von … berechnen? (siehe oben, Hinweise zu SB 5, S. 42–43)
- Den Ausdruck «ein Drittel von» auf ein Ganzes beziehen: Ein Drittel eines Blattes Papier bestimmen (Rechteckmodell), ein Drittel eines vollen Kreises bestimmen (Kreismodell) und jeweils abschneiden (siehe oben, Hinweise zu SB 5, S. 44–45 und S. 46–47).
- Den Ausdruck «ein Drittel von» auf Bruchteile beziehen: $\frac{1}{3}$ von $\frac{1}{4}$. Das Viertel ist vorübergehend ein «Ganzes», das in drei Teile geteilt wird. Die Antwort bezieht sich wieder auf das ursprüngliche Ganze. Der Vorgang kann am Kreis-, Rechteck- oder Streckenmodell dargestellt werden. Gruppenarbeit: Jede Gruppe bearbeitet die Aufgabe $\frac{1}{3}$ von $\frac{1}{4}$ gemäss Aufgabe 1, 4 oder 5. Die Gruppen stellen einander ihr Vorgehen vor.

SB 6, Seite 44, Aufgaben 4A und 4C

- $\frac{1}{3}$ von $\frac{1}{4}$ am Rechteckmodell: Vorgehen, wie in der Aufgabenstellung vorgesehen.

SB 6, Seite 45, Aufgaben 5A und 5C

- $\frac{1}{3}$ von $\frac{1}{4}$ am Streckenmodell (handeln): Zwei Papierstreifen gleicher Länge vorbereiten. Den einen Streifen zuerst vierteln (falten) und dann weiter dritteln (probieren). Das entstandene Stück mit dem ungefalteten Streifen vergleichen. Wie oft passt es hinein? (12 mal, das heisst, ein Drittel von einem Viertel ist ein Zwölftel des ursprünglichen Streifens.)
- $\frac{1}{3}$ von $\frac{1}{4}$ am Streckenmodell (zeichnen): Vorgehen, wie in der Aufgabenstellung vorgesehen.

SB 6, Seite 45, Aufgaben 5A und 5C

- $\frac{1}{3}$ von $\frac{1}{4}$ am Kreismodell zeichnen, wie in der Aufgabenstellung vorgesehen. Jedes Viertel in drei Teile teilen. Wie heisst ein solcher Teil? (Zwölftel, da es im ganzen Kreis 12 Teile sind.)
- 5A und 5C entsprechend bearbeiten. Aufgabenstellung und Lösung angeben (5A: $\frac{1}{2}$ von $\frac{1}{6} = \frac{1}{12}$, 5C: $\frac{1}{2}$ von $\frac{1}{4} = \frac{1}{8}$.
- Diskutieren: Warum ist $\frac{1}{2}$ von $\frac{1}{6}$ gleich viel wie $\frac{1}{3}$ von $\frac{1}{4}$? Gibt es eine Regel, wie man das ausrechnen kann? (Nenner miteinander multiplizieren)

SB 6, Seite 46–47: Brüche erweitern und kürzen

SB 6, Seite 46, Aufgabe 1

- Vorübungen:
- Ein Ganzes durch Falten immer feiner unterteilen: Das Ganze (Kreismodell oder Rechteckmodell) einmal falten (beim Öffnen wird sichtbar: $1 = \frac{2}{2}$), wieder falten ($1 = \frac{4}{4}$), wieder falten ($1 = \frac{8}{8}$) usw. → $1 = \frac{2}{2} = \frac{4}{4} = \frac{8}{8} = \ldots$
- Die Hälfte eines Ganzen (Kreismodell oder Rechteckmodell) durch Falten immer feiner unterteilen: Die Hälfte einmal falten (beim Öffnen wird sichtbar: $\frac{1}{2} = \frac{2}{4}$), wieder falten ($\frac{1}{2} = \frac{4}{8}$), wieder falten ($\frac{1}{2} = \frac{8}{16}$) usw. → $\frac{1}{2} = \frac{2}{4} = \frac{4}{8} = \frac{8}{16} \ldots$
- Die Aufgabe auf der Grundlage der Vorübung ausführen.

SB 6, Seite 46, Aufgabe 2

- Vorübung: Vier verschiedenfarbige A4-Blätter werden gefaltet und zerschnitten, sodass $\frac{2}{2}$, $\frac{4}{4}$, $\frac{8}{8}$ und $\frac{16}{16}$ entstehen. Ein Blatt (weiss) bleibt ganz ($\frac{1}{1}$). Nun wird erforscht, wie sich ein Ganzes in Teilstücke zerlegen lässt, z.B.

$\frac{1}{1} = \frac{1}{2} + \frac{1}{2}, \frac{1}{1} = \frac{1}{4} + \frac{1}{4} + \frac{1}{2}, \frac{1}{1} = \frac{2}{4} + \frac{1}{2}, \frac{1}{1} = \frac{1}{4} + \frac{1}{4} + \frac{1}{8} + \frac{1}{8} = \frac{3}{4} + \frac{2}{8} = \dots$

$\frac{1}{2} = \frac{1}{4} + \frac{1}{4} = \frac{2}{4}, \frac{1}{2} = \frac{1}{8} + \frac{1}{8} + \frac{1}{16} + \frac{1}{16} + \frac{1}{16} + \frac{1}{16} = \frac{2}{8} + \frac{4}{16} = \dots$

$\frac{1}{4} = \dots$

$\frac{1}{8} = \dots$

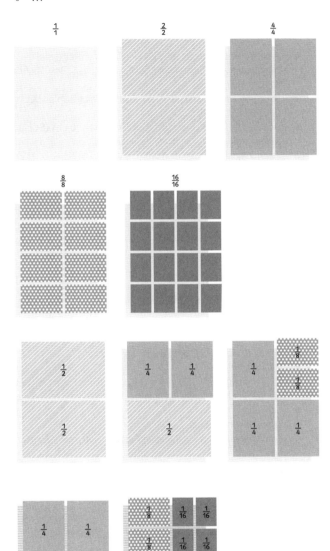

- A3-Blatt (Ganzes) und die kleinen Rechtecke erkunden: Wie viele kleine Rechtecke sind auf dem A3-Blatt? (36) Welcher Anteil am Ganzen ist das? ($\frac{1}{36}$) Aus wie vielen 36steln besteht jede farbige Fläche? (orange $\frac{12}{36}$, blau $\frac{4}{36}$, gelb $\frac{2}{36}$, weiss $\frac{9}{36}$, grün $\frac{6}{36}$, rot $\frac{3}{36}$)
- A3-Blatt und die farbigen Flächen erkunden: Die Schülerinnen und Schüler fertigen aus farbigen Sichthüllen mehrere Flächen jeder Farbe an und probieren aus, wie viele orange, gelbe, weisse, grüne, rote Flächen in das A3-Blatt passen (3, 9, 18, 4, 6, 12). Welchen Anteil am Ganzen hat jede farbige Fläche? ($\frac{1}{3}$, $\frac{1}{9}$, $\frac{1}{18}$, $\frac{1}{4}$, $\frac{1}{6}$, $\frac{1}{12}$)

	orange	blau	gelb	weiss	grün	rot
Anteil kleine Rechtecke am Ganzen	12 von 36 = $\frac{12}{36}$	4 von 36 = $\frac{4}{36}$	2 von 36 = $\frac{2}{36}$	9 von 36 = $\frac{9}{36}$	6 von 36 = …	3 von 36 = …
Anteil der Fläche am Ganzen	1 von 3 = $\frac{1}{3}$	1 von 9 = $\frac{1}{9}$	1 von 18 = $\frac{1}{18}$	…	…	1 von 12 = $\frac{1}{12}$

Aus der Tabelle wird ersichtlich, dass z.B. $\frac{12}{36} = \frac{1}{3}$, $\frac{4}{36} = \frac{1}{9}$ usw.

- Mit Hilfe der transparenten Flächen können Beziehungen zwischen den Flächen erforscht und mit Brüchen beschrieben werden, z.B.
- 1 blaue Fläche = 2 gelbe Flächen, $\rightarrow \frac{1}{9} = \frac{2}{18}$,
- 1 grüne Fläche = 3 gelbe Flächen $\rightarrow \frac{1}{6} = \frac{3}{18}$,
- 3 blaue Flächen = 1 orange Fläche $\rightarrow \frac{3}{9} = \frac{1}{3}$ usw.

SB 6, Seite 47, Aufgabe 6A–C

- Vorübungen:
- Vier verschiedenfarbige A4-Blätter werden gefaltet und zerschnitten, sodass $\frac{2}{2}$, $\frac{4}{4}$, $\frac{8}{8}$ und $\frac{16}{16}$ entstehen. Ein Blatt (weiss) bleibt ganz ($\frac{1}{1}$). Nun wird erforscht, wie sich ein Ganzes in identische Teilstücke zerlegen lässt, z.B.
- 2 Teilstücke: $\frac{1}{1} = \frac{1}{2} + \frac{1}{2} = 2 \cdot \frac{1}{2} = \frac{2}{2}$
- 4 Teilstücke: $\frac{1}{1} = \frac{1}{4} + \frac{1}{4} + \frac{1}{4} + \frac{1}{4} = 4 \cdot \frac{1}{4} = \frac{4}{4}$
- 8 Teilstücke: $\frac{1}{1} = \dots$
- 16 Teilstücke: $\frac{1}{1} = \dots$
- $\rightarrow 1 = \frac{1}{1} = \frac{2}{2} = \frac{4}{4} = \frac{8}{8} = \dots$
- Über die Beziehung zwischen Nenner und Zähler sprechen (der Nenner ist immer gleich gross wie der Zähler).
- Dieselben Bruchteile wie vorher verwenden. Erforschen, wie sich die Hälfte (ein Viertel, ein Achtel) in identische Teilstücke zerlegen lässt, z.B.
- 2 Teilstücke: $\frac{1}{2} = \frac{1}{4} + \frac{1}{4} = 2 \cdot \frac{1}{4} = \frac{2}{4}$
- 4 Teilstücke: $\frac{1}{2} = \frac{1}{8} + \frac{1}{8} + \frac{1}{8} + \frac{1}{8} = 4 \cdot \frac{1}{8} = \frac{4}{8}$
- $\rightarrow \frac{1}{2} = \frac{2}{4} = \frac{4}{8} = \dots$
- Mit Vierteln und Achteln gleich vorgehen.
- Man nennt diesen Vorgang «erweitern». Über die Beziehung zwischen Nenner und Zähler sprechen, wenn erweitert wird (der Nenner ist bei allen Brüchen mit dem Wert $\frac{1}{2}$ immer doppelt so gross wie der Zähler). Auch wenn die an den Brüchen beteiligten Zahlen verschieden sind, bleibt der Wert beim Erweitern gleich (siehe auch Definition in der Randspalte, SB 6, S. 47).
- Der Ablauf lässt sich auch umkehren, indem identische Teilstücke zusammengefasst oder -geklebt werden: $\frac{4}{8} = \frac{2}{4} = \frac{1}{2}$. Diesen Vorgang nennt man «kürzen». Auch wenn die an den Brüchen beteiligten Zahlen verschieden sind, bleibt der Wert beim Kürzen gleich (siehe auch Definition in der Randspalte, SB 6, S. 47).
- Das Erweitern und Kürzen kann auch an Bruchteilen ausgeführt werden, die aus rundem Origami-Papier hergestellt werden: Erweitern bedeutet zerschneiden, kürzen bedeutet zusammenkleben (Kürzen siehe Abbildung).

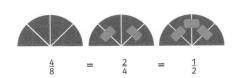

$$\frac{4}{8} \quad = \quad \frac{2}{4} \quad = \quad \frac{1}{2}$$

- Unterschied zwischen Malrechnen und Erweitern herauskristallisieren, z.B. zweimal $\frac{1}{4}$ legen sowie $\frac{1}{4}$ erweitern mit 2. Ergebnisse vergleichen. Gleich vorgehen beim Kürzen.

- Aufgaben 6A und 6B: Einzelne Brüche auswählen. Wenn nötig, das Erweitern durch gefaltete bzw. zerschnittene Teile und das Kürzen durch Kleben oder Umtauschen veranschaulichen.
- Aufgabe 6C: Die Lehrperson schreibt einige Brüche (solche, die gekürzt werden können, und solche, die nicht gekürzt werden können) auf Karten. In Kleingruppen diskutieren: Welche Brüche können gekürzt werden, welche nicht?

Rechentraining: Mit Brüchen rechnen

- Partnerarbeit: A schreibt z.B. $\frac{1}{4}$ auf eine Karte und einige (drei oder vier) Erweiterungen wie z.B. $\frac{2}{8}$, $\frac{3}{12}$, $\frac{5}{20}$ auf weitere Karten, die B nicht sehen darf. Nun zieht A eine Karte und sagt: «Der erweiterte Bruch hat den Nenner 8, wie heisst der Zähler?» oder «Der erweiterte Bruch hat den Zähler 5, wie heisst der Nenner?». Die Ergebnisse werden verglichen, eventuell durch Legen oder Zeichnen überprüft. Rollentausch. Mehrmals wiederholen.
- Die Karten mit den erweiterten Brüchen werden gemischt und offen aufgelegt. Aus den Karten mit den Ausgangsbrüchen wird eine gezogen (z.B. $\frac{1}{2}$), und alle Brüche, die den gleichen Wert haben, werden dazugelegt (z.B. $\frac{2}{4}$, $\frac{3}{6}$, $\frac{5}{10}$ usw.).

Literatur

- Hengartner, E. et al.: Lernumgebungen für Rechenschwache bis Hochbegabte. 2010, S. 95 ff.: Brüche bilden und ordnen.
- Schwank, I.: Um wie viel geht es? Orientierung im Zahlenraum mit Bruchzahlen. In: Fritz, A./Schmidt, S.: Fördernder Mathematikunterricht in der Sekundarstufe I. 2009, S. 109–122.
- Wartha, S./Wittmann, G.: Lernschwierigkeiten im Bereich der Bruchrechnung und des Bruchzahlbegriffs. In: Fritz, A./Schmidt, S.: Fördernder Mathematikunterricht in der Sekundarstufe I. 2009, S. 73–108.

Material

Arbeitsmaterial

- Kartei «Sachrechnen im Kopf 3/4, Basiskurs Grössen» (siehe HPK 5 + 6, S. 2)
- CD-ROM «Rechentraining, Kopfrechnen ab dem 5. Schuljahr» (siehe HPK 5 + 6, S. 2)
- Lernuhr (SCHUBI Lernmedien)
- Zeichenuhr gross und klein zum Zeichnen von Bruchteilen (Arbeitsmittel zum Schweizer Zahlenbuch 5, siehe HPK 5 + 6, S. 2)
- Zeichenuhr (Kopiervorlage siehe HPK 5 + 6, S. 143)
- Zeichenuhren gross und klein (Kopiervorlage siehe Begleitband zum Schweizer Zahlenbuch 4, S. 349, K27 und K28)
- Bruchteile: Arbeitsmittel zum Schweizer Zahlenbuch 5 (siehe HPK 5 + 6, S. 2)
- Bruchteile aus Kunststoff, Durchmesser 10 cm (SCHUBI Lernmedien)
- Zwanzigerfeld (Kopiervorlage siehe HPK 5 + 6, S. 132)
- Zwanzigerreihe (Kopiervorlage siehe HPK 5 + 6, S. 132)
- Hunderterfeld (Kopiervorlage siehe Begleitband zum Schweizer Zahlenbuch 6, S. 425, K27 und HPK 5 + 6, S. 133)
- Kartei «Blitzrechnen 2» (siehe HPK 5 + 6, S. 2)
- Bruchkarten (Kopiervorlage «Brüche 1–7» siehe Begleitband zum Schweizer Zahlenbuch 6, S. 423, K15)

Verbrauchsmaterial

- Bilder mit Bruchdarstellung aus Zeitungen und Werbung
- Bruchangaben (in Zahlen) aus Zeitungen und Packungsaufschriften
- Leere Plakate (z.B. Flipchart-Papier)
- Papierstreifen
- Papier zum Falten (rundes und quadratisches Origami-Papier, rechteckiges Papier)
- Schnur
- Transparentpapier
- Transparentfolie in diversen Farben (z.B. von Sichthüllen)
- A4-Blätter in verschiedenen Farben
- A3-Blätter

Seiten und zentrale Aufgaben

Schulbuch 5

Seite	Titel	Aufgaben
70–71	Dezimalbrüche und Zahlenstrahl	1, 2, 3A–C, 4A, 5A, 7
72–73	Dezimalbrüche und Stellentafel	1, 2, 5A, 5B, 7

Schulbuch 6

Seite	Titel	Aufgaben
6–7	Gebrochene Zahlen	1, 3A, 4A, 4B ✎ «Ergänzen auf …»
72–73	Brüche – Dezimalbrüche	1 ✎ «Brüche – Dezimalbrüche – Prozente»

Schwerpunkt

- Verständnis der Dezimalbrüche erarbeiten.
- Dezimalbrüche in Komma- bzw. Punktschreibweise darstellen.
- Dezimalbrüche auf dem Zahlenstrahl und an der Stellentafel darstellen.
- Mit Dezimalbrüchen rechnen.

Grundsätzliche Überlegungen

Dezimalzahl – Dezimalbruch: Begriffsklärung

- Alle Zahlen, die im Zehnersystem dargestellt sind, sind Dezimalzahlen, unabhängig davon, ob sie ein Komma oder einen Punkt und «Kommastellen» (Stellen rechts von Komma oder Punkt) haben oder nicht. 1234 und 1234,567 sind Dezimalzahlen. 1234 kann je nach Kontext auch als 1234,000… geschrieben werden.
- Mit *Dezimalzahlen ohne Kommastellen* («natürliche» bzw. «ganze» Zahlen, siehe «Glossar») sind die Schülerinnen und Schüler schon lange vertraut. Sie sind auch schon *Zahlen mit Kommastellen* begegnet, vor allem im Zusammenhang mit Grössen, z.B. 0,5 kg oder Fr. 3.50.
- Die Kommastellen in 1234,567 bedeuten 5 Zehntel, 6 Hundertstel, 7 Tausendstel und können auch als Bruch geschrieben werden: $\frac{5}{10}$, $\frac{6}{100}$, $\frac{7}{1000}$. Man nennt sie *Dezimalbrüche*, unabhängig davon, ob sie als Bruch oder mit Kommastelle geschrieben sind.
- Auf den hier kommentierten Seiten werden die Dezimalbrüche erforscht, erkundet und erarbeitet. Deren Verständnis basiert einerseits auf dem Dezimalsystem, andererseits auf dem Bruchbegriff und entwickelt sich durch Vernetzung der beiden Begriffe.
- Da es auf diesen Seiten um die Erarbeitung des Begriffs «Dezimalbruch» geht, wird in der Regel dieser Begriff (und nicht der Begriff «Dezimalzahl») verwendet.

Verschiedene Zugänge zu den Dezimalbrüchen

- Es gibt im Wesentlichen folgende drei Zugänge zu den Dezimalbrüchen:
- Ausgehend von den Grössen: Die Zahlenschreibweise mit Komma oder Dezimalpunkt ist den Schülerinnen

und Schülern vor allem vom Umgang mit Geld (z.B. Fr. 1.50) her bereits vertraut. Auf Seite 34–35 im SB 5 (siehe Themenbereich 7, «Grössen, Dezimalbrüche, Runden», S. 87) wird an diese Erfahrungen angeknüpft. Dort wird die Übersetzung von der Darstellung mit ganzen Masseinheiten in die Kommaschreibweise erarbeitet (z.B. 13 cm 5 mm = 13,5 cm). Als Übersetzungshilfe dient die «Stellentafel für Grössen 2» (siehe «Material»).
- Ausgehend vom Dezimalsystem: Die Zahldarstellung von ganzen Zahlen und von Dezimalbrüchen erfolgt am Zahlenstrahl und an der Stellentafel. Der Zahlenstrahl wird «gefüllt», indem zwischen je zwei ganze bzw. natürliche Zahlen zehn neue Abschnitte (durch neun neue Striche) eingefügt werden (Zehntel), zwischen diese wieder zehn neue Abschnitte (Hundertstel) usw. Die Stellentafel für ganze Zahlen wird nach rechts erweitert: Ganze Zahlen und Dezimalbrüche werden an der Stellentafel dargestellt: Rechts vom Einer befinden sich Zehntel (z), Hundertstel (h), Tausendstel (t) usw.
- Ausgehend von den Brüchen: Brüche sind den Schülerinnen und Schülern zumindest in Ansätzen schon vertraut. Ein Ganzes (z.B. ein Kreis oder ein Rechteck) wird in Bruchteile unterteilt, deren Nenner dezimale Einheiten sind: Dezimalbrüche können als Brüche oder in dezimaler Schreibweise (mit Dezimalpunkt oder -komma) geschrieben werden.
- Die drei Zugänge sind miteinander vernetzt: Das Verständnis der Dezimalbrüche setzt ein erstes Verständnis von Brüchen voraus (Zehntel, Hundertstel usw.), das Verständnis von Masseinheiten in der Kommaschreibweise ein erstes Verständnis der Bedeutung von Kommastellen. Das umfassende Verständnis für Brüche wiederum entwickelt sich meist später als das Verständnis für Grössenangaben wie Fr. 1.50. Das heisst, dass es verschiedene Möglichkeiten gibt, um Dezimalbrüche zu erarbeiten. Wichtig ist, dass die verschiedenen Zugänge immer wieder miteinander in Verbindung gebracht werden. Im Schweizer Zahlenbuch 5 wird der Einstieg über das Dezimalsystem anhand von Zahlenstrahl und Stellentafel gewählt. Bei Schülerinnen und Schülern mit besonderem Bildungsbedarf muss überprüft werden, ob ein Einstieg über «Brüche» oder «Grössen» besser geeignet ist.

Denkgewohnheiten erweitern

- Beim Umgang mit Dezimalbrüchen steht der Aufbau von Verständnis, das heisst die Begriffsbildung, nicht das Rechnen im Vordergrund. Die Erweiterung des Zahlenraumes von den ganzen Zahlen zu den Brüchen und zur Darstellung der Brüche als Dezimalbrüche in der Kommaschreibweise erfordert in vielerlei Hinsicht ein Umdenken, z.B.:
- Auf dem bisher bekannten Zahlenstrahl sind die Zwischenräume zwischen je zwei natürlichen Zahlen leer, auf dem erweiterten Zahlenstrahl sind die Zwischenräume mit jeweils unendlich vielen Dezimalbrüchen gefüllt.
- Zahlen mit mehr Stellen sind nicht automatisch grösser als Zahlen mit weniger Stellen. Sie können kleiner (0,001 < 1,0), gleich gross (0,300 = 0,3) oder grösser (0,55 > 0,5) sein als Zahlen mit weniger Stellen.
- Die Reihenfolge der Einheiten rechts vom Einer (z h t) ist spiegelverkehrt zur Reihenfolge links vom Einer (T H Z). Der Wert der Einheiten nimmt aber vor und nach dem Komma von links nach rechts ab.

- Die Begriffe «Zehntel», «Hundertstel», «Tausendstel» bezeichnen einerseits dezimale Einheiten, andererseits auch Beziehungen zwischen dezimalen Einheiten: Ein Hunderter ist ein Zehntel eines Tausenders (100 = $\frac{1}{10}$ von 1000), ein Hundertstel ist ein Zehntel eines Zehntels.
- Da die bisherigen Denkweisen in Bezug auf die natürlichen Zahlen weiterhin gültig bleiben, sind Entscheidungs- und Umstellungsfähigkeit nötig, um die jeweils adäquate Betrachtungs- und Vorgehensweise zu erkennen.

Unbedingt erarbeiten

- Aufbau der Dezimalbrüche: Bedeutung, Schreibweise der Dezimalbrüche und Analogie zwischen den dezimalen Beziehungen im Bereich der ganzen und der gebrochenen Einheiten
- Dezimalbrüche und Brüche: Aufbau der Beziehung zwischen häufig verwendeten Dezimalbrüchen und Brüchen:
  $0,1 = \frac{1}{10}$; $0,2 = \frac{2}{10} = \frac{1}{5}$; $0,5 = \frac{5}{10} = \frac{1}{2}$; $0,75 = 3 \cdot 0,25 = \frac{3}{4}$
- Nachbareinheiten (z.B. Nachbarzehntel, -einer usw.) als Grundlage für das Ordnen der Grösse nach und für das Runden kennen.

Mathematische Vorkenntnisse

Aus dem Schweizer Zahlenbuch 1 bis 4

- Zahlaufbau bis zur Million: dezimale Einheiten, Beziehung zwischen den Einheiten (1000 = 10 • 100, ein Tausender ist zehnmal ein Hunderter usw.)
- Arbeitsmittel und Veranschaulichungen: Felddarstellung, Darstellung mit dem Material zum Dezimalsystem, Zahlenstrahl, Stellentafel, Hundertertafel, Tausenderbuch, Millionbuch (alle siehe «Material»)
- Grundoperationen: Einspluseins und Einmaleins, halbschriftlich, schriftlich (Addition, evtl. Subtraktion), Stellen-Einmaleins

Aus dem Schweizer Zahlenbuch 5

- Bruchdenken: Bedeutung von Brüchen, Darstellung mit dem Rechteck- und dem Kreismodell (SB 5, S. 40–41 und S. 44–47)
- Grössen (SB 5, S. 34–35)

Mögliche Schwierigkeiten

Aufbau der Dezimalbrüche

Einige Schülerinnen und Schüler
- können die Beziehungen zwischen den ganzen dezimalen Einheiten (linker Nachbar = Einheit mal 10, rechter Nachbar = Einheit durch 10) nicht auf die Dezimalbrüche übertragen,
- übertragen die Beziehungen zwischen den Einheiten im Bereich der ganzen Zahlen auditiv auf die Beziehungen der dezimalen Einheiten: 1 Hundertstel = 10 Zehntel (wegen 1 Hunderter = 10 Zehner),
- übertragen Vorgehensweisen wie «Nullen anhängen»/«Nullen streichen» bzw. «Komma verschieben nach rechts oder nach links» direkt auf die Dezimalbrüche, z.B. 0,5 • 10 = 0,50,
- übertragen die dezimalen Übergänge im Bereich der natürlichen Zahlen beim Weiterzählen falsch auf Dezimalbrüche: 0,98 – 0,99 – 0,100 (statt 1,00),
- verstehen nicht, warum sich der Wert einer Zahl nicht verändert, wenn bei den Kommastellen rechts Nullen angehängt werden (0,5 = 0,50 = 0,500 usw.; 0,123 = 0,1230),
- haben Schwierigkeiten, Dezimalbrüche zu vergleichen, wenn diese unterschiedlich viele Kommastellen haben (0,1 ist für sie kleiner als 0,005),
- glauben, dass 0,1 «eins unter null» bedeutet (falsche Analogie wegen 1,0 ist «eins über null»).

Darstellung auf dem Zahlenstrahl

Einige Schülerinnen und Schüler
- haben Mühe mit der Vorstellung, dass zwischen je zwei natürlichen Zahlen auf dem Zahlenstrahl (unendlich viele) «neue» Zahlen liegen,
- können sich die Position von Dezimalbrüchen auf dem Zahlenstrahl nicht vorstellen (z.B. Wo liegt 1,9?),
- verstehen nicht, warum zwischen 1 und 2 «lange» Zahlen wie 1,7, 1,73 oder 1,735 liegen können,
- verstehen nicht, wieso beim Ordnen der Grösse nach «lange» und «kurze» Zahlen durcheinander vorkommen können, z.B. 0,5 – 0,508 – 0,51 – 0,6,
- verstehen die Darstellung mit dem Zoom bzw. die Vorstellung von der «Lupe» nicht (SB 5, S. 88–89).

Schreibweise

Einige Schülerinnen und Schüler
- schreiben Zehntel, Hundertstel, Tausendstel mit einer Null zu viel nach dem Komma, z.B. ein Zehntel als 0,01, weil 10 eine Null und 100 zwei Nullen vor dem Komma haben.

Dezimalbrüche und Brüche

Einige Schülerinnen und Schüler
- verstehen die operative Bedeutung von Bruchzahlen wie z.B. «ein Zehntel von …» oder «ein Fünftel von …» nicht,
- verwechseln die Begriffe «Zehner» und «Zehntel», «Hunderter» und «Hundertstel»,
- meinen, dass Zehntel kleiner als Hundertstel usw. sind,
- stellen folgende Beziehungen her: $0,5 = \frac{1}{5}$ bzw. $0,2 = \frac{1}{2}$ und $\frac{10}{10} = 0,10$,
- interpretieren 1,7 als $\frac{1}{7}$ oder als 1 Ganzes und $\frac{1}{7}$.

Allgemeine Förderhinweise

Dezimalbrüche im Alltag

- Die Schülerinnen und Schüler sollen Zahlen mit Komma oder Dezimalpunkt in der Zeitung, in Prospekten usw. suchen und erklären, was sie sich unter Zahlen wie 1,5 oder 0.1 oder 156.70 m vorstellen. Diese Übung kann zur Standortbestimmung eingesetzt werden.

Wiederholung

- Die Bedeutung von Bruchzahlen (SB 5, S. 40–41 und S. 44–47) sowie das Thema «Grössen» (SB 5, S. 34–35) wiederholen.

Aufbau und Darstellung der Zahlen im Dezimalsystem

- Immer wieder den Aufbau des Dezimalsystems im Bereich der ganzen Einheiten mit dem Material zum Dezimalsystem oder mit Plättchen an der Stellentafel (siehe «Material») wiederholen (vom Einer nach links).
- *Mit dem Material zum Dezimalsystem:* Aus wie vielen Einern besteht ein Zehner? Ein Zehner besteht aus 10 Einern, er ist zehnmal ein Einer (10 = 10 • 1). Aus wie vielen Zehnern besteht ein Hunderter? Ein Hunderter ist zehnmal ein Zehner (100 = 10 • 10).
  Und umgekehrt: Wenn man einen Hunderter durch 10 teilt, erhält man einen Zehner, wenn man einen Zehner durch 10 teilt, erhält man einen Einer, wenn man diesen durch 10 teilt, erhält man einen Zehntel.
- *An der Stellentafel:* Was passiert, wenn man ein Plättchen um eine Stelle nach rechts (links) verschiebt? Aus den Zehnern werden Einer (Hunderter). Aus den Einern werden Zehntel (Zehner). Das Verschieben nach rechts bedeutet Division durch 10, das Verschieben nach links Multiplikation mit 10.

Einheit mal zehn mit dem Material zum Dezimalsystem

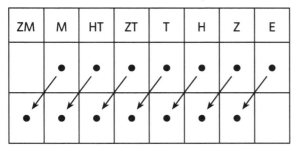

Einheit durch zehn mit Plättchen

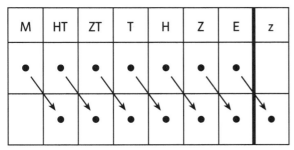

Aufbau und Darstellung der Dezimalbrüche

- Dezimalbrüche mit verschiedenem Material (siehe Beispiele in der Abbildung) darstellen. Beispiel: Die Zahl 2,3 («zwei Komma drei») mit verschiedenen Materialien darstellen.
  Über die jeweilige Darstellung der Schülerinnen und Schüler sprechen.
- «Zahl darstellen» (Gruppenübung mit verschiedenen Arbeitsmaterialien): An einem Tisch Arbeitsplätze einrichten mit Material zum Dezimalsystem, Bruchteilen aus Kunststoff, Stellentafel und Plättchen, Stellenwertkarten und Spiralheft. Zahlenkarten mit Dezimalbrü-

chen (z.B. 0,1 bis 0,9; 0,25; 0,75) werden verdeckt in die Mitte gelegt. Eine Zahlenkarte wird gewendet. Die Schülerinnen und Schüler stellen die Zahl mit ihrem Arbeitsmaterial dar. Die Ergebnisse werden verglichen und diskutiert. Einen Platz weiter gehen, nächste Karte umdrehen usw.

- Beziehungen herstellen: Aus wie vielen Zehnteln besteht ein Einer? Ein Einer besteht aus 10 Zehnteln, er ist zehnmal ein Zehntel (1 = 10 • $\frac{1}{10}$ = 10 • 0,1). Wie viele Hundertstel sind in einem Zehntel enthalten? usw.

Förderhinweise zum Schweizer Zahlenbuch 5

SB 5, Seite 70–71: Dezimalbrüche und Zahlenstrahl

SB 5, Seite 70, Aufgabe 1

- Zahlenstrahl von 0 bis 10 an die Wandtafel zeichnen (siehe Begleitband zum Schweizer Zahlenbuch 5, S. 264, «Wie kann man vorgehen?»). Nun wird gemeinsam die Strecke von 0 bis 1 in zehn Abschnitte (Zehntel) unterteilt. Wo befinden sich die Dezimalbrüche auf diesem Zahlenstrahl? Damit man die Bruchteile besser sehen und anschreiben kann, wird die Strecke von 0 bis 1 «unter die Lupe» genommen: Zehn Abschnitte auf ein Stück kariertes Flipchart-Papier zeichnen, die Markierungsstriche anschreiben (0,0; 0,1; … 0,9; 1,0) und benennen: null Einer und ein Zehntel, null Einer und zwei Zehntel usw. bis null Einer und zehn Zehntel = ein Einer.

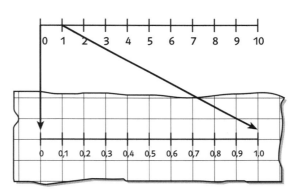

- Die Schülerinnen und Schüler gestalten nun die einzelnen Strecken (von 1 bis 2; 2 bis 3; … 9 bis 10): Sie zeichnen jede Strecke auf Flipchart-Papier und beschriften die Markierungsstriche entsprechend.
- Eine Schülerin zeigt auf eine gezeichnete Strecke (z.B. von 3 bis 4). Die anderen müssen herausfinden, wo die Strecke am Zahlenstrahl an der Wandtafel hingehört, und heften sie dort an.

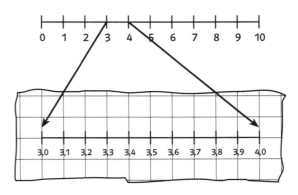

Darstellung der Zahl 2,3

Material		Hinweise zum Material
In Anlehnung an das Material zum Dezimalsystem		Einer: Plastilinkugel Zehntel: Eine Plastilinkugel in zehn Teile zerteilen
Kreismodell für Brüche		Einer (Ganze): Kreisscheiben aus Papier Zehntel: Zehntel-Bruchteile siehe «Material»
Flächenmodell für Brüche		Einer (Ganze): Rechtecke aus Papier Zehntel: Rechtecke in Stücke zerschneiden
Stellentafel		Einer, Zehntel: Plättchen
Stellenwertkarten		Stellenwertkarten (siehe «Material»): Karten für Einer 1 2 3 ... Karten für Zehner 10 20 30 ... Karten für Hunderter 100 200 300 ... Karten für Zehntel 0,1 0,2 0,3 ... Karten für Hundertstel 0,01 0,02 0,03 ... Karten für Tausendstel 0,001 0,002 0,003 ... Karten übereinanderlegen
Spiralheft		Spiralheft (siehe «Material»)
Zahlenstrahl		Zahlenstrahl mit je zehn Abschnitten zwischen je zwei natürlichen Zahlen zeichnen

- Diskutieren, dass ein Einerabschnitt am Zahlenstrahl an der Wandtafel (von 0 bis 1, von 1 bis 2 usw.) immer ein Ganzes ist, das wiederum unterteilt werden kann.
- Ein Schüler zeigt auf einen Markierungsstrich der entsprechenden Strecke. Dieser wird benannt, z.B. 3 Einer und 1 Zehntel, 3 Einer und 2 Zehntel, … 3 Einer und 10 Zehntel = 4 Einer. Strecke wieder abnehmen, neue Strecke anheften usw.
- Alle Strecken am Boden überlappend aneinanderfügen, sodass der Zahlenstrahl von 0 bis 10 als vergrösserter Strahl «unter der Lupe» sichtbar wird.

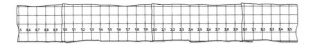

- Darstellung im SB 5 mit dem Strahl an der Wandtafel bzw. dem «vergrösserten Zahlenstrahl» am Boden vergleichen. Welche Abschnitte entsprechen einander?
- Übungen später für einen Zehntelabschnitt und eventuell einen Hundertstelabschnitt wiederholen.
- Weiterführende Übung als Grundlage für das Runden und Ordnen der Grösse nach: Nachbareinheiten auf dem vergrösserten Zahlenstrahl suchen, z.B.
- Nachbarzehntel und Nachbareiner zu 3,6 (3 und 4),
- Nachbarhundertstel, Nachbareiner und -zehntel zu 3,57 (3; 3,5; 3,6; 4).

SB 5, Seite 70, Aufgabe 2
- Die Aufgabe gemäss den Hinweisen zu Aufgabe 1 bearbeiten.

SB 5, Seite 70, Aufgabe 3A–C / Seite 71, Aufgabe 4A
- In Zehntel- bzw. Hundertstelschritten weiterzählen, die Analogie zu den ganzen Zahlen besprechen: 8,3; 8,4; 8,5 … entspricht 83; 84; 85 … (weil $0,83 = \frac{83}{100}$)
- 7,52; 7,53; 7,54 … entspricht 752; 753; 754 …

SB 5, Seite 71, Aufgaben 5A und 7
- Vorübung: Den Ort eines Dezimalbruches auf dem «vergrösserten Zahlenstrahl» am Boden bzw. am Zahlenstrahl an der Wandtafel zeigen: Wo liegt 3,5? Zeigen und beschreiben (zwischen 3 und 4, in der Mitte). Wo liegt 6,8? (zwischen 6 und 7, näher bei 7) Den Ort derselben Zahlen auf dem Zahlenstrahl an der Wandtafel zeigen.
- Die Aufgaben gemäss Aufgabenstellung bearbeiten (Zahlenstrahl ohne Markierungsstriche siehe «Material»).

SB 5, Seite 72–73: Dezimalbrüche und Stellentafel

SB 5, Seite 72, Aufgaben 1 und 2
- Vorübung 1: Um zu verstehen, warum z.B. ein Hundertstel nicht als 0,001 geschrieben wird, sondern als 0,01 (siehe bei «Mögliche Schwierigkeiten»), muss die Darstellung der Dezimalbrüche sorgfältig besprochen werden: Die Einerstelle ist zugleich die Stelle für die Eintel ($1 = \frac{1}{1}$). Sie gehört sowohl zu den ganzen Einheiten als auch zu den Dezimalbrüchen. Hunderter und Hundertstel, Zehner und Zehntel sind symmetrisch zur Einerstelle, nicht aber symmetrisch zum Komma angeordnet. In die Stellentafel eintragen.

	Tausender T	Hunderter H	Zehner Z	Einer = Eintel E = e	Zehntel z	Hundertstel h	Tausendstel t
Ein Einer				0			
Ein Zehntel				0	1		
Ein Hundertstel				0	0	1	
Ein Tausendstel				0	0	0	1

Das Komma wird in der Tabelle durch den dicken Strich zwischen Einern und Zehnteln symbolisiert.
- Vorübung 2: Anstatt Ziffern zu schreiben, können Zahlen mit Plättchen in der Stellentafel gelegt oder gezeichnet werden. Zahlen nach Diktat legen oder zeichnen. Gelegte Zahl benennen.

	Tausender T	Hunderter H	Zehner Z	Einer = Eintel E = e	Zehntel z	Hundertstel h	Tausendstel t
0,4					••••		
12,3			•	••	•••		
22,01			••	••		•	

- Die Aufgaben 1 und 2 gemäss Aufgabenstellung bearbeiten.

SB 5, Seite 73, Aufgaben 5A und 5B
- Der Einsatz des Taschenrechners ist nicht sinnvoll, da es in erster Linie um operativ-strukturierte Übungen geht, bei denen das Entdecken und Nutzen von Zahl- und Operationsbeziehungen im Vordergrund steht.
- Additionsaufgaben mit Plättchen in der Stellentafel legen. Über den Aufbau der Päckchen sprechen (Was bleibt gleich, was verändert sich?).

SB 5, Seite 73, Aufgabe 7
- Zerlegung von Zahlen in dezimale Einheiten mit verschiedenem Material: Zahlen mit Plättchen an der Stellentafel legen, Zahlen in die Kurzschreibweise übertragen, Zahlen mit Stellenwertkarten darstellen.

	T	H	Z	E	z	h	t	Kurzschreibweise	Stellenwertkarten
1234	•	••	•••	••••				1T 2H 3Z 4E	1 2 3 4 / 1000 200 30 4
123,4		•	••	•••	••••			1H 2Z 3E 4z	1 2 3,4 / 100 20 30,4
12,34			•	••	•••	••••		1Z 2E 3z 4h	1 2,3 4 / 10 2 0,3 0,04
1,234				•	••	•••	••••	1E 2z 3h 4t	1,2 3 4 / 1 0,2 0,03 0,004

Förderhinweise zum Schweizer Zahlenbuch 6

Seite 6–7: Dezimalzahlen (Aufbau und Darstellung der Dezimalbrüche)

Grundsätzlich
- Die Übung «Zahl darstellen» aufgreifen (siehe oben, «Allgemeine Förderhinweise: Aufbau und Darstellung der Dezimalbrüche»).

SB 6, Seite 6, Aufgabe 1
- Die Aufgabe kann zur Standortbestimmung eingesetzt werden: Die Aufgabe gemäss Angaben bearbeiten. Die Darstellungen diskutieren und vergleichen.

- Falls nötig, die «Allgemeinen Förderhinweise» (siehe oben) sowie die Seite 44–47 im SB 5 und die dazugehörigen Hinweise im Themenbereich 5, «Brüche» (siehe HPK 5 + 6, S. 71), aufgreifen.
- Kartenserien zu häufig verwendeten Brüchen wie $\frac{1}{10}$, $\frac{2}{10}$, ...; $\frac{1}{2}$; $\frac{1}{4}$, $\frac{3}{4}$, $\frac{1}{5}$, $\frac{2}{5}$, ..., $\frac{1}{8}$ ... herstellen.
- Mit den Kartenserien «Quintett» spielen: Immer fünf Karten (Bruchzahl, Kreis-, Rechteck-, Strecken-, Grössenmodell, siehe Randspalte, S. 6 im SB) gehören zusammen.

SB 6, Seite 7, Aufgabe 3A
- Die Aufgabe kann zur Standortbestimmung eingesetzt werden: Die Schülerinnen und Schüler versuchen, einander die drei Abbildungen zu erklären. Was bedeuten die Markierungsstriche jeweils?
- Falls nötig, SB 5, Seite 70, Aufgabe 1, sowie die dazugehörigen Hinweise aufgreifen (siehe oben).

SB 6, Seite 7, Aufgaben 4A und 4B
- *Mit Material:*
- Mit Plastilinkugeln für die Einer und Zehntel (siehe oben) die Zahl 3,2 legen und die Operation ausführen. Was passiert mit den Einheiten, wenn die Zahl mit 10 multipliziert (verzehnfacht) wird? Zahl mal 10: Aus den Einern werden Zehner, aus den Zehnteln werden Einer. Analog: Was passiert, wenn die Zahl durch 10 dividiert wird?
- Falls nötig, unter Beizug des Materials zum Dezimalsystem an mehreren Beispielen mit ganzen Zahlen klären, dass das Zehnfache des Zehnfachen einer Zahl das Hundertfache ist (nicht das Zwanzigfache): zehnmal 3 Einerwürfel ergeben umgetauscht 3 Zehnerstäbe, zehnmal 3 Zehnerstäbe ergeben umgetauscht 3 Hunderterplatten → 300 ist 100 mal 3 (nicht 20 mal 3).
- *An der Stellentafel* (siehe Abbildung zur Aufgabe):
- Die Bezeichnungen in der ersten Spalte der Tabelle besprechen: Was bedeutet das Zehnfache, das Hundertfache (10 • 32, 100 • 32)? Was bedeutet ein Zehntel, ein Hundertstel in diesem Zusammenhang? (Es ist gemeint: $\frac{1}{10}$ von 32, $\frac{1}{100}$ von 32.)
- Die Zahl 3,2 an der Stellentafel mit Plättchen legen. Was passiert mit den Plättchen an der Stellentafel, wenn die Zahl mit 10 multipliziert wird? (Alle Plättchen einer Stelle werden einen Platz nach links verschoben → aus 3,2 wird 32; aus 32 wird 320.) Was passiert mit den Plättchen an der Stellentafel, wenn die Zahl durch 10 dividiert wird? (Alle Plättchen einer Stelle werden einen Platz nach rechts verschoben → aus 3,2 wird 0,32; aus 0,32 wird 0,032.)
- *Formal:*
- 000000,00000 auf eine Karte schreiben, darüber einen transparenten Schieber (siehe «Material») legen, auf den z.B. die Zahl 3,2 geschrieben wird (3 an die Einer- und 2 an die Zehntelstelle).
- Was passiert mit den Einheiten, wenn die Zahl mit 10 multipliziert / durch 10 dividiert wird? Zahl mal 10: Aus 3,2 wird 32, das heisst, der Schieber wird nach links verschoben, die Reihenfolge der Ziffern bleibt unverändert. Was passiert bei der Division durch 10? Analoges Vorgehen bei der Multiplikation mit 100 bzw. der Division durch 100.

- Besprechen, dass nicht das Komma verschoben wird, sondern dass die Ziffern «wandern».

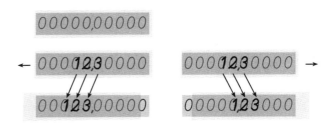

SB 6, Seite 72–73: Brüche – Dezimalbrüche

Begleitende Übungen
- Die Übungen «100 teilen» und «1000 teilen» in den Karteien «Blitzrechnen 2» und «Blitzrechnen 3» aufgreifen (siehe «Material»). «1000 in 8 Teile teilen» gibt 8 Teile der Grösse 125 → «$\frac{1}{8}$ von 1000 = 125» → $\frac{1}{8} = \frac{125}{1000} = 0{,}125$.
- CD-ROM «Rechentraining, Kopfrechnen ab dem 5. Schuljahr», Übung «In ... Schritten zählen auf ...» aufgreifen. Bei «In 8 Schritten auf 1000» muss zuerst die Schrittlänge herausgefunden werden (1000 : 8 = 125), dann können die weiteren Stationen 250, 375, 500 usw. bestimmt werden → $\frac{1}{8} = \frac{125}{1000} = 0{,}125$; $\frac{2}{8} = \frac{250}{1000} = 0{,}250$; $\frac{3}{8} = \frac{375}{1000} = 0{,}375$.

SB 6, Seite 72, Aufgabe 1
- Einige Brüche als Division aufschreiben und diese ausrechnen. Die Ergebnisse diskutieren und vergleichen. Bruchteile bezeichnen (z.B. $\frac{1}{3}$ und $0{,}\overline{3}$ auf jedes der drei Drittel schreiben).
- Die Schreibweise (z.B. $0{,}\overline{3}$) von unendlichen periodischen Dezimalbrüchen (siehe «Glossar») besprechen: Der Strich über der Ziffer 3 heisst, dass sich diese Ziffer immer (unendlich oft) wiederholt.
- Die Bedeutung von unendlichen periodischen Dezimalbrüchen ($0{,}\overline{3}$) besprechen: ,33333... bedeutet $\frac{3}{10} + \frac{3}{100} + \frac{3}{1000} + ...$ Obwohl es unendlich viele Summanden gibt, ist der Wert der Summe endlich, nämlich $\frac{1}{3}$.
- Häufig verwendete Brüche wie $\frac{1}{10}$, $\frac{2}{10}$, ...; $\frac{1}{2}$; $\frac{1}{4}$, $\frac{3}{4}$, $\frac{1}{5}$, $\frac{2}{5}$, ..., $\frac{1}{8}$ ... auf verschiedene Arten in Dezimalbrüche umwandeln:
- Durch Division im Kopf, halbschriftlich, schriftlich oder mit dem Taschenrechner. Die Ergebnisse vergleichen.
- Durch Erweitern: Darstellung mit Bruchteilen (Kreismodell, Rechteckmodell, siehe oben, SB 5, S. 44–47, sowie die dazugehörigen Hinweise). Mit Bruchteilen aus Kunststoff (siehe «Material») folgende Beziehungen darstellen: $\frac{1}{5} = \frac{2}{10}$; $\frac{1}{2} = \frac{5}{10}$ und 1 Ganzes = $\frac{10}{10}$. Darauf aufbauend Verständnis von $\frac{1}{2} = 0{,}5$; $\frac{1}{5} = 0{,}2$; $\frac{10}{10} = 1$ oder 1,0 erarbeiten. Dezimalbrüche auf Post-it-Zettel schreiben und den entsprechenden Bruchteilen zuordnen.

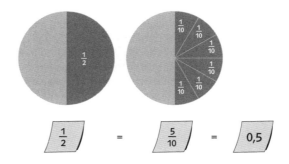

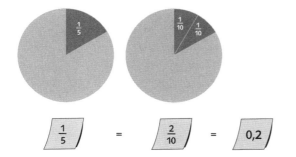

Ergebnisse anhand der Bezugsgrösse $\frac{1}{2}$ überprüfen, z.B. $\frac{3}{4}$ ist grösser als $\frac{1}{2}$, folglich muss der Dezimalbruch für $\frac{3}{4}$ grösser sein als 0,5.
$\frac{1}{3}$ ist kleiner als $\frac{1}{2}$, folglich muss der Dezimalbruch für $\frac{1}{3}$ kleiner sein als 0,5.

- Karten zu häufig verwendeten Brüchen anfertigen: Vorderseite Bruch, Rückseite entsprechender Dezimalbruch (Kontrolle: Division mit dem Taschenrechner). Durch Wenden kann das Umwandeln von Bruch in Dezimalbruch und umgekehrt trainiert werden.
- Memory: Zu häufig gebrauchten Brüchen je zwei zusammengehörende Karten (Bruch, entsprechender Dezimalbruch) anfertigen. Passende Karten suchen.

Literatur

- Bauer, L.: Diagnose und Förderung im Mathematikunterricht der Hauptschule. Fallstudien zum Bruch- und Prozentrechnen. In: Fritz, A./Schmidt, S. (Hrsg.): Fördernder Mathematikunterricht in der Sek I. Rechenschwierigkeiten erkennen und überwinden, S. 141ff.
- Schmassmann, M.: «Geht das hier ewig weiter?» Dezimalbrüche, Grössen, Runden und der Stellenwert. In Fritz, A./Schmidt, S. (Hrsg.): Fördernder Mathematikunterricht in der Sek I. Rechenschwierigkeiten erkennen und überwinden, S. 167ff.

Material

Arbeitsmaterial
- «Stellentafel für Grössen 2» (Kopiervorlage siehe HPK 5 + 6, S. 142)
- Material zum Dezimalsystem (Tausenderwürfel, Hunderterplatten, Zehnerstäbe, Einerwürfel aus Holz)
- Stellentafel (Kopiervorlage siehe HPK 5 + 6, S. 138)
- Zahlenstrahl (nur Markierungsstriche, Kopiervorlage siehe Begleitband zum Schweizer Zahlenbuch 6, S. 422, K01 und HPK 5 + 6, S. 137)
- Stellenwertkarten (je ein Kartensatz für die Hunderterzahlen von 100 bis 900, die Zehnerzahlen von 10 bis 90 und für die Einer von 1 bis 9, für die Zehntel von 0,1 bis 0,9, für die Hundertstel von 0,01 bis 0,09 und für die Tausendstel von 0,001 bis 0,009, wobei die Längen der Karten aufeinander abgestimmt sein müssen (siehe Abbildung HPK 5 + 6, S. 82)
- Grosse Stellentafel für Plättchen (Kopiervorlage siehe HPK 5 + 6, S. 138)
- Zahlenkarten mit Dezimalbrüchen (mit 0, 1 bis 0, 9; 0,25; 0,75 beschriftete Karten)
- Bruchteile (Arbeitsmittel zum Schweizer Zahlenbuch 6, siehe HPK 5 + 6, S. 2)
- Spiralheft (Seiten senkrecht in je sieben Streifen zerschneiden; auf jeden Streifen die Ziffern von 0 bis 9 der Reihe nach aufschreiben. Auf dem dritten Streifen von rechts jeweils ein Komma vor die Ziffern setzen. Damit können alle Zahlen von 0000,000 bis 999,999 durch Umblättern der Streifen dargestellt werden.)

Verbrauchsmaterial
- Zeitung, Prospekte
- Plastilin
- Flipchart-Papier
- Transparenter Schieber (z.B. Sichthülle)

Seiten und zentrale Aufgaben

Schulbuch 5

Seite	Titel	Aufgaben
26–27	Grössen bei Flugzeugen	1, 2, 5, 7
30–31	Aufrunden und abrunden	1, 2, 5
		✒ «Runde auf …»
34–35	Grössen und Komma	1–5
36–37	Rechnen mit Komma	1–3
62–63	Bruchteile von Grössen 1	1A, 4A, 6A

Schulbuch 6

Seite	Titel	Aufgaben
8–9	Schätzen und runden	1–3, 4A, 4B
20–21	Grössen auf Schiffen	1, 2, 4
24–25	Rechnen mit Grössen	1, 5A
		✒ «Addieren – subtrahieren», «Multiplizieren – dividieren»

Schwerpunkt

- Grössenangaben und Dezimalbrüche in Verbindung bringen.
- Bruchteile von Grössenangaben bestimmen.
- Mit Zahlen in Kommaschreibweise rechnen.
- Grössenangaben vergleichen, schätzen.

Grundsätzliche Überlegungen

Grössen und deren Schreibweisen in Sachkontexten

- Der Umgang mit verschiedenen Schreibweisen von Grössenangaben (mit ganzen Einheiten, in der Kommaschreibweise, das heisst mit Dezimalbrüchen, oder in Bruchform wie $\frac{1}{2}$ kg) ist zentral für das Verstehen von Sachzusammenhängen und das Bearbeiten von Sachaufgaben und Sachkontexten, wie sie im Schweizer Zahlenbuch 5 und 6 angeboten werden.

Grössen als Zugang zu den Dezimalbrüchen

- Die Kommaschreibweise von Grössen bietet *einen* möglichen Zugang zum Thema «Dezimalbrüche». Weitere Zugänge werden im Themenbereich 6, «Dezimalbrüche», beschrieben.
- Vom Umgang mit Geld (z.B. Fr. 2.40) oder anderen Grössenangaben wie z.B. 0,5 t (siehe Schweizer Zahlenbuch 3 und 4) ist den Schülerinnen und Schülern die Zahlenschreibweise mit Dezimalkomma oder Dezimalpunkt bereits mehr oder weniger vertraut. Auf Seite 34–35 im SB 5 wird an diese Erfahrungen angeknüpft und die Übersetzung der Darstellungen mit ganzen Masseinheiten in die Kommaschreibweise wird erarbeitet (z.B. 13 cm 5 mm = 13,5 cm).
- Als Übersetzungshilfe dient der Grössenschieber (siehe S. 34 im SB 5). Falls einige Schülerinnen und Schüler wegen der mehrstelligen Angaben in einem Kästchen

oder wegen der vielen gleichzeitig zu verarbeitenden Informationen (abgekürzte Einheiten, Zahlen, Masseinheiten) mit dem Grössenschieber nicht zurechtkommen, kann die «Stellentafel für Grössen 2» eingesetzt werden (siehe unten, «Allgemeine Förderhinweise, Verbindung von Grössen und Dezimalsystem», sowie «Material»).

Vernetzung der Zugänge zu den Dezimalbrüchen

- Der Zugang zu den Dezimalbrüchen kann auf drei Arten geschehen: von den Grössen aus (siehe oben), vom Dezimalsystem aus (SB 5, S. 70–71, S. 72–73, und SB 6, S. 6–7) oder von den Brüchen aus (SB 6, S. 72–73). Diese Zugänge sind unter «Verschiedene Zugänge zu den Dezimalbrüchen» (siehe Themenbereich 6, «Dezimalbrüche») näher beschrieben.
- Die Zugänge zu den Dezimalbrüchen sind miteinander vernetzt: Das Verständnis der Dezimalbrüche setzt ein erstes Verständnis von Brüchen (Zehnteln, Hundertsteln usw.), das Verständnis von Masseinheiten in der Kommaschreibweise und ein erstes Verständnis der Bedeutung von Kommastellen voraus. Das umfassende Verständnis für Brüche wiederum entwickelt sich meist später als das Verständnis für Grössenangaben wie Fr. 1.50. Das heisst, dass es verschiedene Möglichkeiten gibt, um Dezimalbrüche zu erarbeiten. Wichtig ist, dass alle Zugänge thematisiert und immer wieder miteinander in Verbindung gebracht werden.

Runden

- Das Thema «Genauigkeit» bzw. «Ungenauigkeit» ist im Umgang mit Zahlen und Grössen zentral. Grössenangaben im Alltag sind häufig gerundet: Es ist wenig sinnvoll (und meist auch gar nicht möglich), z.B. Einwohnerzahlen einer Stadt, Teilnehmerzahlen an einer Grossveranstaltung, Einnahmen oder Ausgaben des Bundes *genau* (das heisst auf eine Person genau bzw. auf Franken und Rappen genau) anzugeben. Die Angaben sind gerundet, das heisst, es sind *ungefähr* (≈) Angaben, die genügen, um sich die Grössenordnung vorstellen zu können. Dies muss im Unterricht thematisiert werden.
- Wichtig ist, dass sich die Schülerinnen und Schüler damit auseinandersetzen, dass es auch Zahlen gibt, die nicht gerundet werden dürfen (z.B. Telefonnummern, Postleitzahlen) bzw. dass das Runden vom Kontext abhängig ist (Bezahlen im Restaurant bzw. Bezahlen im Laden).

Unbedingt erarbeiten

- Grössenvorstellung: Stützpunktvorstellungen aufbauen, schätzen, runden.
- Beziehungen zwischen den Masseinheiten für eine Grösse kennen und Querverbindungen zu anderen Grössen herstellen (z.B. km und kg).
- Grössen umrechnen, z.B. 5 km 3 m = 5003 m = 5,003 km; 70 Rp. = 0.70 Fr.
- Gängige Grössenangaben in Bruchform mit anderen Schreibweisen verknüpfen, z.B. $\frac{1}{2}$ m = 50 cm = 0,50 m; $\frac{1}{4}$ km = 250 m = 0,250 km usw.; $\frac{3}{4}$ h = 45 min.

Mathematische Vorkenntnisse

Aus dem Schweizer Zahlenbuch 1 bis 4

- Zahlaufbau bis zur Million: dezimale Einheiten, Beziehung zwischen den Einheiten (ein Hunderter ist zehnmal ein Zehner usw.), Nachbareinheiten
- Hilfsmittel und Veranschaulichungen: Stellentafel, Zahlenstrahl
- Grössen: Masseinheiten und deren Beziehung zueinander (kilo, hekto, dezi, centi, milli)
- Grundoperationen: Einspluseins und Einmaleins, halbschriftlich, schriftlich (Addition, evtl. Subtraktion), Stellen-Einmaleins

Mögliche Schwierigkeiten

Grössenvorstellungen

Einige Schülerinnen und Schüler
- haben keine Stützpunktvorstellungen für die Einheiten (z. B. m, kg usw.),
- kennen die Konventionen für Grössenangaben im Alltag nicht: z. B. Gewicht von Brot, Wurst, Mehl, Teigwaren usw. auf Verpackungen oder auf Preisschildern (g oder kg, nicht t oder mg), Gewicht von Lastwagen (t, nicht kg), Entfernungen von Städten (km, nicht m), Preisangaben auf Briefmarken (Rappen, nicht Franken).

Kommastellen

Einige Schülerinnen und Schüler
- kennen die Kommaschreibweise für Grössen nicht (SB 5, S. 26–27),
- haben Mühe, die Mehrdeutigkeit von Grössenangaben in Kommaschreibweise zu verstehen: In 0,5 m bedeutet die «5» sowohl 5 als auch 50 oder 500, je nachdem, in welcher Einheit (dm, cm, mm) die Grösse angegeben wird,
- verstehen nicht, warum dieselben Masseinheiten an verschiedenen Kommastellen stehen können, z. B. «m» kann sowohl an der Einerstelle (1 m) als auch an der Tausendstelstelle (0,001 km) stehen.

Runden und Überschlagen

Einige Schülerinnen und Schüler
- verstehen nicht, warum man sagt «runde *auf* …», unabhängig davon, ob die Zahl *auf*- oder *ab*gerundet wird,
- verstehen den Begriff «*abrunden auf* …» nicht,
- können Grössenangaben (insbesondere mit Kommastellen) nicht zwischen Nachbareiner, -zehner usw. einordnen und folglich weder runden noch Überschlagsrechnungen ausführen.

Runden und Überschlagen

Einige Schülerinnen und Schüler
- sind verwirrt, weil einerseits Grössen Bruchteile eines Ganzen sein können (z. B. 1 dm = $\frac{1}{10}$ m) und andererseits auch Bruchteile von Grössen gebildet werden können (z. B. $\frac{1}{2}$ dm, $\frac{1}{4}$ l),
- verstehen nicht, warum $\frac{1}{2}$ einmal 50 bedeutet ($\frac{1}{2}$ m = 50 cm), ein andermal 5 ($\frac{1}{2}$ l = 5 dl),
- verstehen nicht, warum ganze Zahlen zu Brüchen werden (400 m = $\frac{4}{10}$ km).

Allgemeine Förderhinweise

Grundlagen Dezimalsystem

- Wichtigste Voraussetzung für das Verständnis der Grössen und der Dezimalbrüche ist die Einsicht ins Dezimalsystem. Die folgenden Hinweise zeigen, wie diese Kenntnisse überprüft werden können bzw. wie Förderung stattfinden kann.
- Immer wieder den Aufbau des Dezimalsystems im Bereich der ganzen Einheiten (vom Einer nach links) mit dem Material zum Dezimalsystem oder mit Plättchen an der Stellentafel wiederholen (beides siehe «Material»).
- *Mit dem Material zum Dezimalsystem:* Aus wie vielen Einern besteht ein Zehner? Ein Zehner besteht aus 10 Einern, er ist zehnmal ein Einer (10 = 10 • 1). Aus wie vielen Zehnern besteht ein Hunderter? Ein Hunderter ist zehnmal ein Zehner (100 = 10 • 10). Und umgekehrt: Wenn man einen Hunderter durch 10 teilt, erhält man einen Zehner, wenn man einen Zehner durch 10 teilt, erhält man einen Einer, wenn man diesen durch 10 teilt, erhält man einen Zehntel.
- *An der Stellentafel:* Was passiert, wenn man ein Plättchen um eine Stelle nach rechts (links) verschiebt? Aus den Zehnern werden Einer (Hunderter). Aus den Einern werden Zehntel (Zehner). Das Verschieben nach rechts bedeutet Division durch 10, das Verschieben nach links Multiplikation mit 10.

Grundlagen Grössen

Standortbestimmung
- Grössenvorstellungen gemäss Lernstandserfassung (S. 17f.) und anhand der Seite 4–5 («Immer grösser, immer mal zehn») im SB 4 überprüfen.
- Umgang mit Masseinheiten gemäss Lernstandserfassung (siehe HPK 5 + 6, S. 22) und anhand der Übungen «Geld, Zeit, Länge, Gewicht» in der Kartei «Sachrechnen im Kopf 3/4» überprüfen (siehe «Material»).

Grundsätzliche Überlegungen
- Siehe HPK 4, Seite 47, «Grössen», und diverse Seiten im SB 4 sowie die dazugehörigen Seiten im HPK 4.

Begleitübungen
- Das Zählen in zwei, vier oder acht Schritten auf 1000 erarbeiten und üben. Der Zahlenraum bis 1000 wird dadurch in die Hälfte, in Viertel oder Achtel geteilt. Die Grössen dieser Teilstücke (125, 250, 375, 500, 675, 750, 825) sind wichtig für die Übersetzung von Grössenangaben von der Bruchform in die Kommaschreibweise und umgekehrt: $\frac{1}{2}$ km = 500 m = 0,500 km; $\frac{3}{4}$ t = 750 kg = 0,750 kg usw.; 0,125 kg = 125 g = $\frac{1}{8}$ kg.
- CD-ROM «Rechentraining, Kopfrechnen ab dem 5. Schuljahr, Übung «In … Schritten zählen auf …» aufgreifen (z. B. «In 4 Schritten auf 100»: 25, 50, 75, 100 → 1 m = 100 cm; $\frac{1}{4}$ m = 100 cm : 4 = 25 cm = 25 hundertstel Meter = 0.25 m, $\frac{3}{4}$ m = 75 cm = 0.75 m, siehe «Material»).
- CD-ROM «Rechentraining, Kopfrechnen ab dem 5. Schuljahr», «Grössenvorstellungen» aufgreifen (siehe «Material»).

Verbindung von Grössen und Dezimalsystem

«Stellentafel für Grössen» aufbauen
- In der «Stellentafel für Grössen 1» (siehe Material) sind nur die Einheiten Fr., m, g und l in je einer Zeile eingetra-

gen. Mit den Schülerinnen und Schülern die fehlenden Masseinheiten in jede Zeile eintragen. Diskutieren: Die neuen Einheiten rechts entstehen jeweils durch Division durch 10, diejenigen links durch Multiplikation mit 10. Gibt es für eine neue Einheit keine gebräuchlichen Grössenbezeichnungen (z.B. für 10 m oder für 100 m), kann entweder ein Strich eingetragen oder die Einheit kann in Worten ausgedrückt werden (z.B. «zehn Meter» bzw. «hundert Meter»).

● Die Beziehung zwischen Einheit und Masszahl untersuchen und besprechen: Je grösser die Einheit ist, desto kleiner ist die Masszahl. Wird die Einheit mit 10 multipliziert, wird die Masszahl durch 10 dividiert (siehe Pfeile in der «Stellentafel für Grössen 1 und 2»).

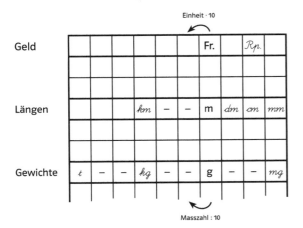

● Stellentafel nach und nach für alle Grössen fertigstellen (für die Zeiteinheiten Extratabelle gestalten) und Analogien zwischen verschiedenen Grössen suchen (z.B. m und l, dm und dl, cm und cl, mm und ml).

● Die Bedeutung von dezi = $\frac{1}{10}$ = 0,1; centi = $\frac{1}{100}$ = 0,01; milli = $\frac{1}{1000}$ = 0,001; hekto = hundert = 100; kilo = tausend = 1000 wiederholen.

Grössen an der Stellentafel umrechnen

● Für das Umrechnen der Grössen kann die selbst aufgebaute oder die «Stellentafel für Grössen 2» (siehe «Material») benutzt werden. Man kann sie in eine Sichthülle legen und die umzuwandelnde Grösse darauf mit wasserlöslichem Filzstift eintragen. Eventuell ist es hilfreich, wenn auf der Hülle die Einheit, in die umgerechnet werden soll, mit (grünem) Leuchtstift markiert wird (entsprechend dem Grössenschieber, siehe «Material»). Die Umrechnung ablesen: 3 km 5 m = 3005 m = 3,005 km.

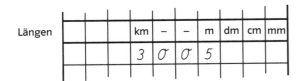

● CD-ROM «Rechentraining, Kopfrechnen ab dem 5. Schuljahr»: Übung «Grössen umrechnen» aufgreifen (siehe «Material»).

Förderhinweise zum Schweizer Zahlenbuch 5

SB 5, Seite 26–27: Grössen bei Flugzeugen

Vorübung

● Die Kommaschreibweise von Grössenangaben thematisieren: Was bedeuten 285,800 t oder 37,60 m? Die Ziffern einzeln in die entsprechenden Felder der «Stellentafel für Grössen 2» schreiben: 285,800 t sind 285 t 800 kg; 37,60 m sind 37 m 60 cm.

–	–	t	–	–	kg
2	8	5	8	0	0

–	–	m	dm	cm	mm
3	7	6	0	0	

● Falls die Schülerinnen und Schüler damit Schwierigkeiten haben, sollen die Grössenangaben ohne Kommaschreibweise angeboten werden.

SB 5, Seite 26, Aufgabe 1

● Gruppen bilden, die sich mit je einem Flugzeug befassen. Auf dem Pausenplatz Spannweite der Flügel und Länge mit Schnur oder Maler-Abdeckband darstellen und mit Strassenkreide beschriften. Karten mit einzelnen Grössenangaben erstellen: Airbus A319-112, Spannweite 43 m 10 cm. Anhand der Karten aus allen Gruppen können Grössenvergleiche angestellt und «Ranglisten» für Spannweite, Länge usw. erstellt werden.

SB 5, Seite 26, Aufgabe 2A

● Vereinfachte Tabellen erstellen, in denen nur je die Spannweite, Länge, Höhe und eventuell auch das Start- und das Landegewicht angegeben sind. Eventuell alle Grössen mit Hilfe der «Stellentafel für Grössen 2» (siehe Vorübung) in derselben Masseinheit angeben.

● Anhand der Darstellung in der selbst erstellten Tabelle werden die einzelnen Informationen auf den Karten erklärt und diskutiert.

Flugzeug	Spannweite Flügel	Länge	Höhe	...
Airbus A 319-112	34 m 10 cm	33,80 m = 33 m 80 cm	1180 cm = 11 m 80 cm	...
Airbus A 330-330				...

SB 5, Seite 26, Aufgabe 2B

● Tabelle auf Seite 27 bearbeiten und diskutieren: Flüge ordnen, z.B. nach Länge der Flugstrecke oder nach Flugdauer. Anschliessend bearbeiten, wie in der Aufgabenstellung vorgesehen: Die selbst erstellte Tabelle (siehe oben) und die Tabelle auf Seite 27 benützen.

SB 5, Seite 27, Aufgabe 5

● Falls nötig, kann die Aufgabe an die Lebenswelt der Schülerinnen und Schüler angepasst werden: Schulweg, gemeinsame Ausflüge, Schul- oder Ferienreisen bieten Zahlenmaterial aus dem eigenen Erfahrungsbereich.

SB 5, Seite 27, Aufgabe 7

● Aufgabenstellung bearbeiten wie vorgesehen.

SB 5, Seite 30–31: Aufrunden und abrunden

Wiederholung und Vorübungen

- Diskutieren, dass Zahlen im Prinzip auf die nächstgrösseren oder -kleineren Nachbareinheiten wie Zehntel, Einer, Zehner, Hunderter oder Tausender usw. gemäss Rundungsregel auf- oder abgerundet werden können.
- Thematisieren, dass Rundungsregeln Abmachungen sind. Besprechen, welches die jeweilige Grenze für das Auf- bzw. Abrunden ist: von 0 bis 4 abrunden, von 5 bis 9 aufrunden.
- Rundungsregeln mit den Schülerinnen und Schülern anhand von Beispielen mit natürlichen Zahlen besprechen. Diese können gut am Zahlenstrahl dargestellt werden: Die Zahl am Zahlenstrahl auswählen, zu dieser entsprechend der Rundungsregel die gerundete Zahl suchen.

Runden auf Zehner genau: 342 ≈ 340

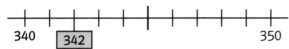

Runden auf Hunderter genau: 352 ≈ 400

Runden auf Franken genau: Fr. 2.70 ≈ 3 Franken

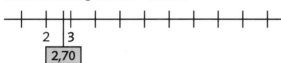

Runden auf zehn Franken genau: Fr. 12.10 ≈ 10 Franken

- Den Begriff «runden auf … genau» klären. «Runde 342 auf Zehner genau» bedeutet abrunden auf 340, «runde 346 auf Zehner genau» bedeutet aufrunden auf 350.
- Thematisieren, dass die Rundungsregeln beim Runden von Grössenangaben, insbesondere bei Geldbeträgen (siehe unten, Aufgabe 1) und Zeitangaben (Aufgabe 2), flexibel angewendet werden können.

SB 5, Seite 30, Aufgabe 1

- Besprechen, dass das Runden von Geldbeträgen vom jeweiligen Kontext abhängt: Im Laden wird in der Regel nicht gerundet, im Restaurant kann aufgerundet werden. Beim Planen von Ausgaben und beim Sprechen über Preise wird häufig gerundet.
- Besprechen, dass das Runden von Geldbeträgen auch von den Münzen und Noten der entsprechenden Währung abhängt. So kann z.B. Fr. 2.50 beim Erzählen auf 2 Franken abgerundet werden («Die Kugel Glace kostet ungefähr einen Zweifränkler»), Fr. 3.90 kann auf 4 oder auf 5 Franken («Fünfliber») aufgerundet werden, Fr. 21.70 kann auf Fr. 20 abgerundet werden («Das Buch hat ungefähr 20 Franken gekostet») usw. Beträge vorgeben, die Schülerinnen und Schüler machen Vorschläge für das Auf- oder Abrunden und begründen diese.

- «Nachbar-Geldbeträge» angeben, Geldbeträge gemäss Rundungsregel runden:
- Geldbeträge ausschneiden (Zeitung, Werbung), sortieren: Beträge zwischen 0 und 10 Franken (z.B. Fr. 7.30), zwischen 10 und 20 Franken (z.B. Fr. 18.80) usw.
- Nachbareiner angeben (Fr. 7.30 liegt zwischen 7 und 8 Franken, Fr. 18.80 zwischen 18 und 19 Franken) und auf Franken genau runden: Fr. 7.30 abrunden → 7 Franken, Fr. 18.80 aufrunden → 19 Franken
- Nachbarzehner angeben (Fr. 18.80 liegt zwischen 10 und 20 Franken) und auf zehn Franken genau runden: aufrunden → 20 Franken
  (vgl. jeweils Abbildung links, «Runden auf Franken genau», «Runden auf zehn Franken genau»)
- CD-ROM «Rechentraining, Kopfrechnen ab dem 5. Schuljahr»: Übung «Runde auf …» aufgreifen (siehe «Material»).
- Kartei «Sachrechnen und Grössen 3/4», Übung «Schätzen» aufgreifen (siehe «Material»).

SB 5, Seite 30, Aufgabe 2A–C

- Wiederholen: 1 Stunde = 60 min, eine Viertelstunde = 15 min, eine halbe Stunde = 30 min, eine Dreiviertelstunde = 45 min.
- Besprechen, dass Uhrzeiten formal unterschiedlich angegeben werden können, z.B. 9.09 oder 9:09 oder 0909 oder 09^{09} usw.
- Besprechen, dass sich das Runden von Zeitangaben meist an Angaben wie 10 Minuten, 20 Minuten usw., Viertelstunden, halben Stunden und vollen Stunden orientiert:
- «Die Fahrt mit der S-Bahn dauert ungefähr 20 Minuten», was eine Zeit von ca. 18–22 min bedeuten kann.
- «Ich komme ungefähr um 12:10 am Bahnhof an», auch wenn die Ankunft um 12:08 oder 12:12 ist.
- 17.13 min ≈ «Viertel nach 5».

SB 5, Seite 30, Aufgaben 2D und 2E

- Sinnvolle Genauigkeit beim Runden von Zeitangaben (Uhrzeit) besprechen: Situationen aus dem Schulalltag aufgreifen.
- Besprechen, dass das Runden von Zeitangaben vom Kontext abhängt: In Fahrplänen können Abfahrts- und Ankunftszeiten nicht gerundet werden, bei Verspätungsangaben hingegen kann gerundet werden («Hat ca. 10 Minuten Verspätung»), ebenso bei Abmachungen («Wir treffen uns ungefähr um 4 Uhr»). Sportresultate wie z.B. Zeitangaben können nicht gerundet werden.

SB 5, Seite 31, Aufgabe 5

- Bearbeiten, wie in der Aufgabenstellung vorgesehen.
- Weitere Angaben suchen, bei denen gerundet bzw. nicht gerundet werden darf.
- Situationen mit Zeitangaben, Geldbeträgen, Gewichtsangaben, Inhaltsangaben suchen, in denen üblicherweise gerundet bzw. nicht gerundet wird.

SB 5, Seite 34–35: Grössen und Komma

Grössenangaben im Alltag

- Die Schülerinnen und Schüler sollen Grössenangaben mit Masseinheiten in der Kommaschreibweise aus Zeitung, Werbung, Verpackung usw. sammeln und erklären, was sie sich unter Angaben wie 1,5 km oder Fr. 2.40 oder 0,25 l vorstellen. Diese Übung kann zur Standortbestimmung eingesetzt werden.

Wiederholung

- Die Bedeutung von Dezimalbrüchen (SB 5, S. 6–7 und S. 72–73) sowie die dazugehörigen Förderhinweise im HPK 5 + 6 wiederholen.

SB 5, Seite 34, Aufgabe 1–4

- Im *Grössenschieber* stehen mehrstellige Zahlen in den Kästchen. Schülerinnen und Schüler mit besonderem Bildungsbedarf könnten dadurch verwirrt werden, da sie gewohnt sind, nie mehr als eine Ziffer in ein Kästchen einer Stellentafel zu schreiben.
- Zudem kann es sein, dass einige Schülerinnen und Schüler wegen der vielen gleichzeitig zu verarbeitenden Angaben in den Kästchen des Grössenschiebers (T, H, Z, E, z, h, t / 1000; 100; 10; 0,1; 0,01; 0,001 / 1 km, 100 m, 10 m, 1 m, 1 dm, 1 cm, 1 mm) mit dem Grössenschieber nicht zurechtkommen.
- Als Alternative kann die «Stellentafel für Grössen 2» wieder aufgegriffen werden. Ihr Aufbau wird in «Allgemeine Förderhinweise, Verbindung von Grössen und Dezimalsystem» beschrieben. Sie gibt einen Überblick über alle gebräuchlichen Masseinheiten von Geld, Länge, Gewicht und Inhalt (Hohlmasse) und zeigt Beziehungen zwischen den Einheiten verschiedener Grössen auf (z.B. km und kg, dm und dl).
- Beziehungen an der «Stellentafel für Grössen 2» bearbeiten, z.B.:
- 1 cm = 10 mm (Aufgabe 1): 1 in der Rubrik «cm» eintragen. Da die Grössenangabe in die Einheit «mm» umgerechnet werden soll, wird eine Null an den leeren Platz in der Rubrik «mm» eingetragen. «mm» ist nun der neue Einer in der umgerechneten Grössenangabe (grau unterlegt), der dicke Strich rechts davon symbolisiert das Komma → 1 cm = 10 mm bzw. 10,0 mm.
- 1 dm = ? cm (Aufgabe 2): 1 in der Rubrik «dm» eintragen, unter «cm» eine Null eintragen. «cm» ist nun der neue Einer in der umgerechneten Grössenangabe (grau unterlegt), der dicke Strich rechts neben den Einern symbolisiert das Komma → 1 dm = 10 cm.
- 1 cm = ? dm (Aufgabe 3): analog → 1 cm = 0,1 dm

km	–	–	m	dm	cm	mm
					1	*0*
				1	*0*	
				0	*1*	*0*

SB 5, Seite 35, Aufgabe 5

- Ebenfalls an der «Stellentafel für Grössen 2» (siehe «Material») bearbeiten: z.B. 13065 mm = 1306.5 cm, wobei nach dem Umrechnen «cm» der neue Einer ist.

km	–	–	m	dm	cm	mm
			1	*3*	*0*	*6*	*5*

SB 5, Seite 36–37: Rechnen mit Komma

SB 5, Seite 36, Addition und Aufgaben 1 und 2

- Aufgabe lesen, besprechen, die vorhandenen Grössenangaben notieren und deren Schreibweise besprechen.
- Aufgabe individuell lösen, Lösungen vergleichen und besprechen. Falls das Lösen der Aufgabe Schwierigkeiten bereitet: Eine oder zwei Lösungen aus dem Schulbuch auswählen und gemeinsam besprechen.

- Aus Aufgabe 1 und 2 je ein Päckchen (A, B oder C) auswählen.
- Bevor gerechnet wird, die verschiedenen Schreibweisen der Grössen besprechen. «Stellentafel für Grössen 2» benutzen (siehe «Allgemeine Förderhinweise» und «Material»).
- Die Struktur der Päckchen diskutieren, bevor gerechnet wird. Sie ermöglicht die selbstständige Kontrolle der Lösungen.

SB 5, Seite 37, Multiplikation und Aufgabe 3

- Aufgabe nur bearbeiten, wenn Aufgabe 1 und 2 erfolgreich gelöst werden konnten. So vorgehen, wie bei der Addition (siehe oben) empfohlen.

SB 5, Seite 62–63: Bruchteile von Grössen 1

Begleitende Übungen

- Falls nötig, die Aufgaben in SB 5, Seite 34–35, vorher erarbeiten.
- Die Übungen «100 teilen» und «1000 teilen» in den Karteien «Blitzrechnen 2» und «Blitzrechnen 3» aufgreifen (siehe «Material»). Verbindung herstellen zwischen «100 in 4 Teile teilen» und «$\frac{1}{4}$ von 100 ist 25».
- Häufig verwendete Brüche wie $\frac{1}{2}, \frac{1}{4}, \frac{1}{5}, \frac{1}{8}, \frac{1}{10}, \frac{1}{100}$ auswählen. Besprechen, was z.B. $\frac{1}{4}$ m bedeutet (ein Viertel von 1 m) und wie man ihn herstellen bzw. berechnen kann (falten und messen, dividieren). Wie kann $\frac{1}{2}$ kg hergestellt werden? (1 kg Mehl in zwei Haufen teilen) usw.
- Teilungen eines Meters durch Falten herstellen. Welche Teilungen kann man so erhalten?

SB 5, Seite 62, Aufgabe 1A

- Bruchteile bestimmen, wie in der Aufgabenstellung angegeben, und jeweils die Anzahl cm bestimmen. Notieren, wie oft mal 50 cm (20 cm) in 1 m Platz hat:
$\frac{1}{2}$ m + $\frac{1}{2}$ m = 1 m → 50 cm + 50 cm = 100 cm → $\frac{1}{2}$ m hat zweimal in 1 m Platz.
$\frac{1}{5}$ m + $\frac{1}{5}$ m + $\frac{1}{5}$ m + $\frac{1}{5}$ m + $\frac{1}{5}$ m = 1 m → 20 cm + 20 cm + 20 cm + 20 cm + 20 cm = 100 cm → $\frac{1}{5}$ m hat fünfmal in 1 m Platz.
- Verschiedene Schreibweisen für Grössenangaben diskutieren.
- Karten schreiben (mehrere pro Bruch): Bruchteile (z.B. $\frac{1}{2}$ m) und Grössenangaben (z.B. 50 cm, 500 mm usw.), Karten mischen, Gruppen mit zusammengehörenden Karten bilden.

SB 5, Seite 63, Aufgaben 4A und 6A

- Diese Aufgaben analog bearbeiten.

Förderhinweise zum Schweizer Zahlenbuch 6

SB 6, Seite 8–9: Schätzen und Runden

Wiederholung und begleitende Übungen

- CD-ROM «Rechentraining, Kopfrechnen ab dem 5. Schuljahr»: Übungen «Grössen umrechnen», «Runde auf …» und «Grössenvorstellungen» aufgreifen (siehe «Material»).
- Die Übung «Schätzen» in der Kartei «Sachrechnen und Grössen 3/4» aufgreifen (siehe «Material»).
- Siehe auch oben, «Förderhinweise zum Schweizer Zahlenbuch 5», Seite 30–31.

SB 6, Seite 8, Aufgabe 1

- Aufgabe handelnd mit einem 1-l-Gefäss bearbeiten. Flüssigkeit ungefähr gemäss Abbildung im Schulbuch einfüllen. Liste erstellen mit den von den Schülerinnen und Schülern geschätzten Ergebnissen und dem gemessenen Ergebnis (Litermass). Welche Schätzung kommt dem gemessenen Ergebnis am nächsten?

SB 6, Seite 8, Aufgabe 2

- Liste wie in Aufgabe 1 erstellen und entsprechend vorgehen.

SB 6, Seite 9, Aufgabe 3

- Einzelne Aufgaben auswählen und im Klassenverband bearbeiten. Zuerst besprechen, welche Zahl ungefähr passen könnte. Anschliessend suchen einzelne Schülerinnen und Schüler Informationen zu den ausgewählten Fragen (z.B. im Internet).

SB 6, Seite 9, Aufgaben 4A und 4B

- Tabelle für Nachbareiner, -zehner, -hunderter zu einer vorgegebenen Zahl anlegen. Sonderfälle wie z.B. 1919 (grösserer Nachbareiner ist zugleich der grössere Nachbarzehner; grösserer Nachbarhunderter ist zugleich der grössere Nachbartausender) vorerst weglassen.
- Runden: Gemäss Rundungsregel entweder die grössere oder die kleinere Nachbareinheit auswählen, z.B.: 134,7 auf Einer genau → 135 (grösserer Nachbareiner) / auf Zehner genau → 130 (kleinerer Nachbarzehner).

kleinerer Nachbar-hunderter	kleinerer Nachbar-zehner	kleinerer Nachbar-einer	Zahl	grösserer Nachbar-einer	grösserer Nachbar-zehner	grösserer Nachbar-hunderter
100	130	134	134,7	135	140	200
1900	1910	1919	1919,1	1920	1920	2000

SB 6, Seite 20–21: Grössen auf Schiffen

Wiederholung und begleitende Übungen

- Grösse «Gewicht» anhand der «Stellentafel für Grössen 2» auffrischen: 1 kg = _____ g, 1 t = _____ kg.
- Die Übung «Gewicht» in der Kartei «Sachrechnen und Grössen 3/4» aufgreifen (siehe «Material»).
- Stützpunktvorstellungen zu t, kg, g z.B. anhand der Seite 4–5 («Immer grösser, immer mal zehn») im SB 4 auffrischen.
- Kommaschreibweise von Grössenangaben thematisieren: Was bedeuten 410,5 t oder 62,2 m? Die Ziffern einzeln in die entsprechenden Felder der «Stellentafel für Grössen» schreiben: 410,5 t sind 410 t 500 kg, 62,2 m sind 62 m 20 cm.

–	–	t	–	–	kg
4	1	0	5	0	0

–	–	m	dm	cm	mm
		6	2	2	0

SB 6, Seite 21, Aufgabe 1

- Eine Tabelle erstellen, in der von jedem Schiff das Datum der Jungfernfahrt eingetragen wird. Anhand dieser Tabelle die Aufgabe lösen.

SB 6, Seite 21, Aufgabe 2

- Tabelle mit Gewichtsangaben jedes Schiffes erstellen. Dabei zusätzlich eine dritte Spalte für die Ladung einfügen. Die Bezeichnungen «Gewicht leer» und «Gewicht beladen» klären. Die Ladung berechnen und in die Tabelle eintragen.

SB 6, Seite 21, Aufgabe 4

- Tabelle mit der Anzahl der zurückgelegten Kilometer erstellen. Besprechen, wie die Zahlen am besten verglichen werden können (z.B. auf Hunderter oder Tausender runden).

SB 6, Seite 24–25: Rechnen mit Grössen

Grundsätzlich

- Die Seiten 34–37 im SB 5 sowie die dazugehörigen Förderhinweise (siehe oben) aufgreifen.

Schulbuch 6, Seite 24, Aufgabe 1

- Bedeutung der Vorsätze Mega (1000000), Kilo (1000), Hekto (100), Deka (10), Dezi (1 Zehntel) usw. besprechen und auf die Rückseite der entsprechenden Kärtchen schreiben (Kärtchen siehe «Material»). Anschliessend bearbeiten, wie in der Aufgabenstellung vorgesehen.

SB 6, Seite 25, Aufgabe 5A

- Anhand der «Stellentafel für Grössen 2» die Grössenangaben vor dem Teilen in kleinere Einheiten umrechnen (10 l = 100 dl → 100 dl : 4 = 25 dl) und dann wieder in der grösseren Einheit angeben: 25 dl = 2,5 l.

Literatur

- Schmassmann, M.: «Geht das hier ewig weiter?» Dezimalbrüche, Grössen, Runden und der Stellenwert. In: Fritz, A./Schmidt, S. (Hrsg.): Fördernder Mathematikunterricht in der Sek I. Rechenschwierigkeiten erkennen und überwinden, S. 167 ff.

Material

Arbeitsmaterial

- Material zum Dezimalsystem (Tausenderwürfel, Hunderterplatten, Zehnerstäbe, Einerwürfel aus Holz)
- «Stellentafeln für Grössen 1 und 2» (Kopiervorlagen siehe HPK 5 + 6, S. 141 f.)
- Kartei «Sachrechnen im Kopf 3/4» (siehe HPK 5 + 6, S. 2)
- Grössenschieber (Arbeitsmittel zum Schweizer Zahlenbuch 5, siehe HPK 5 + 6, S. 2, sowie hinterer Buchdeckel im SB 5)
- CD-ROM «Rechentraining, Kopfrechnen ab dem 5. Schuljahr» (siehe HPK 5 + 6, S. 2)
- Karteien «Blitzrechnen 2» und «Blitzrechnen 3» (siehe HPK 5 + 6, S. 2)
- Kärtchen zu SB 6, Seite 24 (Kopiervorlage siehe Begleitband zum Schweizer Zahlenbuch 6, S. 423, K10)

Verbrauchsmaterial

- Plättchen
- Leere Verpackungen mit Grössenangaben (z.B. von Lebensmitteln)
- Schnur, Maler-Abdeckband, Strassenkreide
- Werbeseiten aus Zeitungen

Seiten und zentrale Aufgaben

Schulbuch 6

Seite	Titel	Aufgaben
48–49	$0,75 = \frac{3}{4} = 75\%$	3A, 4, 5
		🏸 «Brüche, Dezi-malbrüche, Prozente»
74–75	Prozente – Kreisdiagramme	1A, 3, 4A, 5

Schwerpunkt

- Verständnis des Begriffs «Prozent» aufbauen.
- Prozent als (neue) Schreibweise für Bruchteile kennen lernen.
- Prozentuale Anteile in der Darstellung des Kreisdiagramms verstehen.
- Gegenüberstellung von Bruch-, Dezimal- und Prozentschreibweise

Grundsätzliche Überlegungen

Prozentangaben – alltäglich und doch schwierig

- Prozentangaben kommen im Alltag häufig vor, sei es in der Alltagspresse, bei Wahlen, als Angaben auf Lebensmittelpackungen oder Kleideretiketten, im Zusammenhang mit Bankgeschäften usw. Prozentangaben sind relative Angaben und nicht absolute Zahlen oder Grössen. Sie geben eine Anzahl oder Grösse eines Teiles (z.B. Frauen) in Beziehung zu einem Ganzen an (Gesamtbevölkerung). Das macht die Vorstellung und das Verständnis von Prozentangaben schwierig.

Wozu Prozentangaben?

- Für viele Schülerinnen und Schüler mit besonderem Bildungsbedarf ist es nicht leicht einzusehen, warum Prozentangaben überhaupt verwendet und Quantitäten (z.B. Anzahl Menschen, Preisangaben, Nährstoffe) nicht mit «gewöhnlichen» Zahlen- oder Grössenangaben angegeben werden. Deshalb muss herausgearbeitet werden, dass es bei Prozentangaben um Brüche mit demselben Nenner (100) geht. Prozentangaben erleichtern den Vergleich zwischen Sachverhalten, die mit jeweils unterschiedlichen Zahlen- oder Grössenangaben beschrieben werden: So ist z.B. bei Süssgetränken die Menge Süssstoff in 1,5-Liter-, 1-Liter- und 33-cl-Flaschen jeweils verschieden. Ein Vergleich des Süssstoffgehaltes ist nur möglich, wenn sich die Menge Süssstoff immer auf die gleiche Menge Flüssigkeit bezieht. Aus diesem Grund werden Prozentangaben verwendet: x% Süssstoff bedeutet x Teile Süssstoff in 100 Teilen Flüssigkeit.

Unbedingt erarbeiten

- Prozente als Dezimalbrüche verstehen («pro cent» = «von 100») und mit Bruchteilen in Beziehung setzen:
  $1\% = \frac{1}{100} = 0,01$
  $10\% = \frac{10}{100} = \frac{1}{10} = 0,10 = 0,1$
  $50\% = \frac{50}{100} = 0,50 = 0,5 = \frac{1}{2}$ usw.

- Anhand konkreter Beispiele häufig gebrauchte Prozentangaben mit Brüchen in Verbindung bringen:
  100% = das Ganze
  50% = die Hälfte
  25% = ein Viertel
  75% = drei Viertel
  10% = ein Zehntel
  20% = ein Fünftel

Mathematische Vorkenntnisse

Aus dem Schweizer Zahlenbuch 1 bis 4

- Natürliche Zahlen: Felddarstellung

Aus dem Schweizer Zahlenbuch 5 und 6

- Dezimalbrüche: Bedeutung der Dezimalbrüche, Kommaschreibweise
- Brüche: Vorstellung von gebrochenen Zahlen, Bruchschreibweise kennen, Bruchteile am Kreismodell und in der Felddarstellung darstellen und benennen (die Hälfte von 100, ein Viertel von 100).

Mögliche Schwierigkeiten

Bedeutung von Prozent als Bruch

Einige Schülerinnen und Schüler
- verstehen die Bedeutung von Brüchen nicht und können folglich auch «Prozent» nicht als «Hundertstel» verstehen,
- bringen den Begriff «Prozent» aufgrund des deutschen Wortes «zehn» in Verbindung mit «Zehntel» («pro zehn»).

Das Ganze und seine Teile

Einige Schülerinnen und Schüler
- sind verwirrt, dass 100% nicht 100 sein muss, sondern sich auf beliebige Zahlen oder Grössen beziehen kann,
- sind verwirrt, dass 100% = 1,
- verstehen nicht, dass sich 100% immer auf ein Ganzes bzw. eine Anzahl von einzelnen Elementen bezieht, unabhängig von deren Anzahl oder Grösse,
- verstehen nicht, warum die vollständige Kreisdarstellung (360°) mit 100% angegeben wird.

Prozentangaben und Zahlen- bzw. Grössenangaben

Einige Schülerinnen und Schüler
- verstehen nicht, dass eine Anzahl oder Grösse zugleich mit einer Prozentzahl und mit einer absoluten Zahl oder Grösse angegeben werden kann,
- haben Schwierigkeiten, Grössenangaben mit Prozenten in Verbindung zu bringen, z.B. 14,3 g von 100 g = 14,3% (siehe die Abbildung «Ovomaltine» zu Aufgabe 1, SB 6, S. 74).

Prozentangaben in komplexem Kontext

Einige Schülerinnen und Schüler
- sind überfordert, sich gleichzeitig mit einem Sachkontext (z. B. Ernährung) und mit dem Thema «Prozent» auseinanderzusetzen,
- verstehen den Sinn von Prozentangaben nicht.

Allgemeine Förderhinweise

Begriff «Prozent» erarbeiten

- Alltagswortschatz aufgreifen: Bedeutung von Aussagen wie «nicht ganz 100 sein», «stimmt hundertpro», «fifty-fifty», «mit 99-prozentiger Sicherheit» besprechen.
- Den Begriff «Prozent» und seine Bedeutung diskutieren: «pro cento» heisst «von hundert». 50 % heisst «50 von 100» (die Hälfte), 25 % heisst «25 von 100» (ein Viertel), 10 % heisst «10 von 100» (ein Zehntel).
- Die Bedeutung des Begriffes «Prozent» an einem Thema wie «Jungen – Mädchen» erfahrbar machen: Die Schulen A, B und C werden von jeweils 100 Kindern besucht. In der Schule A sind 60 Mädchen und 40 Jungen (Schule B: 20 Mädchen und 80 Jungen; Schule C: 70 Mädchen und 30 Jungen). Situation am Hunderterfeld darstellen und sprachlich formulieren:
- Mit Prozenten: An der Schule A sind 60 % aller Kinder Mädchen bzw. 40 % aller Kinder Jungen (B: 20 % Mädchen, 80 % Jungen, C: 70 % Mädchen, 30 % Jungen).
- Mit Brüchen: An der Schule A sind mehr als die Hälfte Mädchen, weniger als die Hälfte Jungen usw.
- Den Begriff «Prozent» weiterführen anhand von Beispielen mit mehr oder weniger als 100 Kindern an einer Schule: An der Schule D sind 130 Kinder, 50 Mädchen und 80 Jungen (Schule E: 30 Mädchen und 90 Jungen, Schule F: 70 Mädchen und 70 Jungen, G: 45 Mädchen und 15 Jungen): Die jeweilige Gesamtzahl der Schülerinnen und Schüler entspricht 100 %. An welcher Schule sind mehr als die Hälfte (> 50 %), weniger als die Hälfte (< 50 %) oder genau die Hälfte (= 50 %) Mädchen?

Förderhinweise zum Schweizer Zahlenbuch 6

SB 6, Seite 48–49: $0{,}75 = \frac{3}{4} = 75\,\%$

Vorübung
- Am Hunderterfeld mit Transparentfolie (siehe «Material») verschiedene Bruchteile von 100 (die Hälfte, Viertel, Fünftel, Zehntel) abgrenzen und das Ergebnis als Bruch, mit absoluten Zahlen und als Prozentangabe notieren: $\frac{1}{4}$ von $100 = 25 \rightarrow 25\,\%$.

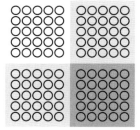 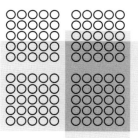

SB 6, Seite 49, Aufgabe 3A
- Liste erstellen mit Erstsprachen der Schülerinnen und Schüler in der Klasse und Liste diskutieren. Aussagen festhalten wie z. B. «Etwa die Hälfte der Schülerinnen und Schüler hat Deutsch als Erstsprache. Das sind ca. 50 %», «Etwa ein Viertel der Schülerinnen und Schüler spricht eine andere Erstsprache als Deutsch. Das sind ca. 25 %».
- Prozentkarten für häufig verwendete Prozentangaben (z. B. 100 %, 75 %, 50 %, 25 %, 20 %, 10 %) gemäss Abbildung herstellen. Zwei Kartensätze in unterschiedlichen Papierfarben erstellen. Den ersten Satz mit sichtbarer Vorderseite (Kreisdiagramme), den zweiten Satz mit sichtbarer Rückseite (Prozentangaben) auflegen, mischen.
Zusammengehörende Karten einander zuordnen.

Prozentkarten

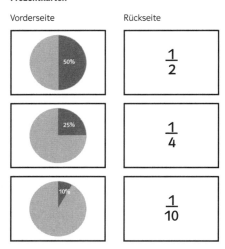

- Kreisdiagramm auf der Schulbuchseite vergrössert kopieren, Prozentangaben runden und die Darstellung diskutieren.
- Wenn nötig, Angaben auf verschiedene Hunderterfelder einzeichnen oder mit farbiger Folie darstellen. «Von 100 Schülerinnen und Schülern in der Schweiz haben 55 % Deutsch als Erstsprache. Das sind 55 Schülerinnen und Schüler. Das ist etwa die Hälfte.» Angabe als Bruch und Dezimalbruch notieren.
- Thematisieren, dass die ganze Kreisfläche immer ein Ganzes bedeutet, dass dies jedoch nicht 100 Einheiten entsprechen muss, sondern einer unterschiedlichen Anzahl von Einheiten entsprechen kann. Eventuell das Einstiegsbeispiel mit der Anzahl Jungen und Mädchen nochmals aufgreifen.

- Verschiedene Themen aus dem Alltag der Schülerinnen und Schüler auswählen, z.B. Schulhaus, Klasse usw. Situationskarten gemäss Abbildung herstellen.

Situationskarten

Vorderseite   Rückseite

| 360 Kinder im Schulhaus | 100% |

| 24 Kinder in der Klasse | 100% |

| 10 000 Einwohner im Ort | 100% |

- Eine Situationskarte auswählen (z.B. 360 Kinder im Schulhaus). Die Vorderseite einer Prozentkarte (siehe obiger Förderhinweis) auswählen oder ziehen (z.B. 50%). Wie viel sind 50% von 360 Kindern? Neue Prozentkarte wählen (z.B. 10%). Wie viel sind 10% von 360 Kindern? Neue Situationskarte wählen usw.

SB 6, Seite 49, Aufgaben 4 und 5

- Aufgabe bearbeiten, wie im Schulbuch vorgesehen. Es ist sinnvoll, sich dabei in einem ersten Schritt auf $\frac{1}{2}, \frac{1}{4}, \frac{3}{4}$ und $\frac{1}{10}$ zu beschränken.
- Die Prozentkarten (siehe obiger Förderhinweis) zum Training in beide Richtungen einsetzen: Den zur Prozentzahl passenden Bruch nennen und umgekehrt. In einem ersten Schritt auf diese häufig gebrauchten Prozentangaben Gewicht legen (siehe «Unbedingt erarbeiten»).

SB 6, Seite 74–75: Prozente – Kreisdiagramme

SB 6, Seite 74, Aufgabe 1A

- Der Kontext dieser Aufgabe ist anspruchsvoll, da zusätzlich zum Umgang mit Prozenten die ihrerseits komplexen Themen «Grössen» und «Runden» sowie eine Reihe von Fachbegriffen aus der Ernährungslehre eine Rolle spielen. Vor der Bearbeitung der Schulbuchseite sollen zunächst einige Aspekte der Ernährungslehre thematisiert und Begriffe der verschiedenen Nahrungsmittelelemente im Sachunterricht aufgenommen und ausführlich behandelt werden.
- Angaben runden, die Zusammensetzung der Bestandteile wie vorgeschlagen in ein Hunderterfeld einzeichnen und diskutieren: 100 g Ovomaltine enthalten ca. 14 g Eiweiss. 14 Teile von 100 enthalten Eiweiss. Das sind 14%.

SB 6, Seite 74, Aufgabe 3

- Die Lehrperson stellt verschiedene Lebensmittelpackungen bereit. Vorgehen wie bei Aufgabe 1A.

SB 6, Seite 75, Aufgabe 4A

- Förderhinweis zu Aufgabe 3 im SB 6, Seite 49, aufgreifen.
- Darstellungen mit Ovomaltinebüchse (SB 6, S. 74) und Kreisdiagramm vergrössert kopieren und nebeneinanderlegen. Die zwei Darstellungen vergleichen und diskutieren: «Ovomaltine hat laut Tabelle ca. 2 g Schutzstoffe. Das sind ca. 2%. Dieser Anteil ist gelb dargestellt. Im Kreisdiagramm sieht man gut, dass Ovomaltine nur sehr wenig Schutzstoffe enthält» usw.

SB 5, Seite 75, Aufgabe 5

- Diese Aufgaben mit vergrösserten Kreismodellen auf Karten lösen. Häufig verwendete Bruchteile (Hälfte, Viertel, Fünftel usw.) aus Transparentfolie auf die Kreismodelle legen (von der Grösse her passend), um die Anteile an Protein und Fett zu bestimmen.

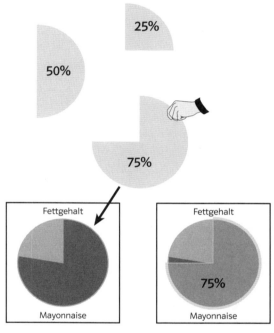

Fettgehalt > 75%

Material

Arbeitsmaterial

- Bruchteile (Arbeitsmittel zum Schweizer Zahlenbuch 6, siehe HPK 5 + 6, S. 2) und passende Bruchteile aus Transparentfolie (z.B. Sichthüllen)
- Hunderterfeld (Kopiervorlage siehe Begleitband zum Schweizer Zahlenbuch 6, S. 425, K27, und HPK 5 + 6, S. 133) und passende Transparentfolie (z.B. Sichthüllen)

Verbrauchsmaterial

- Karten in 2 verschiedenen Farben

Seiten und zentrale Aufgaben

Schulbuch 5

Seite	Titel	Aufgaben
52–53	Vergrössern und verkleinern	1A, 1B
54–55	Preistabellen – Preisberechnungen	1, 2, 6 ✈ «Mal – durch, durch – mal»
90–91	Gefässe füllen	1A, 1B, 3A–C, 4
96–97	Spitze!	«Laufen», 6

Schulbuch 6

Seite	Titel	Aufgaben
52–53	Wandern	2A, 2B

Schwerpunkt

- Durch Handeln, Überlegen und Überprüfen Gesetzmässigkeiten der Proportionalität kennen lernen und den Begriff der Proportionalität aufbauen.
- Proportionalitätstabellen (Wertetabellen) erstellen.
- Aufgaben zur direkten Proportionalität lösen.
- Proportionale Situationen von nicht proportionalen Situationen unterscheiden.
- Geschwindigkeiten vergleichen.
- Massstabangaben verstehen.

Grundsätzliche Überlegungen

Proportionales Denken

- Die Schülerinnen und Schüler sind der Proportionalität im Alltag schon oft begegnet (Preise für Waren, Umrechnen von Mengenangaben beim Kochen, Zeitdauer für die Erledigung von Aufgaben usw.). Nun setzen sie sich in der Schule mit dieser wichtigen Form von funktionaler Abhängigkeit auseinander.
  In einem ersten Schritt soll Gewicht auf die direkte Proportionalität gelegt werden, z. B. «Wenn man für eine bestimmte Arbeit eine Stunde braucht, dann braucht man für die Hälfte der Arbeit eine halbe Stunde» oder «Wenn 3 kg einer Ware Fr. 6.00 kosten und 2 kg Fr. 4.00, dann kosten 3 kg + 2 kg dieser Ware Fr. 6.00 + Fr. 4.00». Die Proportionalität kann jedoch nur verstanden werden, wenn die Schülerinnen und Schüler auch Situationen kennen lernen, die nicht proportional oder nicht direkt proportional sind (Sonderangebot: Eine Packung einer Ware kostet Fr. 5.00, ein Doppelpack kostet Fr. 8.00 statt Fr. 10.00).

Zugang zum proportionalen Denken

- Der Zugang zum proportionalen Denken muss von den persönlichen Erfahrungen und Handlungen ausgehen und darf nicht durch die Einführung von Formalismen verbaut werden.
- Das proportionale Denken wird bereits in der zweiten Klasse mit dem multiplikativen Denken im Zusammenhang mit dem Einmaleins angebahnt. Dieses stellt die erste Begegnung mit der direkten Proportionalität

($1 • 5 = 5, 2 • 5 = 10, 3 • 5 = 15$ usw.) und somit auch mit einer funktionalen Abhängigkeit (in diesem Fall mit der linearen Funktion $y = 5 • x$) sowie mit Wertetabellen dar.
- Der Einstieg in das Thema «Proportionalität» ist grundsätzlich anspruchsvoll und erfordert eine hohe Abstraktionsfähigkeit. Im Schweizer Zahlenbuch 5 wird ein Zugang über den Kontext «Rechtecke» gewählt (SB 5, S. 52–53). Die Grundidee der Proportionalität kann damit deutlich aufgezeigt werden. Die Rechteckaufgabe kann allerdings auch zu Verwirrungen führen, weil es um das Verhältnis von *gleichen* Masseinheiten (Streckenlängen im alten und im neuen Rechteck) geht. Als Alternative wird ein Zugang über Preislisten (siehe SB 5, S. 54–55) vorgeschlagen, bei denen sich die Masseinheiten der in Beziehung stehenden Grössenpaare voneinander *unterscheiden* (kg, Fr.). Es ist von Fall zu Fall abzuwägen, ob der Einstieg über den Kontext der Rechtecke oder über Preislisten zu wählen ist.

Zusammengesetzte Grössen

- Proportionales Denken fördert und erfordert auch das Verstehen von zusammengesetzten Grössen. Zusammengesetzte Grössen wie z. B. der Literpreis (Preis *pro* Liter), der Meterpreis (Preis *pro* Meter), der Stundenlohn (Lohn *pro* Stunde) oder die Geschwindigkeit (Weg *pro* Zeiteinheit) beschreiben nicht eine Grösse, sondern die Beziehung zweier Grössen (vgl. Begriff «*Proportionalität*»). Es ist wichtig, dass diesem Aspekt vor der eigentlichen Bearbeitung des Themas «Proportionalität» genügend Beachtung geschenkt wird.
- Der Begriff «Geschwindigkeit» ist besonders schwer zu verstehen und muss sorgfältig erarbeitet werden (siehe unten, «Allgemeine Förderhinweise»).

Tabellendarstellung

- Für die Übersetzung proportionaler und nicht proportionaler Beziehungen in die formale Sprache der Mathematik sind Darstellungen in Tabellenform (Wertetabellen) sehr gut geeignet. Diese werden bereits im Schweizer Zahlenbuch 4 (siehe SB 4, S. 52–53, S. 64–65 und S. 70–71) eingeführt. Die Darstellungsform der Tabellen gibt insbesondere Schülerinnen und Schülern mit besonderem Bildungsbedarf ausreichend Gelegenheit, das additive Denken sowie das multiplikative und das proportionale Denken zu wiederholen bzw. zu erarbeiten und kombiniert einzusetzen (siehe «Allgemeine Förderhinweise» und Hinweise zu SB 5, S. 54).

Aufgaben nach Schema lösen?

- Vorgegebene Formalismen (wie z. B. ein Dreisatz-Schema) sind dem Verständnis der Proportionalität eher abträglich, auch wenn sie kurzfristigen Erfolg beim Lösen von immer gleichen Aufgaben bringen können. Das Schema bringt jeweils nur zwei Grössenpaare in Beziehung zueinander und nicht – wie z. B. bei den Wertetabellen – die Beziehung mehrerer Paare. Dadurch wird das Verständnis der Wertetabellen sowie der Proportionalität (und somit auch der linearen Funktion) erschwert.
- Meistens verstehen die Schülerinnen und Schüler das Schema nicht oder nur teilweise und wenden es in unpassenden Situationen an. Es ist deshalb wichtig, dass z. B. an Elternabenden über die aktuelle Art, mit Proportionalitätsaufgaben umzugehen, informiert wird.

Massstab

- Massstabangaben kommen im Alltag häufig vor und sind deshalb ein wichtiger Lerninhalt. Da die Erarbeitung des Themas «Massstab» generell schwierig ist, sind insbesondere Schülerinnen und Schüler mit besonderem Bildungsbedarf darauf angewiesen, dass die Thematik über längere Zeit handelnd erarbeitet wird.

Unbedingt erarbeiten

- Tabellendarstellung (Wertetabelle) zur direkten Proportionalität: Übergang vom additiven zum multiplikativen Denken anregen und beide Denk- und Vorgehensweisen kombiniert nutzen.
- Vergrössern und Verkleinern mit den Faktoren 2, 5 und 10.
- Massstabangaben als Übertragung vom Bild oder Modell in die Wirklichkeit und umgekehrt verstehen lernen.

Mathematische Vorkenntnisse

Aus dem Schweizer Zahlenbuch 1 bis 4

- Multiplikatives Denken: $3 \cdot 5 = 15 \rightarrow 15$ ist *drei mal* 5.
- Proportionalitätstabellen (Wertetabellen) aus dem Schweizer Zahlenbuch 4
- Kenntnis der Grössen: l, dl, ml; km, m, dm, cm, mm; kg, g; Fr., Rp.; h, min, s
- Multiplikation und Division insbesondere mit bzw. durch 2, 5 und 10
- Verkleinern und Vergrössern aus dem Alltag kennen, z. B. Kopien, Fotos, Zeichnungen, Pläne.

Mögliche Schwierigkeiten

Proportionalität

Einige Schülerinnen und Schüler
- wissen nicht, zwischen welchen Zahlen sie eine Beziehung herstellen sollen; Beispiel: 2 m kosten 4 Fr. Wie viel kosten 20 m? Soll nun eine Beziehung zwischen 2 und 4, zwischen 2 und 20 oder zwischen 4 und 20 hergestellt werden?,
- stellen im obigen Beispiel zwischen 2 m und 20 m eine additive Beziehung her und übertragen diese auf die Beziehung zwischen den Preisen: «20 m ist um 18 m mehr als 2 m, folglich kosten sie auch um 18 Fr. mehr»; die additive Beziehung zwischen den Meterangaben ist zwar richtig, aber sie lässt sich nicht mit denselben Zahlen auf die Beziehung zwischen den Preisen übertragen,
- haben Schwierigkeiten, sich anhand des Themas «Strecken» mit Proportionalität auseinanderzusetzen (siehe z. B. SB 5, S. 52),
- haben Schwierigkeiten, sich innerhalb derselben Aufgabe mit Proportionalität *und* Grössen auseinanderzusetzen.

Massstab

Einige Schülerinnen und Schüler
- verstehen den Begriff «Massstab» nicht, weil er anderweitig besetzt ist (Metermass zum Messen bzw. Lineal),
- versuchen bei der Angabe 1:25 000 zu dividieren und kommen dabei nicht weiter (siehe SB 6, S. 52),
- haben Schwierigkeiten, sich die «Verkleinerung» vorzustellen, die durch die Darstellung auf der Karte geschieht (bzw. im umgekehrten Fall die Vergrösserung),
- haben Mühe zu verstehen, dass kleine Massstäbe (z. B. 1:100 000) durch grosse Zahlen und grosse Massstäbe (z. B. 1:100) durch kleine Zahlen im Nenner ausgedrückt werden (beide Punkte siehe SB 5, S. 52–53, bzw. SB 6, S. 72–73).

Geschwindigkeit

Einige Schülerinnen und Schüler
- haben Schwierigkeiten, sich Wassertropfen pro Zeiteinheit vorzustellen (siehe SB 5, S. 91),
- haben Schwierigkeiten mit der Vorstellung von Geschwindigkeiten bzw. mit der Vorstellung «Strecke pro Zeit».

Allgemeine Förderhinweise

Vorübungen und begleitende Übungen zu «Proportionalität»

- Proportionalitätsaufgaben aus dem Schweizer Zahlenbuch 4 aufgreifen und bearbeiten (siehe SB 4, S. 64–65, «Einzelpreis – Gesamtpreis», und S. 70–71, «Im Einkaufszentrum», sowie die dazugehörigen Seiten im HPK 4).
- Multiplikations- bzw. Divisionsaufgaben (mal bzw. durch 2, 5, 10) wiederholen. Rechnungen auf Karten schreiben und trainieren (siehe SB 3, S. 103, «Mal und durch mit 2, 5, 10», sowie die dazugehörigen Seiten im HPK 3).
- Zehner-Einmaleins und entsprechende Divisionsaufgaben im Schweizer Zahlenbuch 3 (siehe SB 3, S. 98–99, «Zehner-Einmaleins», S. 101, «Umkehrung des Zehner-Einmaleins», sowie die dazugehörigen Seiten im HPK 3) wiederholen.
- Zu einer Zahl des kleinen Einmaleins passende Divisionsaufgaben suchen (siehe SB 3, S. 12, «Alle Einmaleinsaufgaben»).

Proportionale Beziehungen aus dem Alltag

- Proportionale Beziehungen aus dem Erfahrungsbereich der Schülerinnen und Schüler sammeln und ein Plakat damit gestalten. Beispiele:
  Warenmenge – Preis: dreifache Menge – dreifacher Preis, halbe Menge – halber Preis (bei gleichem Preis pro Einheit)
  Zeit – Weg: doppelt so viel Zeit – doppelt so langer Weg (bei gleicher Geschwindigkeit)
  Anzahl Personen – benötigte Lebensmittel: 10-mal so viele Personen – die 10-fache Menge (wenn alle Personen gleich viel essen)
- Über Ausnahmen diskutieren, z. B. Sonderangebote.

Additives und multiplikatives Denken kombinieren

- Beispiele folgender Art lösen und über Unterschiede bzw. Gemeinsamkeiten diskutieren:
- Von der additiven zur multiplikativen Vorgehensweise:
  200 g Käse kosten 8 Fr. Wie viel kosten 600 g?
  600 g = 200 g + 200 g + 200 g.
  Der Preis für 600 g beträgt 8 Fr. + 8 Fr. + 8 Fr. = 3 • 8 Fr. = 24 Fr.
  Mit der Zeit werden einige Schülerinnen und Schüler direkt multiplikativ vorgehen: 600 g = 3 • 200 g.
  Der Preis für 600 g beträgt 3 • 8 Fr. = 24 Fr.
- Kombination von additiver und multiplikativer Vorgehensweise:
  200 g Käse kosten 8 Fr. Wie viel kosten 700 g?
  700 g kosten so viel wie 600 g und 100 g zusammen.
  Da 100 g die Hälfte von 200 g ist, beträgt auch der Preis die Hälfte, nämlich 8 Fr. : 2 = 4 Fr. Der Preis für 700 g beträgt daher 24 Fr. + 4 Fr. = 28 Fr.
- Die Übungen «Grössenpaare» in der Kartei «Sachrechnen im Kopf 3/4» aufgreifen (siehe «Material»).

Förderhinweise zum Schweizer Zahlenbuch 5

Vorbemerkung

Der Einstieg ins Thema «Proportionalität» mittels «Vergrössern und Verkleinern» (S. 52) ist sehr anspruchsvoll und kann Schülerinnen und Schüler mit besonderem Bildungsbedarf überfordern. Es wird deshalb empfohlen, den Zugang über die Seite 54–55 («Preistabellen – Preisberechnungen») zu wählen und die Schulbuchseite 52 wegzulassen. Die folgenden Hinweise gelten für den Fall, dass die Seite 52–53 – z. B. auf Wunsch der Lernenden – bearbeitet wird.

SB 5, Seite 52–53: Vergrössern und Verkleinern

SB 5, Seite 52, Aufgaben 1A und 1B

- Die Lehrperson stellt Kopien von Rechtecken (8 cm x 7 cm), wie sie auf der Schulbuchseite abgebildet sind, jedoch ohne Einteilung zur Verfügung. Die Schülerinnen und Schüler übertragen die Angaben aus dem Schulbuch in ihr Rechteck und zeichnen die Einteilung gemäss Abbildung (S. 52) ein.
- Gemeinsam eine Wertetabelle erstellen (siehe Beispiele im Schulbuch) mit den Massangaben für das ursprüngliche und das vergrösserte Dreieck.
- Besprechen, wie die fehlenden Werte berechnet werden können: «Wenn die neue Seite 6 cm anstatt 4 cm lang ist, dann ist die Seite von 8 cm jetzt 12 cm lang. 8 ist das Doppelte von 4, 12 ist das Doppelte von 6» usw.
- Das vergrösserte Rechteck zeichnen.

SB 5, Seite 54: Preistabellen – Preisberechnungen

SB 5, Seite 54, Aufgabe 1

- Die verschiedenen Angaben auf den Preisschildern diskutieren, insbesondere den Preis für 1 Kilogramm («Preis pro Kilogramm»).
- Eine vereinfachte Tabelle mit den Spalten für 500 g, 1,500 kg, 1 kg, 2 kg, 3 kg, 4 kg erstellen. Den Preis für 1 kg eintragen und davon ausgehend die anderen Preise bestimmen.
- Die verschiedenen Vorgehensweisen beim Berechnen der Preise in den einzelnen Spalten vergleichen.

SB 5, Seite 54, Aufgabe 2

- Preistabelle ausfüllen und anschliessend diskutieren, wie die Schülerinnen und Schüler vorgegangen sind:
- Von 200 g auf 100 g: Die Menge wird halbiert → Der Preis wird ebenfalls halbiert.
- Von 200 g auf 400 g: Die Menge wird verdoppelt (durch Addition oder Multiplikation) → Der Preis wird ebenfalls verdoppelt.
  Den Preis für 300 g kann man durch Addition des Preises für 100 g und des Preises für 200 g bestimmen (2.10 Fr. + 4.20 Fr.) oder durch Multiplikation (3 • 2.10 Fr.); den Preis für 700 g = 3 kg + 3 kg + 1 kg durch Addition (7.50 Fr. + 7.50 Fr. + 2.50 Fr.) oder durch Multiplikation (7 • 2.50 Fr.) bestimmen usw. Die Vorgehensweisen können auch skizziert werden.

Menge	Mengenberechnung in g (Operation)	Preisberechnung in Fr. (entsprechende Operation)	Preis
200 g			4.20 Fr.
100 g	200 : 2 (halbieren)	4.20 : 2 (halbieren)	2.10 Fr.
400 g	2 • 200 (verdoppeln)	2 • 4.20 (verdoppeln) …	8.40 Fr.
300 g	200 + 100 (addieren) 3 • 100 (verdreifachen) …	4.20 + 2.10 (addieren) 3 • 2.10 (verdreifachen) …	6.30 Fr.
700 g	2 • 300 + 100 (verdoppeln und addieren) 400 + 300 (addieren) 7 • 100 (sieben mal) …	2 • 6.30 + 2.10 (verdoppeln und addieren) 8.40 + 6.30 (addieren) 7 • 2.10 (sieben mal) …	14.70 Fr.

Wichtig ist die allmähliche Entwicklung des Bewusstseins, dass die operative *Beziehung*, die zwischen den Mengen besteht, auch auf die Preise übertragen werden muss.

- Die Schülerinnen und Schüler erstellen selbst Listen mit verschiedenen Beispielen zur Beziehung von Mengen- und Preisangaben (z.B. anhand von Werbeseiten aus Zeitungen mit Mengen- und Preisangaben) und geben diese einander zum Ausfüllen.

SB 5, Seite 55, Aufgabe 6

- Das Rezept für einen Kochanlass in der Schule nutzen. Zahlen so auswählen, dass die Mengenangaben einfach berechnet werden können (z.B. Rezept für 4 Personen → Berechnungen für 8 oder 12 Personen; Rezept für 10 Personen → Berechnungen für 5, 15 oder 20 Personen). Wertetabelle anlegen:

Personen	1	2	3	4	5	6	7	8	9	10	11	12
Menge z.B. l Milch				1				2				…

Aus diesen Grössenpaaren können auch Angaben für 1 Person, für 2 Personen, 5 Personen, 6 Personen usw. berechnet werden (mit Hilfe von Addition, Subtraktion, Multiplikation bzw. Division oder Kombinationen davon).

SB 5, Seite 90–91: Gefässe füllen

SB 5, Seite 90, Aufgaben 1A und 1B

- Aufgaben handelnd lösen, Resultat in einer Tabelle (gemäss Schulbuch) protokollieren. Skizzen anfertigen. Diskutieren, wie die Resultate rechnerisch ermittelt werden können.
- Je nach Kompetenzen der Schülerinnen und Schüler ein-

zelne Spalten in der Tabelle (z.B. 1 Tag, 1 Jahr) weglassen.
- Einzelne Felder in der ausgefüllten Tabelle abdecken und das abgedeckte Resultat rechnerisch ermitteln. Wertetabellen in beide Richtungen lesen: Anzahl Minuten → Anzahl Tropfen bzw. Anzahl Tropfen → Anzahl Minuten.

SB 5, Seite 91, Aufgabe 3A–C
- Aufgabe wenn nötig handelnd ausführen oder zeichnen (siehe Abbildung im HPK 5 + 6). Tabellen gemäss Schulbuch erstellen. Einzelne Felder in der ausgefüllten Tabelle abdecken und das abgedeckte Resultat rechnerisch ermitteln. Wertetabelle in beide Richtungen lesen: Anzahl benötigte Flaschen → Anzahl Gläser bzw. Anzahl Gläser → Anzahl benötigte Flaschen.

SB 5, Seite 91, Aufgabe 4
- Projekt durchführen: Verschiedene Gruppen von Schülerinnen und Schülern kaufen Getränke ein oder stellen sie her (z.B. Orangensaft) und verkaufen diese in der Pause an ihre Kolleginnen und Kollegen. Jede Gruppe plant jeweils den Einkauf, erstellt ein Budget, trägt die Verkäufe in eine Liste ein usw.

SB 5, Seite 96–97: Spitze!

Vorübungen und begleitende Übungen
zu «Geschwindigkeit»
- Vorstellung der Geschwindigkeit aufbauen:
- Zugang a: Strecke bestimmen, die innerhalb einer fixen Zeitspanne zurückgelegt wird (z.B. jemand legt in 3 Stunden … km zurück).
- Zugang b: Zeit bestimmen, die für eine fixe Strecke benötigt wird (z.B. für 12 km braucht jemand … Stunden). Es ist wichtig, dass diese beiden Zugänge zum Aufbau der Vorstellung «Geschwindigkeit» angeboten bzw. verwendet und diskutiert werden und dass die Schülerinnen und Schüler ausreichend Gelegenheit erhalten,

Geschwindigkeiten auf diese zwei Arten zu vergleichen und zu erfahren. Dazu kann folgendes Beispiel diskutiert werden:
Lisa fährt mit dem Rad und schafft 6 km in 30 Minuten. Rolf fährt 9 km in 50 Minuten. Wer ist schneller?
Der Vergleich kann über beide Zugänge geschehen:
- Zugang a: Lisa fährt in 10 Minuten 2 km, Rolf fährt in der gleichen Zeit 1,4 km.
- Zugang b: Lisa braucht für 18 km 90 Minuten, Rolf für dieselbe Strecke 100 Minuten.
Aus beiden Vorgehensweisen wird ersichtlich, dass Lisa schneller ist.
- Die Massangabe «Kilometer pro Stunde» (im Alltag häufig «Stundenkilometer» genannt) soll erst im Anschluss daran diskutiert und erarbeitet werden.

SB 5, Seite 97, «Laufen» und Aufgabe 6
- Text «Laufen» (S. 97) lesen und Thema «Geschwindigkeit» besprechen. Diskutieren und experimentieren, wie Geschwindigkeiten verglichen werden können (über gleiche Zeit oder über gleiche Strecke):
- Gleichzeitig losrennen, nach einer *festgelegten Zeit* stehen bleiben und die zurückgelegten Strecken vergleichen.
Jeweils Tabellen erstellen (siehe oben, «Allgemeine Förderhinweise, Geschwindigkeit», Zugang a).
- Eine *festgelegte Strecke* (auf dem Pausenplatz) in verschiedenen Tempi (gehen, rennen usw.) zurücklegen (Zugang b).
- Erfahrungen der Schülerinnen und Schüler mit Geschwindigkeit sammeln und diskutieren (Kilometerzähler am Velo, Geschwindigkeitsbeschränkung, Sportanlässe). Falls Geschwindigkeitsangaben wie km/h oder m/s genannt werden, soll darüber diskutiert werden. Was bedeutet das? (siehe auch oben, «Grundsätzliche Überlegungen»)
- Tabellen zur Fortbewegungsgeschwindigkeit der Tiere erstellen, wie im Begleitband zum Schweizer Zahlenbuch 5, Seite 190, vorgeschlagen.

Förderhinweise zum Schweizer Zahlenbuch 6

SB 6, Seite 52: Wandern

Vorübungen
- Die Schülerinnen und Schüler bekommen je zwei Zeichenblätter mit dem Auftrag, auf das eine z.B. ein Haus und auf das andere einen Menschen zu zeichnen. Danach werden die Grössen der beiden Zeichnungen verglichen. Passt der Mensch ins Haus? Was fällt auf? (Um Gegenstände oder räumliche Beziehungen aus der Wirklichkeit aufs Papier zu übertragen, müssen sie verkleinert – allenfalls auch vergrössert – werden, und zwar in unterschiedlichem Massstab.)
- Kinderzeichnungen, Fotos, Zeitungsausschnitte, Bilder aus der Werbung betrachten und vergleichen: Dinge, die in Wirklichkeit verschieden gross sind, können auf den Bildern gleich gross sein oder umgekehrt. Direkte Grössenvergleiche sind deshalb nicht möglich. Wie müsste man vorgehen, um solche Vergleiche machen zu können?
- Ein einfaches Muster auf die karierte Wandtafel zeichnen. Die Schülerinnen und Schüler sollen es auf karierte

Papiere mit verschiedener Karogrösse übertragen: 4 mm, 5 mm, 1 cm, 2,5 cm (Flipchart-Papier). Diskutieren, worin sich die Zeichnungen gleichen und worin sie sich unterscheiden. Umkehrung: Ein einfaches Muster auf Karopapier zeichnen, die Schülerinnen und Schüler sollen es auf eine karierte Wandtafel übertragen.

- Seite 72 im SB 4 sowie die dazugehörigen Seiten im HPK 4 aufgreifen.
- Die Bedeutung der Massstabangaben besprechen. Die Angabe 1:3 beispielsweise kann auf zwei Arten interpretiert werden: 1 Einheit (z. B. 1 m) in Wirklichkeit ist $\frac{1}{3}$ Einheit ($\frac{1}{3}$ m) auf dem Plan (siehe SB 6, S. 73, Randspalte) oder: 1 Einheit (z. B. 1 cm) auf dem Plan sind 3 Einheiten (cm) in Wirklichkeit (siehe SB 4, S. 72, Merkpunkt).
- Besprechen, warum der Massstab 1:4 kleiner ist als der Massstab 1:3 ($\frac{1}{4}$ ist kleiner als $\frac{1}{3}$).
- Besprechen: In Plänen und Landkarten wird der Massstab (z. B. 1:20000) durch eine «Vergleichsstrecke», deren Länge eine bestimmte wirkliche Länge repräsentiert, visuell angegeben. (Beim Massstab 1:20000 repräsentiert eine 5 cm lange Vergleichsstrecke die wirkliche Strecke von 1 km.) Solche Vergleichsstrecken auf verschiedenen Landkarten suchen und deren Bedeutung diskutieren. Warum werden auf Karten solche Vergleichsstrecken angegeben? (zum Abschätzen von Strecken, ohne dass gerechnet werden muss)
- Besprechen, warum Karten und Pläne in verschiedenen Massstäben gestaltet sind (Wanderkarten, Stadtpläne, Landeskarten, Weltkarten).
- Die Schülerinnen und Schüler suchen aus Stadtplan, Dorfplan oder Karte der Region Strecken heraus, die den Vergleichsstrecken entsprechen, und gehen sie in der Realität ab.
- Mit der Vergleichsstrecke können die Schülerinnen und Schüler Entfernungen auf dem Plan ausmessen und daraus die wirklichen Entfernungen ohne Massstabrechnungen bestimmen. Mit den Daten eine Tabelle erstellen:

Strecke auf dem Plan	Anzahl Vergleichsstrecken	Strecke in Wirklichkeit
Bahnhof–Schulhaus	2	2 • 1 km = 2 km

SB 6, Seite 52, Aufgaben 2A und 2B

- Je nach Kenntnissen der Schülerinnen und Schüler können im Anschluss an die Bearbeitung dieser Vorübungen die Aufgaben 2A und 2B bearbeitet werden. Die Thematik des Massstabs ist jedoch so komplex, dass ihre Bearbeitung auch in späteren Schuljahren immer wieder aufgegriffen werden muss.

Material

Arbeitsmaterial

- Diverse Karten und Pläne (Stadtplan, Dorfplan, Wanderkarte, Landeskarte, Atlas usw.)
- Kartei «Sachrechnen im Kopf 3/4, Basiskurs Grössen» (siehe HPK 5 + 6, S. 2)

Verbrauchsmaterial

- Werbeseiten aus Zeitungen
- Kariertes Flipchart-Papier

Seiten und zentrale Aufgaben

Schulbuch 5

Seite	Titel	Aufgaben
14–15	Sachrechnen im Kopf	1, 2A–C, 3, 4, 5A, 5C, 5D, 5F
48–49	«Das Glück dieser Erde …»	1, 2, 5, 6, 9
58–59	Mit dem Schiff zum Meer	1

Schulbuch 6

Seite	Titel	Aufgaben
14–15	Sachrechnen im Kopf	1
	✎ «Sachaufgaben»	
18–19	Verkehr – was ist verkehrt?	1A, 1B, 2
32–33	Sachaufgaben erfinden	1, 2

Schwerpunkt

- Sachrechenaufgaben mit einfachem Zahlenmaterial im Kopf lösen.
- Mit oft verwendeten Masseinheiten operieren.
- In alltagsbezogenen Situationen mit Grössen arbeiten.
- Sachtexte lesen, verstehen und daraus Informationen gewinnen.
- Sachwissen zu einem Thema erweitern.
- Sachsituationen mit mathematischen Mitteln bearbeiten (mathematisieren).
- Sachaufgaben bearbeiten und erfinden.
- Schätzen.

Grundsätzliche Überlegungen

Ziele des Sachrechnens

- Die Schülerinnen und Schüler sollen lernen, Sachsituationen bzw. Sachtexte mit mathematischen Mitteln zu klären, zu erklären und zu bearbeiten. Es geht um ein wechselseitiges Herstellen von Beziehungen zwischen Sache und Mathematik sowie um das Betrachten und Bearbeiten von Sachsituationen unter mathematischen Aspekten (siehe auch «Sachrechnen», HPK 3, S. 46 ff., und HPK 4, S. 43 ff., sowie Begleitband zum Schweizer Zahlenbuch 4, S. 19 f.). Damit diese Beziehungen hergestellt werden können, muss ein Prozess einsetzen, der die Sachsituation in den mathematischen Kontext übersetzt, ein mathematisches Modell zur Sachsituation bildet und am Schluss anhand der mathematischen Ergebnisse wieder auf die konkrete Situation Bezug nimmt bzw. diese interpretiert.

Sachrechnen als Prinzip: Einzelne Seiten auswählen

- Das Lösen von Sachaufgaben ist komplex und anspruchsvoll und muss über längere Zeit an verschiedenen Aufgabenstellungen erfahren und erlernt werden. Dabei ist es nicht sinnvoll, möglichst viele Aufgaben bzw. Sachrechenseiten aus dem Schweizer Zahlenbuch zu lösen. Viel wichtiger ist es, dass an ausgewählten Sachsituationen und Aufgaben das Prinzip des Sachrechnens erarbeitet wird (siehe HPK 3, S. 46 ff., und HPK 4, S. 43 ff.).

Aufgaben und Fragen auswählen

- Es müssen weder alle Aufgaben noch alle Fragen, die auf einer Schulbuchseite angegeben sind, von allen Schülerinnen und Schülern bearbeitet werden. Einzelne Themen oder Fragen können – je nach Interesse von einzelnen Schülerinnen und Schülern oder Schülergruppen (allenfalls mit Beratung durch die Lehrperson) – ausgewählt und bearbeitet werden. Die Bearbeitungen (z. B. Antworten auf vorgegebene Fragen oder neue, selbst formulierte Fragen und Antworten darauf) können der Klasse präsentiert und als Diskussionsanlass verwendet werden.
- Wenn die Schülerinnen und Schüler noch nicht über die notwendigen Lesekompetenzen verfügen, kann auf Aufgaben aus dem Schweizer Zahlenbuch des vorangehenden Schuljahres zurückgegriffen werden. Diese Aufgaben weisen meist einfachere und kürzere Texte auf.
- Statt der Aufgaben aus dem Schulbuch können auch andere Sachsituationen (z. B. aus Zeitungsartikeln, Themen aus «Mensch und Umwelt») verwendet werden.

Ungewohnte Auseinandersetzung mit der Sache

- Die Auseinandersetzung mit der Sache gehört für viele Schülerinnen und Schüler nicht zum Fach Mathematik; vielmehr sind sie gewohnt, die in einem Text vorkommenden Zahlen in eine eben behandelte (oder irgendeine) Rechenoperation einzusetzen, ohne den Kontext näher zu beachten – auch wenn dieses Vorgehen zu unsinnigen Resultaten führt. Sie müssen deshalb sorgfältig an die «Auseinandersetzung mit der Sache» herangeführt werden. Insbesondere Schülerinnen und Schüler mit besonderem Bildungsbedarf brauchen oft viel Zeit, bis sie bereit sind, sich auf die Sachsituation einzulassen.

Aufgaben und Texte an die Vorkenntnisse und Fähigkeiten anpassen

- Sachaufgaben müssen manchmal für Schülerinnen und Schüler mit besonderem Bildungsbedarf angepasst werden. Oft führt nicht der Text an sich, sondern die zur Auswahl angebotene Textmenge auf den Schulbuchseiten zu Überforderung. In diesem Fall kann z. B. mit Textausschnitten gearbeitet werden. Manchmal ist es auch hilfreich, wenn vergrösserte Kopien zum Lesen abgegeben oder Tabellen und Grafiken vereinfacht werden. Im Zahlenbuch für Sehbehinderte (siehe «Material») finden sich vergrösserte Textvorlagen.
- Schwierig zu lesen sind Texte mit langen Sätzen bzw. mit langen oder unbekannten Wörtern. Bei der Auswahl von Aufgaben ist auf diese Aspekte zu achten.

Schülerinnen und Schüler mit nichtdeutscher Erstsprache oder mit Leseschwierigkeiten

- Es kommt immer wieder vor, dass Schülerinnen und Schüler nichtdeutscher Erstsprache aufgrund mangelnder Deutschkenntnisse beim Sachrechnen benachteiligt sind. Dasselbe kann für Schülerinnen und Schüler mit Leseschwierigkeiten zutreffen. In diesen Situationen soll (auch zusätzlich zum Text) vermehrt mit Bildern, Grafiken und Tabellen gearbeitet werden. Sehr gut geeignet sind z. B. Aufgaben in der Kartei «Sachrechnen im Kopf 3/4» (siehe «Material»).

Verbindung mit Sachunterricht

- Einige Themen eignen sich zu fächerübergreifendem Unterricht bzw. können statt im Mathematikunterricht im Fach «Mensch und Umwelt» behandelt werden.

Unbedingt erarbeiten

- Aufgaben «Sachrechnen im Kopf» mit einfachem Zahlenmaterial
- Einen kurzen Sachtext lesen und daraus Informationen gewinnen.
- Einfache Tabellen lesen und vergleichen.
- Was ist wie lösbar? Erkennen, welche Aufgaben bzw. Fragen aufgrund der gegebenen Information lösbar bzw. beantwortbar sind und welche nicht. Erkennen, ob die Lösung durch mathematische Herangehensweisen oder durch andere Überlegungen gefunden werden kann.
- Einfache Sachaufgaben erfinden und selbst lösen.

Mathematische Vorkenntnisse

Aus dem Schweizer Zahlenbuch 1 bis 4

- Mathematisieren: Erfahrungen im Mathematisieren bezogen auf die Primarschulmathematik sammeln, Rechengeschichten und Sachaufgaben erfinden und lösen. «Übersetzungshilfen» kennen und nutzen (siehe «Allgemeine Förderhinweise: Mathematisieren», HPK 3, S. 46ff., und HPK 4, S. 43ff.).
- Gute Kenntnis des entsprechenden Zahlenraums: Bündeln und Entbündeln, Zahlaufbau und Stellenwert, Grössenvorstellung
- Dezimalbrüche, Kommaschreibweise
- Vorstellung von Grössen, Kenntnis von Grössenangaben (siehe «Grössen», HPK 3, S. 49f., und HPK 4, S. 47f.)
- Grundoperationen verstanden.
- Erste Erfahrungen mit Runden, Schätzen, Überschlagen

Mögliche Schwierigkeiten

Allgemeine Schwierigkeiten

Einige Schülerinnen und Schüler
- verstehen Sachrechnen einseitig als Rechnen und können sich nicht auf Sachsituationen oder Sachtexte einlassen,
- nehmen an, dass es bei Rechenaufgaben eine einzige, korrekte und präzise numerische Antwort gibt, und haben deshalb Schwierigkeiten im Umgang mit Sachsituationen oder Sachtexten.

Schwierigkeiten im Umgang mit Sachtexten/ Textverständnis

Einige Schülerinnen und Schüler
- nehmen an, dass man beim Sachrechnen eine richtige Antwort erhält, wenn man eine oder mehrere mathematische Operationen mit den im Text vorkommenden Zahlen durchführt,

- orientieren sich an Schlüsselwörtern: Wenn in der Aufgabe das Wort «mehr» steht, wird addiert, wenn das Wort «weniger» steht, wird subtrahiert,
- sind durch die Textfülle auf den Schulbuchseiten überfordert,
- sind von Sachtexten mit langen Sätzen oder langen Wörtern überfordert.

Situationsverständnis

Einige Schülerinnen und Schüler
- haben Schwierigkeiten, den Sachtexten Informationen zu entnehmen,
- können zu gelesenen Texten keine Fragen stellen.

Mathematisieren

Einige Schülerinnen und Schüler
- können die Sachsituation nicht in ein mathematisches Modell umsetzen,
- finden die passenden Rechenoperationen nicht,
- können die Sachsituation nicht anhand des ermittelten Resultates interpretieren.

Grössen

Einige Schülerinnen und Schüler
- haben Grössenvorstellungen nur ungenügend aufgebaut,
- kennen die Masseinheiten nicht (mehr),
- können die Masseinheiten nicht umwandeln, weil sie die Beziehungen zwischen den Einheiten nicht (mehr) kennen oder mit dem Dezimalsystem Mühe haben,
- haben generell Schwierigkeiten, Aufgaben in Verbindung mit Grössen zu lösen.

Schätzen und Runden

Einige Schülerinnen und Schüler
- glauben, schätzen heisse «einfach eine Zahl zu sagen»,
- glauben, schätzen sei unsorgfältiges Arbeiten, weil es nicht die genaue Anzahl angibt,
- haben Mühe, Zahlen entsprechend der Rechenoperation zu runden.

Schwierigkeiten bei einzelnen Aufgaben

Einige Schülerinnen und Schüler
- haben Schwierigkeiten mit Aufgaben, in denen keine Frage gestellt wird,
- haben bei der Aufgabe zum Bestimmen der Länge einer Runde auf der Sandbahn und in der Reithalle (SB 5, S. 48, Aufgabe 1) Schwierigkeiten, weil die Länge wegen der abgerundeten Ecken nur ungefähr bestimmt werden kann.

Allgemeine Förderhinweise

Vorbemerkung

Es werden nicht zu allen Sachrechenseiten Hinweise gegeben, sondern nur zu ausgewählten Beispielen. Diese können als Muster für die Bearbeitung anderer Seiten und Aufgaben dienen. Zu einigen Sachrechenseiten bzw. Aufgaben werden innerhalb eines anderen Themenbereichs (z.B. Themenbereich 8, «Prozent»; Themenbereich 9, «Proportionalität»; Themenbereich 11, «Durchschnitte, Tabellen, Grafiken, Diagramme») Hinweise gemacht (siehe «Übersicht 1», S. 43).

Schätzen

- Den Unterschied zwischen «Raten» und «Schätzen» diskutieren:
- Raten: Einen Blick auf eine Menge werfen und dann spontan die Anzahl ihrer Objekte angeben.
- Schätzen: Ausmessen mit einer Teilmenge.
- Bilder mit möglichst vielen und möglichst gleichartigen Objekten aus Zeitungen, Zeitschriften, Prospekten sammeln. Zuerst die Anzahl der Objekte erraten und diese Zahl notieren. Anschliessend die gesamte Anzahl schätzen: Transparentpapier darauflegen, eine überblickbare Teilmenge einkreisen, die Anzahl der Objekte (grob) feststellen. Weitere etwa gleich grosse Teilmengen einkreisen. Durch Zählen in Schritten oder Multiplikation den Schätzwert ermitteln.
- Unterschied zwischen der geratenen und der geschätzten Zahl feststellen.
- Diskutieren, welche Teilmengen sich zum Ausmessen eignen (Teilmengen mit z.B. 10, 20, 50, 100 Objekten).

Mit Informationen umgehen

- Gemeinsam über eine Sachaufgabe nachdenken und diskutieren.
- Recherchen: Nach weiteren Informationen zum Thema suchen.
- Fragen stellen und auflisten (unabhängig davon, ob sie mathematisch beantwortet werden können oder nicht).
- Fragen zu ausgewählten Themen ordnen: Welche sind mathematisch beantwortbar, welche nicht und (wie) sind diese beantwortbar?
- Aufgaben verfassen: Fragen, die mathematisch beantwortbar sind, als Sachaufgabe präsentieren (als Skizze, als Liste, in Textform, siehe Kartei «Sachrechnen und Grössen im Kopf 3/4, Basiskurs Grössen»).

Textverständnis

- Text (oder Textausschnitt) lesen, vorlesen und erzählen.
- Text wiedergeben oder zusammenfassen (in eigenen Worten, schriftlich oder mündlich).
- Begriffe klären.

Situationsverständnis

- Aufmerksamkeit auf Angaben im Text fokussieren: Quantitative Angaben wie z.B. Zahlen, Daten und Grössen in Ziffernschreibweise (z.B. 10000 Personen, 3 km, 4.1.2003) und in Worten (z.B. gross, niedrig, Alter, Januar, später) hervorheben (z.B. durch Unterstreichen), herausschreiben und auflisten.
- Räumliche Angaben heraussuchen, z.B. «am Stadtrand», «in der Mitte», «unter» usw.
- Wörter bzw. Satzteile suchen, die Veränderungen beschreiben: «hat sich vermehrt», «wurde gekürzt», «ist gefallen» usw. Eventuell mögliche mathematische Operationen *passend zum Kontext* angeben (siehe unter «Mathematisieren»).

Mathematisieren

- Reale Situationen in die Sprache der Mathematik übersetzen.
- Legen und überlegen: Situationen nachspielen, nachlegen.
- Aufgaben suchen und erfinden, bei denen man nicht rechnen muss, weil sie durch reines Überlegen lösbar sind.
- Zeichnen und überlegen: Bilder, Skizzen, Grafiken anfertigen.
- Schreiben und überlegen: Text verknappen, Daten systematisch in Listen und Tabellen anlegen, Wertetabellen erstellen, Rechenablauf darstellen (z.B. durch einen Rechenbaum).
- Mit den Mitteln der Mathematik Lösungen bestimmen (z.B. mit Rechnen).
- Diskutieren, welche Rechentypen (im Kopf, halbschriftlich, schriftlich) und -strategien (z.B. ergänzen oder wegnehmen, Stellenwert extra oder schrittweise) angepasst an das Zahlenmaterial sich zur Beantwortung der Fragen eignen.
- Rechnungen notieren und ausführen.
- Ergebnis überschlagen und überprüfen.
- Das Ergebnis für die reale Situation interpretieren (situationsbezogene Antwort):
- Darstellungsmöglichkeiten für die Antwort suchen: Texte, Tabellen, Grafiken.
- Die Antwort zu den Fragen in Beziehung setzen.
- Die Sachsituation anhand des ermittelten Resultates interpretieren.

Sachrechenkartei anlegen

- Die Aufgaben der Schülerinnen und Schüler werden auf Karten geschrieben, die Aufgabenkarten nummeriert und in einer Kartei gesammelt.
- Aus der Kartei Aufgaben auswählen und lösen. Die verschiedenen Lösungen werden ebenfalls einzeln auf Karten geschrieben und in Kuverts («Lösungen zu Aufgabe …») gesammelt.

Förderhinweise zum Schweizer Zahlenbuch 5

SB 5, Seite 14–15: Sachrechnen im Kopf

SB 5, Seite 14, Aufgabe 1
- Über «Genauigkeit» und «Ungenauigkeit» sprechen: Wann sind Resultate mit ungefähren Zahlen- und Grössenangaben sinnvoll?
- Grössenvergleiche und Stützpunktvorstellungen im Schweizer Zahlenbuch 4 (siehe SB 4, S. 4–5, «Immer grösser, immer mal zehn», sowie die dazugehörigen Seiten im HPK 4) aufnehmen und diskutieren.
- Je nach Aufgabe die Grössenangaben bzw. einzelne Angaben oder die Aufgabe handelnd lösen (z.B. 1B), zeichnen (z.B. 1E) oder Erfahrungen diskutieren (z.B. 1H).
- Die Schülerinnen und Schüler erfinden in Kleingruppen selber solche Aufgaben und legen diese anderen Gruppen zum Lösen vor.

SB 5, Seite 15, Vorbemerkung

- Bei der folgenden Auswahl wurden Aufgaben mit gleichen Masseinheiten zusammengefasst bzw. gemeinsam kommentiert.

SB 5, Seite 15, Aufgabe 2A–C (Geld, Zeit, Hohlmasse)

- Ergebnisse vor dem Lösen schätzen: z. B. 4 • 45 Rp. ≈ 4 • 50 Rp. = 2 Fr.
- Genaue Ergebnisse durch Rechnen bestimmen, anhand der geschätzten Ergebnisse und falls nötig mit geeigneten Veranschaulichungen bzw. Arbeitsmitteln überprüfen. 2A: Rechengeld; 2B: Lernuhr; 2C: Litermass (siehe jeweils «Material»).

SB 5, Seite 15, Aufgaben 3A und 3B (Geld, Gewicht)

- Vorübung: Zahlzerlegungen am Tausenderfeld (siehe «Material») oder Rechenstrich darstellen, z. B. 525 + ___ = 1000. Wie heisst der grössere Nachbarzehner (530), der grössere Nachbarhunderter (600)?
- Aufgaben am Tausenderfeld oder am Rechenstrich lösen.

SB 5, Seite 15, Aufgaben 3C, 4B und 4C (Zeit)

- Thema «Uhrzeit» und «Zeitdauer» anhand SB 3, Seite 86–87 («Stunden, Minuten, Sekunden»), sowie der dazugehörigen Seiten im HPK 3 aufarbeiten.
- Aufgabe 3C falls nötig mit Lernuhr oder am Rechenstrich (ergänzen bis 60) lösen.

SB 5, Seite 15, Aufgabe 4A (Entfernung)

- Seite 34–35 («Kilometer, Meter») im SB 3 und die dazugehörigen Seiten im HPK 3 aufgreifen.
- Aufgabe am Rechenstrich oder mit dem Tausenderstrahl lösen.

SB 5, Seite 15, Aufgaben 5A und 5C (Geld)

- 5A: Wertetabelle erstellen: Ausgehend vom Preis für 300 g den Preis für 100 g berechnen, anschliessend den Preis für 200 g. Die Tabelle kann fortgesetzt werden (400 g, 500 g). Über die Vorgehensweise diskutieren.

Marroni	100 g	200 g	300 g	400 g
Preis in Fr.	2.20	2 • 2.20 oder 6.60 − 2.20 = 4.40		

- 5C: Ebenfalls eine Wertetabelle erstellen. Ausgehend vom Preis für 1 Eintritt den Preis für 10, 100, 1000, 8000 Eintritte bestimmen oder für 8 Eintritte und daraus für 8000 oder direkt für 8000 Eintritte.

SB 5, Seite 15, Aufgabe 5D (Zeit)

- Aufgabe wenn nötig mit Lernuhr oder am Rechenstrich (ergänzen bis 60) lösen.

SB 5, Seite 15, Aufgabe 5F (Hohlmasse)

- Tabelle erstellen, wobei schrittweise 2,5 dl in Gläser abgefüllt werden, bis 1,5 l erreicht sind, oder z. B. von 5 dl (2 Gläser) bzw. von 7,5 dl (3 Gläser) direkt auf 15 dl (6 Gläser) geschlossen werden kann.

Inhalt	2,5 dl	5 dl	7,5 dl			15 dl = 1,5 l
Gläser	1	2	3	4	5	6 Gläser

- Wenn nötig, die Aufgabe handelnd lösen und die Handlung protokollieren (siehe vorheriger Förderhinweis).

SB 5, Seite 15, Aufgaben zu Grössen erfinden

- Die Schülerinnen und Schüler erfinden gemäss den Aufgaben 5A, 5C, 5D und 5F selber Aufgaben und geben sie einander zum Lösen. Es kann eine Sachrechenkartei angelegt werden.

SB 5, Seite 48–49: «Das Glück dieser Erde ...»

SB 5, Seite 48, Aufgabe 1

- Vor dem Berechnen der Aufgabe über «Genauigkeit» und «Ungenauigkeit» sprechen: Wann sind Resultate mit ungefähren Grössenangaben sinnvoll?

SB 5, Seite 48, Aufgabe 2

- Zur Lösung eine Tabelle erstellen (siehe Begleitband zum Schweizer Zahlenbuch 5, S. 205): 1 Runde = … m, 2 Runden = … m. Je eine Spalte für Angaben in m und km machen.

SB 5, Seite 49, Aufgabe 5

- Futter und Wasser für Islandpferde: Bilder betrachten, Legenden lesen, Tabellen erstellen (siehe Begleitband zum Schweizer Zahlenbuch 5, S. 205) und die Informationen eintragen.

	1 Sack	2 Säcke	3 Säcke	…
Hafer	40 Fr.	…		
Mais	37 Fr.			

- Bei Stroh und Heu muss zuerst bestimmt werden, wie viel eine Tonne ungefähr kostet.

	1 t	2 t	3 t	…
Heu	400 Fr. bis 750 Fr.	…		
Stroh Mais	300 Fr. bis 720 Fr.	…		

SB 5, Seite 49, Aufgabe 6

- Futter und Wasser für Islandpferde: Ersten Textabschnitt in der Randspalte lesen und besprechen. Eine Tabelle erstellen und zunächst die Informationen zu Futter und Wasser für 1 Pferd pro Tag eintragen.
- Danach die Mengen für 2 Pferde pro Tag, 3 Pferde pro Tag usw. berechnen.

	Heu pro Tag (Winter)	Stroh pro Tag (Winter)	Hafer/Mais (Winter)	Summe
1 Pferd pro Tag	6 kg	3 kg	1 kg	10 kg
2 Pferde pro Tag	…			
3 Pferde pro Tag				

- In einem zweiten Durchgang die Mengen für 1 Pferd, für 2 Pferde usw. pro Woche, pro Monat usw. bestimmen. Bei den Mengen für ein Jahr muss berücksichtigt werden, dass die Pferde im Sommer auf der Weide sind.

SB 5, Seite 49, Aufgabe 9

- Platz für Islandpferde: Zweiten Textabschnitt in der Randspalte lesen und besprechen, die zentralen Angaben notieren (z.B. Wandtafel).
- Die Angabe 10 m² bzw. 15 m² besprechen. Wie können diese Flächen bestimmt werden? Wie lang und breit muss ein Rechteck von 10 m² bzw. 15 m² sein, damit sich ein Pferd darin bewegen kann?
- Im Schulzimmer, auf dem Pausenplatz oder auf dem Parkplatz mit Schnur oder Strassenkreide eine Fläche von 10 m² bzw. 15 m² bezeichnen. Die Aufgabe anhand dieser Beispiele lösen.

SB 5, Seite 58: Mit dem Schiff zum Meer

SB 5, Aufgabe 1

- Information herausschälen: Zahlenmaterial in einer Tabelle oder mit Hilfe von Zeichnungen darstellen. Diskutieren und Grössenvergleiche anstellen.
- Fragen sammeln: Was möchte ich wissen? Was interessiert mich? Antworten suchen.

Förderhinweise zum Schweizer Zahlenbuch 6

SB 6, Seite 14–15: Sachrechnen im Kopf

SB 6, Seite 14, Aufgabe 1A–D

- Besprechen, dass Sachaufgaben anhand von Informationen aus einem Text bearbeitet und gelöst werden können. Überprüfen, ob zu allen Fragen Informationen vorhanden sind.
- Eine Aufgabe auswählen (Lehrperson) und mit Hilfe des Plakats «Pausenkiosk» (S. 14 im SB) die zum Lösen der Aufgabe notwendigen Informationen in eine Tabelle eintragen. Die Aufgabe lösen, eventuell mit Hilfe von Rechengeld.

	Früchtetee	Orangensaft	Sandwich	Brot mit Käse	...
1	0.30 Fr.	**0.60 Fr.**	2.60 Fr.	...	
2	**0.60 Fr.**	1.20 Fr.	**5.20 Fr.**	...	
3					

- Weitere Aufgaben ebenso bearbeiten. Dabei die Preise für die entsprechenden Mengen der Tabelle entnehmen, z.B. für Aufgabe 1B: 5.20 Fr. + 0.60 Fr. + 0.60 Fr. = 6.40 Fr.

SB 6, Seite 14, Aufgaben 1E und 1F

- Gemeinsam Lösungswege besprechen und die passenden Rechnungen notieren, z.B. bei Aufgabe 1E den Preis für 1 l Früchtetee oder Orangensaft berechnen.

SB 6, Seite 14, Aufgaben 1G und 1H

- Aufgaben anhand der Tabelle erfinden oder eventuell im Kontext eines Kiosk-Projekts im Schulhaus entwickeln.

SB 6, Seite 18–19: Verkehr – was ist verkehrt?

SB 6, Seite 18, Aufgaben 1A und 1B

- Den Unterschied zwischen Raten und Schätzen thematisieren (siehe «Allgemeine Förderhinweise»).

- Die Schülerinnen und Schüler schätzen, wie in Aufgabe 1A vorgesehen. Ergebnisse vergleichen und Vorgehensweisen diskutieren. Wenn die Schülerinnen und Schüler von sich aus keine geeigneten Vorgehensweisen finden, sollen sie auf solche hingewiesen werden, z.B.:
- Menschen: Transparentpapier auf das Bild legen, z.B. 10 Menschen – vom Vordergrund zum Hintergrund hin (wegen der Perspektive) – auszählen und einkreisen. Weiter solche «Zehnerpäckchen» einkreisen → 7 bis 8 Päckchen → 70 bis 80 Menschen.
- Autos: Zahl der Autos pro Reihe schätzen. In der ersten Hälfte einer Reihe sind ca. 5 Autos, in der zweiten Hälfte ca. doppelt so viele (da die Autos nach hinten wegen der Perspektive immer kleiner aussehen) → ca. 15 Autos pro Reihe → ca. 60 Autos.
- Weitere solche Schätzübungen in der Umgebung des Schulhauses durchführen.

SB 6, Seite 18, Aufgabe 2

- Mit einem Messband einen Parkplatz ausmessen. Diese Fläche mit Strassenkreide auf dem Pausenplatz aufzeichnen (Aufgabe A).
- Diskutieren: Wie wird die Aufgabe B am besten bearbeitet? Ist es nötig, jeden einzelnen Parkplatz zu markieren, oder gibt es bequemere Alternativen (Skizze anfertigen, Berechnung des Platzbedarfs)?
- Den Parkplatz für einen Autobus (Aufgabe C) mit Kreide auf dem Pausenplatz aufzeichnen. Vergleichen mit dem Parkplatz für ein Auto. Diskutieren, was es in Bezug auf den Platzbedarf bedeutet, wenn 1, 2, ... Autobusse auf dem Schulhausplatz parkiert werden.

SB 6, Seite 32–33: Sachaufgaben erfinden

SB 6, Seite 32–33, Aufgaben 1 und 2

- Angaben zum Parkbad auf der Schulbuchseite 32 lesen. Zu diesem Kontext Fragen sammeln, die mit den vorhandenen Angaben beantwortet werden können und auf Karten schreiben, z.B.: Wie viel kostet die Miete für ein Schliessfach in einem Monat, wenn eine Schülerin/ ein Schüler jede Woche zwei Mal das Schwimmbad besucht? Wie viel kosten 10 Einzeleintritte für eine Schülerin (1. bis 9. Klasse)? Wie viel Geld kann jemand sparen, der ein 10er-Coupon-Abonnement kauft? usw. Sich gegenseitig die auf den Karten notierten Aufgaben stellen und diese lösen.
- Angaben zur Gondelbahn «Sonnenhorn» sowie die dazugehörigen Aufgaben auf der Schulbuchseite 33 lesen.
- Aufgabe 2 bearbeiten, wie im Schulbuch vorgesehen.

Literatur

- Häsel, U.: Sachaufgaben im Mathematikunterricht der Schule für Lernbehinderte. Theoretische Analyse und empirische Studien. 2001
- Scherer, P./Moser Opitz, E.: Sachrechnen. In: Fördern im Mathematikunterricht der Primarstufe, S. 160–178.
- Prediger, S.: Inhaltliches Denken vor Kalkül. Ein didaktisches Prinzip zur Vorbeugung und Förderung bei Rechenschwierigkeiten. In: Fritz, A./Schmidt, S. (Hrsg.): Fördernder Mathematikunterricht in der Sek I. Rechenschwierigkeiten erkennen und überwinden, S. 213 ff.

Material

Arbeitsmaterial

- Das Schweizer Zahlenbuch für Sehbehinderte, SBS Schweizerische Bibliothek für Blinde und Sehbehinderte/Klett Schweiz, 2003: eventuell vergrösserte Kopien der Aufgaben (siehe HPK 5 + 6, S. 2)
- Kartei «Sachrechnen im Kopf 3/4, Basiskurs Grössen» (siehe HPK 5 + 6, S. 2)
- Rechengeld (Arbeitsmittel zum Schweizer Zahlenbuch 3, siehe HPK 5 + 6, S. 2)
- Litermass mit 50-ml-Einteilung
- Tausenderfeld (Kopiervorlage siehe HPK 5 + 6, S. 134)
- Lernuhr (SCHUBI Lernmedien)
- Messband

Verbrauchsmaterial

- Zeitungen, Zeitschriften, Prospekte
- Transparentpapier
- Strassenkreide

Durchschnitte, Tabellen, Grafiken, Diagramme

Seiten und zentrale Aufgaben

Schweizer Zahlenbuch 5

Seite	Titel	Aufgaben
22–23	Tabellen und Grafiken	1, 3, 5, 6
28–29	Anschlüsse	1, 4, 7, 8
32–33	Durchschnitte	1, 2, 6, 9

Schweizer Zahlenbuch 6

Seite	Titel	Aufgaben
18–19	«Verkehr – was ist verkehrt?» (Tabellen)	3, 4A, 5A
74–75	Prozente – Kreisdiagramme	4, 6
80–81	Blut	1, 2, 7A
84–85	Zahlen zum Leben	Aufgabenauswahl nach Interesse der Schülerinnen und Schüler

Schwerpunkt

- Die mathematische Bedeutung des arithmetischen Mittels kennen lernen.
- Die sachliche Bedeutung von Durchschnittswerten kennen lernen.
- Durchschnittswerte aus gegebenen Zahlen berechnen.
- Durchschnittswerte in Sachsituationen berechnen.
- Einfache Tabellen lesen und interpretieren.
- Daten in Tabellen und Grafiken darstellen.
- Tabellen und Grafiken verwenden, um Informationen aus Sachtexten darzustellen.

Grundsätzliche Überlegungen

Alltagsbezug

- Durchschnittswerte kommen im Alltag – auch von Schülerinnen und Schülern – häufig vor, z.B. Notendurchschnitt, Klassendurchschnitt, durchschnittliche Klassengrösse usw. Es ist wichtig, dass die Schülerinnen und Schüler mit diesen Begriffen vertraut sind.
- Schülerinnen und Schüler kommen im Alltag immer wieder in Situationen, in denen das Lesen, Verstehen und Interpretieren von Tabellen, Grafiken und Diagrammen erforderlich ist (Resultate von Fussballspielen, Preislisten, Fahrpläne, Stundenplan, Grafiken und Tabellen in der Zeitung, Wahlergebnisse, Resultate von Umfragen). Diese Kompetenz muss im Unterricht erarbeitet und gefördert werden.

Durchschnitt

- **Durchschnitt (Durchschnittswert, Mittelwert) – mittlerer Wert – Abweichung**
  Je nach Kontext wird der Durchschnitt (Mittelwert) mehrerer Zahlen oder Grössen unterschiedlich bestimmt (siehe Begleitband zum Schweizer Zahlenbuch 5, S. 159 f.). Auf der Doppelseite 32–33 im SB 5 geht es um das arithmetische Mittel sowie um den mittleren Wert mehrerer Zahlen oder Grössen. Es gilt zu beachten, dass der Mittelwert nicht immer gleichbedeutend ist mit dem mittleren Wert (siehe Begleitband zum Schweizer Zahlenbuch 5, S. 159 f.).
  Zum Begriff «Durchschnitt» gehört auch der Begriff der «Abweichung» (nahe beim Durchschnitt, weit vom Durchschnitt entfernt). Es ist wichtig, dass auch dieser Begriff thematisiert wird.
- **Umgang mit grossen Zahlen**
  Die Berechnung von Durchschnittswerten erfordert oft den Umgang mit grossen Zahlen. Einerseits ist es wichtig, dass die Schülerinnen und Schüler mit grossen Zahlen vertraut sind (Zahlaufbau, Schreibweise, Grössenvorstellungen). Andererseits sind Schülerinnen und Schüler mit besonderem Bildungsbedarf manchmal von den Rechenvorgängen überfordert. Sobald der Begriff «Durchschnitt» angebahnt ist, soll daher für Rechnungen mit grossen Zahlen der Taschenrechner eingesetzt werden.

Sachaufgaben als Diskussionsanlässe

- Die Thematik der Durchschnitte kommt oft bei Sachaufgaben und Sachtexten vor. Schülerinnen und Schüler mit besonderem Bildungsbedarf kommen mit den Aufgaben oft nicht alleine zurecht. Es ist deshalb wichtig, dass sie solche Aufgaben in Partner- und Gruppenarbeiten lösen können, damit sie Fragen stellen und diskutieren können.

Tabellen, Grafiken, Diagramme

Anknüpfen an Vorerfahrungen

- Einfache Tabellen werden schon im Schweizer Zahlenbuch 1 verwendet (Zuordnung von Zahlen, Punktmengen und Gegenständen). In den Heilpädagogischen Kommentaren 1–4 wird an verschiedenen Stellen und bei verschiedenen Aufgaben empfohlen, Tabellen zu erstellen (z.B. im Zusammenhang mit Grössen oder zum Protokollieren von operativen Zusammenhängen). Auf diese Vorerfahrungen wird hier zurückgegriffen.

Fahrplanlesen

- Das Lesen von Fahrplänen ist besonders für Schülerinnen und Schüler mit Raumorientierungsschwierigkeiten anspruchsvoll. (Der Fahrplan wird oft ausgehend von der Ankunftszeit «rückwärts» gelesen. Abfahrts- und Ankunftszeiten sind in verschiedenen Fahrplänen unterschiedlich notiert usw.) Fahrplanlesen muss deshalb über mehrere Monate immer wieder geübt werden, am besten immer im Zusammenhang mit realen Situationen. Es ist zudem wichtig, auch Zugsverbindungen im Internet zu suchen sowie die jeweiligen Angaben zu verstehen und richtig zu interpretieren.

Tabellen und Grafiken bei Sachaufgaben als «Übersetzungshilfen» einsetzen

- Schülerinnen und Schüler mit besonderem Bildungsbedarf haben oft Schwierigkeiten beim Lesen und Verstehen von Sachaufgaben und Sachtexten. Das Erstellen von Tabellen und Grafiken durch die Schülerinnen und Schüler selbst ist eine wichtige Möglichkeit, um schriftliche Informationen übersichtlich darzustellen und als «Übersetzungshilfe» zu verwenden.

Unbedingt erarbeiten

- Durchschnittswerte in Alltagssituationen verstehen, z. B. durchschnittlicher Monatslohn, durchschnittliche Klassengrösse, durchschnittliche Kleidergrösse usw.
- Durchschnitte anhand verschiedener Zahlenbeispiele berechnen.
- Erkennen, wann Durchschnittsberechnungen sinnvoll sind und wann nicht.
- Fahrpläne lesen, Angaben im Internet verstehen und richtig interpretieren.
- Wertetabellen (Preislisten) lesen, verstehen und selbst erstellen.
- Einfache Kreis- und Blockdiagramme lesen.
- Selbst Tabellen erstellen, z. B. zur Proportionalität, zu den Durchschnittswerten und zu Abweichungen.

Mathematische Vorkenntnisse

Aus dem Schweizer Zahlenbuch 1 bis 4

- Bedeutung der Grundoperationen verstanden, Sicherheit in der Anwendung (insbesondere Addition und Division).
- Vorstellung von grossen Zahlen
- Umgang mit dem Taschenrechner
- Einfache Tabellen, wie sie im Schweizer Zahlenbuch 1 bis 3 vorkommen, lesen.
- Wertetabellen erstellen und lesen (Schweizer Zahlenbuch 4).
- Grössenbeziehungen herstellen und beschreiben (grösser als, kleiner als, ist gestiegen, ist gesunken usw.).

Aus dem Schweizer Zahlenbuch 5

- Wertetabellen

Mögliche Schwierigkeiten

Durchschnitt

Einige Schülerinnen und Schüler
- empfinden Durchschnittswerte als ungenau und folglich als falsch,
- empfinden das Wort «durchschnittlich» als negativ,
- empfinden das Gemessenwerden am Klassendurchschnitt als negativ und können sich deshalb schlecht auf das Thema einlassen,
- verstehen Durchschnitt als etwas, das bei allen gleich ist. «Die durchschnittliche Grösse der Schülerinnen und Schüler beträgt 1,60 m» wird missverstanden: Weil die Summe der unterschiedlichen Werte (z. B. 1,50 m + 1,60 m + 1,70 m) gleich ist wie die Summe der Durchschnittswerte (1,60 m + 1,60 m + 1,60 m), glauben sie, dass auch die einzelnen Summanden gleich gross sein müssen, das heisst, dass jeder 1,60 m gross ist,
- haben Schwierigkeiten, Aussagen über Durchschnittswerte in Sachtexten zu verstehen,
- verstehen das Prinzip des Durchschnitts, sind aber mit den Rechenvorgängen (vor allem mit grossen Zahlen) überfordert.

Lesen von Tabellen, Grafiken und Skalen

Einige Schülerinnen und Schüler
- verrutschen beim Lesen der Tabellen in den Zeilen und erhalten so falsche Informationen,
- haben Mühe mit verschiedenen Darstellungen von Tabellen (waagrecht bzw. senkrecht) und können Daten nicht korrekt ablesen (z. B. Fahrplan),
- haben bei Grafiken Mühe, die Beziehung zwischen x- und y-Achse zu erkennen,
- haben Schwierigkeiten, mit dem Prozentmesser umzugehen, bzw. sind verwirrt, weil die Grad-Angaben einmal innen und einmal aussen stehen.

Fahrplan

Einige Schülerinnen und Schüler
- haben Schwierigkeiten, zu einer geplanten Ankunftszeit (ungefähr oder genau) die passende Abfahrtszeit herauszufinden (Fahrplan gegen die übliche Richtung lesen),
- sind verwirrt, dass im Internetfahrplan und im offiziellen Kursbuch die Ankunftszeit unter der Abfahrtszeit, in den Städtefahrplänen jedoch neben der Abfahrtszeit steht,
- sind verwirrt durch unterschiedliche Darstellung von Fahrplanangaben:

| Bern 13^{07} | Bern an 13^{07} |
| Bern 13^{09} | Bern ab 13^{09} |

- sind verwirrt durch die verschiedenen Schreibweisen von Zeitangaben (z. B. kleiner Abstand, kein Abstand, Punkt oder Doppelpunkt zwischen Stunden und Minuten oder Minuten hochgestellt).

Numerische Angaben

Einige Schülerinnen und Schüler
- haben Schwierigkeiten mit dem Lesen von Skalen, besonders wenn auf der waagrechten und senkrechten Achse unterschiedliche Skalierungen verwendet werden,
- verstehen nicht, dass in Grafiken manchmal absolute Werte und manchmal Prozentwerte verwendet werden.

Allgemeine Förderhinweise

Vorübungen zum Thema «Durchschnitt»

- Begriffe «Durchschnitt» und «Abweichung» thematisieren, z. B. am Thema «Körpergrösse»: Durchschnittliche Körpergrösse = 160 cm heisst nicht, dass jedes Kind 160 cm gross ist. Es muss nicht einmal eines so gross sein. Wichtig ist, dass sich die Abweichungen der einzelnen Grössen vom Durchschnittswert gesamthaft aufheben.
  Beispiel: Andrea misst 148 cm, Basil 156 cm, Caroline 159 cm, Dario 167 cm, Ella 170 cm.
  Der Durchschnittswert ist 160 cm. Das lässt sich so überprüfen:

Durchschnittswert	Abweichung Andrea	Abweichung Basil	Abweichung Caroline	Abweichung Dario	Abweichung Ella
160 cm	12 cm darunter	4 cm darunter	1 cm darunter	7 cm darüber	10 cm darüber

Die gesamte Abweichung nach unten beträgt 17 cm, diejenige nach oben ebenfalls 17 cm, die Abweichungen heben sich also auf.

Tabellen, Grafiken, Diagramme

- Zu Umfragen in der Klasse (z. B. Wie viele Haustiere, CDs, Comics usw. hast du?) auf Karopapier mittels Ankreuzen ein Diagramm erstellen:

0 Haustiere	1 Haustier	2 Haustiere	3 oder mehr Haustiere
✗	✗	✗	✗
✗	✗	✗	✗
✗	✗	✗	
✗	✗		
✗	✗		
	✗		
	✗		
	✗		
	✗		
	✗		
	✗		
	✗		

- Über die Ergebnisse diskutieren und Vergleiche formulieren, z. B.: Die Anzahl Kinder mit einem Haustier ist viermal so gross wie die Anzahl Kinder mit zwei Haustieren.
- Das Ergebnis mit Zahlen in eine Tabelle eintragen.

0 Haustiere	1 Haustier	2 Haustiere	3 oder mehr Haustiere
5	12	3	2

- Über die Vor- und Nachteile der zwei Darstellungen sprechen.

Förderhinweise zum Schweizer Zahlenbuch 5

SB 5, Seite 22–23: Tabellen und Grafiken

SB 5, Seite 22, Aufgabe 1
- In einem ersten Schritt Tabellen aus Zeitschriften verwenden, die die Lehrperson bereitstellt, oder dem Internet Tabellen entnehmen.
- Tabellen lesen, einander erklären und Fragen stellen.

SB 5, Seite 22, Aufgabe 3
- Die Aufgabe «Tabelle erstellen» kann als Einstiegsaufgabe verwendet werden und eignet sich sehr gut, um an Erfahrungen mit Tabellen aus dem Schweizer Zahlenbuch 1 bis 4 anzuknüpfen. Die Tabellen können später zum Erstellen von Grafiken verwendet werden.
- Dieselben Informationen in zwei verschiedenen Tabellen darstellen (einmal horizontal, einmal vertikal) und den Unterschied diskutieren.
- Durch Fragen überprüfen, ob die Schülerinnen und Schüler Tabellen lesen können: Wer hat einen Schulweg von 750 m? Wer hat wie viele Haustiere, Sportgeräte, Comics, Bücher? usw. Die Schülerinnen und Schüler selbst Fragen stellen lassen.

SB 5, Seite 23, Aufgabe 5
- Einen Monat lang jeden Morgen z. B. die Temperatur im Klassenzimmer oder vor dem Schulhaus messen, Sonne bzw. Bewölkungsdichte beobachten, Niederschlagsmenge messen:

– In einer Tabelle darstellen.
– Als Grafik darstellen. Auf welcher Achse werden sinnvollerweise die Tage eingetragen, auf welcher Achse die Temperaturen?
- Vor dem Beantworten der Fragen die Grafiken besprechen: Was bedeuten die Zahlen auf der waagrechten Achse, was die Zahlen auf der senkrechten Achse?
- Die Angabe für die Niederschlagsmenge (mm pro m^2) klären (1 mm/m^2 = 1 l).
- Wenn nötig, die Fragen vereinfachen (z. B. Wie viel mm Niederschlag gab es im Jahr 2000?).

SB 5, Seite 23, Aufgabe 6
- Die Grafik auf der Schulbuchseite besprechen. Was bedeuten die Zahlen auf der linken Seite? Was bedeuten die Säulen?
- Fragen stellen: Wie gross ist Thomas? Wie gross ist Selina? Darauf hinweisen, dass es sich bei den Grössenangaben um gerundete Zahlen handelt.
- Im Anschluss daran Grafiken zu Zahlen aus der Klasse erstellen. Zuerst Themen auswählen, die sich einfach darstellen lassen (z. B. Anzahl Geschwister). Wo notwendig (z. B. bei der Länge des Schulweges), zuerst eine Tabelle mit gerundeten Zahlen erstellen.

SB 5, Seite 28–29: Anschlüsse

Vorübungen
- Zeitangaben: Die verschiedenen Schreibweisen sammeln: 1030, 1030, 10.30 (Uhr), 10:30, 10^{30} usw.
- Darstellung in den verschiedenen Fahrplänen (auch Tabelle aus dem elektronischen Kursbuch) diskutieren: Wo steht die Abfahrts- und wo die Ankunftszeit?
- Bedeutung der Zeichen im Fahrplan diskutieren. Plakat dazu gestalten.
- Partnerarbeit: Eine Schülerin oder ein Schüler gibt einen Auftrag, z. B.: Ich will am Sonntag z. B. von Interlaken Ost nach Luzern reisen und etwa um 10:30 Uhr ankommen. Die Partnerin oder der Partner sucht mit Hilfe eines Fahrplans eine geeignete Verbindung heraus. Diese mit www.sbb.ch überprüfen. Rollentausch.

SB 5, Seite 28, Aufgabe 1
- Die Aufgabe anhand von Fahrplänen aus der Wohnregion lösen.

SB 5, Seite 29, Aufgabe 4
- SB 5, Seite 15, Aufgabe 3C und die dazugehörigen Förderhinweise aufgreifen und – wenn nötig – mit Hilfe der Lernuhr (siehe «Material») lösen. Die Vorgehensweisen bzw. Rechenwege besprechen und notieren.
- Weitere solche Aufgaben stellen.
- Aufgabe lösen, wie im Schulbuch vorgesehen, und die Vorgehensweisen bzw. die Zwischenschritte notieren.
- Falls es für die Schülerinnen und Schüler einfacher ist, kann die Aufgabe mit Fahrplänen aus der Region gelöst werden.

SB 5, Seite 29, Aufgabe 7
- Merkzettel zum Abfragen des Fahrplans mit dem Handy erstellen. Wichtig ist der Hinweis, dass diese Abfragen kostenpflichtig sind.

SB 5, Seite 29, Aufgabe 8
- Internet www.sbb.ch oder Fahrpläne auf Papier («Zugfahren 1–2» siehe «Material»): Reiseziele auswählen, die

den Schülerinnen und Schülern bekannt sind, bzw. Ziele, die für sie relevant sind.

- Für die Fahrt von A nach B mehrere Varianten (unterschiedliche Abfahrtszeiten, unterschiedliche Strecken) ausdrucken, Fahrpläne lesen und vergleichen.

SB 5, Seite 32–33: Durchschnitte

SB 5, Seite 32, Aufgabe 1

- Vorübung zu Durchschnitt aus den «Allgemeinen Förderhinweisen» aufgreifen.
- Aufgabe gemäss den Vorgaben im Schulbuch lösen. Analog zur Tabelle in der Vorübung den Durchschnitt mit den Abweichungen vergleichen.

SB 5, Seite 32, Aufgabe 2 / Seite 33, Aufgabe 6

- Vor dem Lösen der Aufgabe Struktur der Zahlen besprechen. Was fällt auf?
- Gewicht darauf legen, dass die Lösungen zuerst geschätzt werden. Eventuell zuerst einfacheres Zahlenmaterial wie z.B. 10, 20 …; 100, 200 … usw. bearbeiten.
- Die Zahlen auf einem Zahlenstrahl (bzw. einem Ausschnitt davon) eintragen. Was fällt auf? (Der Durchschnittswert liegt hier genau in der Mitte, das heisst, er fällt mit dem mittleren Wert zusammen.) Warum ist das so? (Die Abweichungen heben sich paarweise auf.) Eventuell eine Tabelle für die Abweichungen erstellen (siehe oben, «Allgemeine Förderhinweise, Vorübung zu Durchschnitt»).
- Falls bei den Rechenvorgängen Schwierigkeiten auftauchen, soll der Taschenrechner benutzt werden.

SB 5, Seite 33, Aufgabe 9

- Aufgabe lesen und die Information in einer Zeichnung oder einer Tabelle darstellen, bevor gerechnet wird.
- Die Lehrperson unterstützt die Schülerinnen und Schüler beim Auswählen von geeigneten Zeitungsausschnitten.

Förderhinweise zum Schweizer Zahlenbuch 6

SB 6, Seite 18–19: Verkehr – was ist verkehrt?

SB 6, Seite 18, Vorübung und Wiederholung

- Allenfalls die Seite 74–75 aus dem SB 6 vorziehen (Hinweise dazu siehe unten).
- Umgang mit dem Thema «Prozent» wiederholen: Siehe HPK 5 + 6, Themenbereich 8, «Prozent», S. 93.

SB 6, Seite 18, Aufgabe 3

- Kreisdiagramme diskutieren: Welche Informationen erhalten wir von einem Kreisdiagramm «auf den ersten Blick», auch wenn keine Prozente angegeben sind? Eine Rangliste der verwendeten Verkehrsmittel bzw. des Zwecks erstellen.

SB 6, Seite 19, Aufgabe 4A

- Den Begriff «Netzlänge» klären.
- Die Grafik diskutieren: Was bedeuten die verschieden hohen, farbigen Säulen? Die erhaltenen Informationen in eigenen Worten ausdrücken («Mit dem Postauto kann die längste Strecke befahren werden, nämlich fast 10 000 km»; «Mit Tram und Bus in den Städten kann eine längere Strecke befahren werden als mit dem Schiff»; «Die Netzlänge der Privatbahnen ist ungefähr doppelt

so lang wie diejenige der Bergbahnen»). Im Anschluss daran die Tabelle erstellen, wie im Schulbuch vorgesehen.

SB 6, Seite 19, Aufgabe 5A

- Vorstellung von grossen Zahlen überprüfen bzw. auffrischen (siehe SB 4, S. 24–25, «Tausender und Million», und S. 26, «Grosse Zahlen darstellen», sowie die dazugehörigen Seiten im HPK 4).
- Stützpunktvorstellungen für grosse Zahlen suchen: Anzahl Einwohnerinnen und Einwohner der Schweiz, Anzahl der Personen, die in einem mittelgrossen Fussballstadion der Schweiz (z.B. Bern: 30 000) Platz haben.
- Die Grafik diskutieren: Was bedeuten die verschieden hohen, farbigen Säulen? Die erhaltenen Informationen in eigenen Worten ausdrücken («Am meisten Passagiere werden mit Tram und Bus transportiert, es sind fast 1000 Millionen»). Im Anschluss daran die Tabelle erstellen.

SB 6, Seite 74–75: Prozente – Kreisdiagramme

SB 6, Seite 75, Aufgabe 4

- Anhand des Kreisdiagramms in Aufgabe 4 diskutieren, welche Informationen wir von einem Kreisdiagramm «auf den ersten Blick» erhalten, ohne die Prozentangaben zu lesen.
- Umgang mit dem Thema «Prozent»: Siehe HPK 5 + 6, Themenbereich 8, «Prozent», S. 93.

SB 6, Seite 75, Aufgabe 6

- Kreise mit eingezeichnetem Mittelpunkt (Kopiervorlage siehe «Material») zur Verfügung stellen. Verschiedene Prozentanteile (50%, 25%, 75%, 30%, 60%) ungefähr einzeichnen.
- Die verschiedenen Angaben auf dem Prozentmesser (siehe «Material») besprechen und häufig gebrauchte Werte in eine Tabelle eintragen: Je nach Voraussetzungen der Schülerinnen und Schüler kann die Spalte «Winkel» vorläufig weggelassen werden.
- Wenn nötig, auf dem Prozentmesser mit wasserfestem

	Kreisanteil	Winkel	Bruchteil	Prozent
	voller Kreis	voller Winkel, 360°	1 Ganzes, 1, $\frac{1}{1}$	100%
	Halbkreis	gestreckter Winkel, 180°	die Hälfte, $\frac{1}{2}$	50%
	Viertelkreis	rechter Winkel, 90°	…	…

Filzstift die Linie farbig bezeichnen, von der aus die Messung begonnen werden kann (0%).
- Kreise mit eingezeichnetem Mittelpunkt zur Verfügung stellen und zuerst verschiedene «einfache» Prozentanteile (50%, 25%, 75%, 30%, 60%) mit Hilfe des Prozentmessers genau einzeichnen und sie auch als Brüche (und eventuell Grad) angeben (50% = $\frac{1}{2}$ = …°, 25% = $\frac{1}{4}$ = …°, usw.).
- Im Anschluss daran die Aufgabe lösen, wie im Schulbuch vorgesehen.

SB 6, Seite 80–81: Blut

SB 6, Seite 80, Aufgabe 1

- Die Aufgabe eignet sich zur Bearbeitung im fächerübergreifenden Unterricht.

- Das Thema «Durchschnitt» aufgreifen. Was ist der Durchschnitt? Wie wird er berechnet? (Siehe SB 5, S. 32–33, und Themenbereich 11, «Durchschnitte, Tabellen, Grafiken, Diagramme» im HPK 5 + 6.)
- Die Pulswerte der einzelnen Schülerinnen und Schüler in eine Tabelle eintragen oder ein Blockdiagramm erstellen.

SB 6, Seite 80, Aufgabe 2A–C

- Damit die Schülerinnen und Schüler mit den verschiedenen gemessenen Werten zurechtkommen und die Übersicht behalten, ist es wichtig, dass im Voraus geeignete Tabellen erstellt werden.
- Aktivitäten wie im Schulbuch vorgesehen durchführen. Die Werte in die Tabelle eintragen.

SB 6, Seite 80, Aufgabe 2D

- Grafische Darstellung: Zuerst Ideen sammeln (z. B. Säulendiagramm, Kurve) und gemeinsam besprechen.

SB 5, Seite 81, Aufgabe 7A

- Tabelle diskutieren, z. B. unterschiedliche Pulsschläge im Sommer und Winter bei Igel und Murmeltier, unterschiedliche Pulsschläge je nach Grösse.
- Eine Rangordnung der Herzschläge der Tiere erstellen und diskutieren (z. B. Unterschied grosse – kleine Lebewesen; Murmeltier im Sommer und im Winter).

SB 6, Seite 84–85: Zahlen zum Leben

- Die Schülerinnen und Schüler wählen ein Thema aus, das sie interessiert (oder die Lehrperson gibt ein Thema vor).
- Tabelle(n) lesen und kommentieren: Was fällt mir auf? Was erstaunt mich? Wo möchte ich Näheres wissen?
- Frühstücksgewohnheiten: Anhand des Zahlenmaterials auf Karopapier ein Säulendiagramm zur Situation in der eigenen Klasse zeichnen.

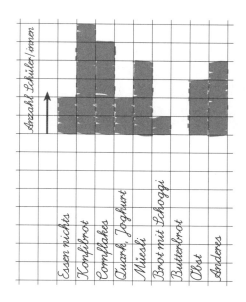

Material

Arbeitsmaterial

- Lernuhr (SCHUBI Lernmedien)
- Fahrpläne (elektronisch, Kursbuch, Taschenfahrpläne)
- Zugfahren 1–2 (Kopiervorlage siehe Begleitband zum Schweizer Zahlenbuch 6, S. 424, K18)
- Winkel- und Prozentmesser (Arbeitsmittel zum Schweizer Zahlenbuch 6, siehe HPK 5 + 6, S. 2)
- Kreise mit eingezeichnetem Mittelpunkt (Kopiervorlage «Kreis 1» siehe HPK 5 + 6, S. 143)

Verbrauchsmaterial

- Karopapier, Grösse der Karos 5 mm oder 1 cm

- Reizbarkeit: In der Klasse Daten zur Schlafdauer sammeln und diese grafisch darstellen (z. B. Säulendiagramm auf Karopapier). Vergleichen mit der Tabelle auf Seite 85. Abweichungen vom Durchschnitt diskutieren.

Seiten und zentrale Aufgaben

Schweizer Zahlenbuch 5

Seite	Titel	Aufgaben
10–11	Ornamente	1A, 1B, 2, 4
20–21	Figuren und Flächen	1–4, 5A, 5B, 6
60–61	Zirkel und Geodreieck	1, 2–5 (nach Auswahl der Lehrperson)

Schweizer Zahlenbuch 6

Seite	Titel	Aufgaben
12–13	Ornamente	1A, 1B, 2, 3, 4A, 4B, 5
34–35	Geobrett	Koordinaten; 1–4, 6
66–67	Kreismuster – Kreisornamente	1A, 1B, 2, 4, 5

Schwerpunkt

- Muster erkennen und fortführen.
- Spiegelungen und andere Symmetrien erkennen.
- Mit Zirkel und Geodreieck umgehen.
- Winkel vergleichen.

Grundsätzliche Überlegungen

Schönheit der Mathematik

- Im Schweizer Zahlenbuch werden von der ersten Klasse an immer wieder Ornamente gezeichnet und erkundet. Die Formen und Muster, aus denen Ornamente bestehen, bieten die Möglichkeit, überraschende und schöne Konfigurationen zu entdecken. Viele Schülerinnen und Schüler können dadurch einen anderen Zugang zur Mathematik finden als den arithmetischen, der eventuell negativ besetzt ist. Es ist deshalb wichtig, dass für diese Erfahrungen genügend Zeit eingeräumt wird.

Erfolgserlebnisse durch Geometrie

- Es kann durchaus sein, dass Schülerinnen und Schüler mit grossen Schwierigkeiten in der Arithmetik und beim Sachrechnen dem Programm der Jahrgangsklasse in der Geometrie ohne Probleme folgen können. Es ist deshalb wichtig, dass diese Schülerinnen und Schüler oft Gelegenheit bekommen, an solchen Aufgaben zu arbeiten, damit auch sie Erfolgserlebnisse haben.

Basale Lernvoraussetzungen

- Für Schülerinnen und Schüler, die aufgrund von Grafomotorik-, Wahrnehmungs- oder Raumorientierungsschwierigkeiten bei geometrischen Aufgabenstellungen Probleme haben, ist es wichtig, dass sie entsprechende Hilfestellungen erhalten (siehe «Förderhinweise»). Sie können zunächst auch an Geometrieaufgaben aus dem Schweizer Zahlenbuch 1 bis 4 arbeiten.

Vom Ausprobieren zum Erkennen von Gesetzmässigkeiten

- Schülerinnen und Schüler mit besonderem Bildungsbedarf bearbeiten Aufgaben zum Entdecken von Mustern und Gesetzmässigkeiten nicht immer systematisch. Es ist wichtig, dass sie genügend Zeit zum Ausprobieren erhalten und dass die Lehrperson die Regel jeweils nicht erklärt, sondern Anstösse zum Erkunden gibt.
- Das Erkennen und Beschreiben von Gesetzmässigkeiten und das Herstellen von Mustern fördern einerseits die Wahrnehmungsfähigkeit und sind andererseits eine wichtige Vorbereitung auf die Algebra.

Fächerübergreifendes Arbeiten

- Geometrische Aufgaben eignen sich für den fächerübergreifenden Unterricht und können sehr gut auch ins Fach Gestalten aufgenommen werden.

Unbedingt erarbeiten

- Verschiedene Formen der Symmetrie (insbesondere Achsensymmetrie) erkennen und herstellen.
- Eigenschaften von Figuren wie Quadrat, Rechteck, Dreieck, Kreis kennen und beschreiben.
- Ähnlichkeiten erkennen.
- Zirkel und Geodreieck handhaben.
- Winkel erkennen, unterscheiden (rechte, spitze und stumpfe) und messen.

Vorkenntnisse

Aus dem Schweizer Zahlenbuch 1 bis 4

- Achsensymmetrie erkennen und herstellen.
- Muster erkennen und fortsetzen.
- Geometrische Formen kennen, z.B. Quadrat, Rechteck, Dreieck, Kreis.

Aus dem Schweizer Zahlenbuch 5

- Symmetrieachse einzeichnen und erkennen.
- Rechte Winkel erkennen, Begriff kennen.
- Begriffe «Parallele» und «Senkrechte» kennen, durch Konstruieren oder Falten herstellen.
- Erste Erfahrungen im Umgang mit Geobrett, Zirkel und Geodreieck

Mögliche Schwierigkeiten

Grafomotorische Schwierigkeiten

Einige Schülerinnen und Schüler

- haben Schwierigkeiten, mit dem Zirkel umzugehen (z.B. Kreis oder Kreisbogen zeichnen, Strecke oder Winkel abtragen),
- haben Schwierigkeiten, beim Zeichnen von Parallelen und Geraden das Geodreieck richtig hinzulegen, ohne damit zu verrutschen,
- arbeiten ungenau und können dadurch Gesetzmässigkeiten und Muster nicht darstellen bzw. erkennen diese in ihren eigenen Darstellungen nicht.

Sprache

Einige Schülerinnen und Schüler

- haben Schwierigkeiten, sich (geometrische) Fachbegriffe wie z.B. Radius, rechter Winkel, symmetrisch usw. zu merken,
- haben Schwierigkeiten, die mehrschrittigen Handlungsanweisungen zu geometrischen Aufgaben zu lesen und zu verstehen.

Visuelle Differenzierung und Raumorientierung

Einige Schülerinnen und Schüler

- haben Schwierigkeiten, Feinheiten in Mustern zu erkennen (z.B. kleine Formunterschiede, unterschiedliche Schattierungen und Farben),
- können ähnliche Figuren oder Muster nicht als ähnlich erkennen,
- erkennen das Grundmuster eines Ornamentes nicht,
- können in einem Grundmuster nicht verschiedene Formen (Kreis, Dreieck usw.) erkennen,
- haben Schwierigkeiten, mit Koordinaten umzugehen, und können sich deshalb in Punktfeldern (z.B. Geobrett) nur schwer orientieren,
- erkennen spiegelsymmetrische Figuren nicht als gleich.

Winkel

Einige Schülerinnen und Schüler

- meinen, der Begriff «rechter Winkel» beschreibe einen Winkel, der nach rechts geöffnet ist oder rechts in einer Figur liegt,
- haben Schwierigkeiten mit dem Begriff «stumpfer Winkel», weil dieser auch eine «Spitze» (Ecke) hat,
- erkennen rechte Winkel nur, wenn sie waagrecht-senkrecht ausgerichtet sind (aber z.B. nicht in einem auf der Spitze stehenden Quadrat),
- erkennen Winkel nur als gleich gross, wenn auch die Schenkel gleich lang sind.

Allgemeine Förderhinweise

Muster

- Auf Mustersuche gehen: Im Schulhaus, auf dem Pausenplatz, zu Hause, im Schwimmbad usw. Muster zeichnen, skizzieren oder fotografieren. Ein Musterplakat gestalten.
- Darüber sprechen, wann eine Anordnung als Muster empfunden wird (*immer* wiederkehrende Elemente).
- Unterschiede zwischen Mustern beschreiben.
- Begriffe wie «Grundmuster», «Ornament», «Symmetrie» klären. Eventuell ein Plakat «Ebene Figuren und Flächen» zu den Begriffen gestalten und im Schulzimmer aufhängen.

Achsensymmetrie auffrischen

- SB 3, Seite 42–43 («Spiegelbilder»), SB 4, Seite 34–35 («Spiegelbuch»), sowie Kartei «Geometrie im Kopf» (siehe »Material») aufgreifen.
- Mit dem Spiegel experimentieren. Siehe Anregungen im Buch «Spiegeln mit dem Spiegel» (siehe «Material»).
- Übungen zum Falten aufgreifen (z.B. SB 3, S. 116–117).
- Falls die Punktsymmetrie in SB 6 für einige Schülerinnen und Schüler zu komplex ist, ist die Konzentration auf die Achsensymmetrie sinnvoll.

Grafomotorische Schwierigkeiten

- Übungen aus SB 4, Seite 78–79 («Zirkel und Geodreieck»), durchführen.
- Mit dem Zirkel auf Löschpapier arbeiten oder das Zeichenpapier mit Löschpapier unterlegen (Zirkel rutscht weniger).

Lotrecht, waagrecht, parallel, Strecken und Geraden

- Anhand SB 4, Seite 86–87 («Lotrecht, waagrecht, parallel», «Strecken und Geraden»), die Begriffe «lotrecht», «waagrecht», «parallel», «Strecken» und «Geraden» auffrischen bzw. erarbeiten.

Förderhinweise zum Schweizer Zahlenbuch 5

SB5, Seite 10–11: Ornamente

SB 5, Seite 10, Aufgabe 1A

- Allgemeine Förderhinweise zum Thema «Muster» aufgreifen.
- In einem Muster bzw. Ornament eine Form durchpausen und mit diesem Bild auf die Suche nach denselben oder nach gespiegelten Formen gehen, um die Wiederholung zu erkennen.
- Das Grundmuster auf Transparentpapier nachzeichnen. Das Papier verschieben und drehen, um sich zu vergewissern, dass das Ornament aus diesem Muster aufgebaut ist.

SB 5, Seite 10, Aufgabe 1B

- Bei grafomotorischen Schwierigkeiten grosses Karopapier mit Karos der Grösse 1 cm x 1 cm verwenden.
- Eine «Musterlupe» herstellen: In weisses Papier ein Loch in der Grösse eines 4 x 4-Quadrates schneiden. Mit dieser Lupe auf dem Ornament «spazieren», um die zwei verschiedenen Grundmuster (Kreuz mit «Spitzen», Quadrat mit «Zacken») hervorzuheben.

SB 5, Seite 11, Aufgabe 2

- Begriff «zur Deckung bringen» klären. Auf das Plakat «Ebene Figuren und Flächen» (siehe oben) aufnehmen.
- Die Lehrperson fertigt Kopien des Ornaments an. Die Schülerinnen und Schüler zeichnen gemäss Aufgabenstellung das Ornament auf Transparentpapier nach. Ein Schüler bringt seine Zeichnung auf einer Kopie des Ornaments mit diesem zur Deckung und heftet die Zeichnung mit Büroklammern fest. Die anderen Schülerinnen und Schüler versuchen, ihre Zeichnungen auf andere Art (verschieben, drehen) mit dem Ornament zur Deckung zu bringen (festklammern). Die Unterschiede beschreiben und besprechen.

SB 5, Seite 11, Aufgabe 4

- Bearbeiten, wie im Schulbuch vorgesehen. Erfundene Ornamente kopieren und von anderen fortsetzen lassen.

SB 5, Seite 20–21: Figuren und Flächen

Vorübungen

- Verschiedene Figuren auf das Geobrett spannen und beschreiben. Dabei die Begriffe «Dreieck», «Rechteck», «Quadrat» wiederholen bzw. die Figuren beschreiben. Gemeinsamkeiten und Unterschiede beschreiben.

- Begriff «gleiche Figur» klären: Figuren sind dann gleich, wenn sie die gleiche Form und die gleiche Grösse haben, unabhängig von ihrer Lage (Verschiebung, Spiegelung).
- Verschiedene Grundformen aus Papier ausschneiden und auf ein Plakat aufkleben. Figuren in Stichworten oder mit kurzen Texten beschreiben. Eventuell einzelne Figuren zerschneiden (Quadrat und Rechteck in zwei Dreiecke schneiden usw.) und die Schnittfiguren aufkleben.
- Die Anregung «Spielen» (siehe SB 5, S. 20, Randspalte) immer wieder aufnehmen.

SB 5, Seite 20, Aufgabe 1
- Dreiecke gemäss Abbildungen im Schulbuch auf das Geobrett spannen. Auf Vorlagen aus Papier in der Grösse des Geobrettes (9 Punkte in 3 x 3-Anordnung) jeweils ein Dreieck einzeichnen. Eines davon ausschneiden und auf die anderen gezeichneten Dreiecke legen. So kann überprüft werden, ob die Dreiecke gleich oder verschieden sind.

SB 5, Seite 20, Aufgabe 2
- Alle Schülerinnen und Schüler spannen einige Dreiecke (oder Vierecke) und übertragen diese auf die Kopiervorlage «Geobrett» (siehe «Material»). Die Blätter werden ausgetauscht und die Schülerinnen und Schüler zeichnen nun dort, wo es möglich ist, die Symmetrieachsen ein.
- Klassengespräch: Woran lässt sich erkennen, ob eine Symmetrieachse eingezeichnet werden kann oder nicht? Überprüfen: Figuren ausschneiden und versuchen, diese so zu falten, dass die beiden Teile deckungsgleich sind, oder einen Spiegel verwenden.

SB 5, Seite 20, Aufgabe 3
- Rechte Winkel in der Umgebung suchen und zeigen (Türe, Fenster, Bilderrahmen usw.). Wie kann man feststellen, ob ein Winkel ein rechter Winkel ist?
- Zu zweit einen kurzen Text verfassen, in dem der rechte Winkel beschrieben wird. Die «Definitionen» im Klassenverband diskutieren.
- Figuren aus Aufgabe 1 auf dem Geobrett spannen und untersuchen: Welches sind rechte Winkel?

SB 5, Seite 20, Aufgabe 4
- Aufgabe bearbeiten, wie im Schulbuch vorgesehen. Die Vierecke beschreiben und vergleichen. Dabei kann die Anwendung von Fachbegriffen (z.B. parallel, rechter Winkel, Seite) geübt werden.

SB 5, Seite 20, Aufgaben 5A und 5B
- Siehe Hinweise zu Aufgabe 2.

SB 5, Seite 20, Aufgabe 6
- Vor dem Bearbeiten der Aufgabe die Begriffe «Viereck», «Rechteck», «Quadrat» besprechen und wenn nötig klären.
- Gruppenarbeit: Schülerinnen und Schüler stellen aus A5-Blättern verschiedene Vierecke (u.a. Quadrate und Rechtecke) durch Zerschneiden her, ordnen sie, kleben sie auf ein Plakat (gleiche Typen zusammen) und beschriften sie mit «Quadrat», «Rechteck», «anderes Viereck».

SB 5, Seite 60–61: Zirkel und Geodreieck

SB 5, Seite 60–61, Aufgabe 1
- Über Genauigkeit und Ungenauigkeit sprechen: Anhand von konkreten Beispielen besprechen, wann genaues Arbeiten wichtig ist und wann Skizzieren angebracht ist.
- Den Ablauf der Konstruktionsanweisungen zu den einzelnen Aufgaben (anstatt als Fliesstext wie im SB) in Form einer Liste vorgeben.
- Begriffe «Radius», «Parallele», «Senkrechte» klären. Eventuell Plakat «Linien» gestalten und im Schulzimmer aufhängen.
- Aufgaben in Partnerarbeit durchführen: Eine Schülerin erteilt eine Anweisung, der Partner führt sie aus. Die Schülerin, die den Auftrag erteilt hat, kontrolliert. Rollentausch.
- Als Alternative zum Konstruieren kann die Senkrechte durch zweimaliges Falten hergestellt werden.

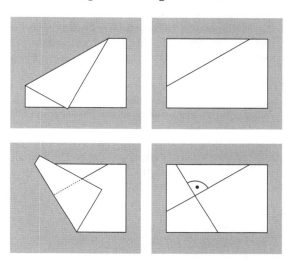

- Parallele falten: Zur gefalteten Senkrechten eine neue Senkrechte falten. Diese ist parallel zur ursprünglichen (Falt-)Linie.
- Schülerinnen und Schüler, die grosse Schwierigkeiten beim Konstruieren dieser Zeichnungen haben, können einfachere Formen, wie sie im SB 4, Seite 78, vorkommen, zeichnen oder Kopien von Zeichnungen anderer Schülerinnen und Schüler mehrfarbig gestalten.

SB 5, Seite 60–61, Aufgabe 2–5
- Je nach Kompetenzen der Schülerinnen und Schüler einzelne Aufgaben auswählen. Förderhinweise zu Aufgabe 1 beachten.

Förderhinweise zum Schweizer Zahlenbuch 6

SB 6, Seite 12–13: Ornamente

Allgemeine Hinweise
- Siehe «Allgemeine Förderhinweise» und «Förderhinweise zum Schweizer Zahlenbuch 5», Seite 10–11. Insbesondere die Begriffe «Grundmuster», «Ornament», «Symmetrie» wieder aufgreifen.

SB 6, Seite 12, Aufgabe 1A

- Ein Grundmuster auf ein Transparentpapier zeichnen (oder durchpausen). Dieses Papier verschieben, um zu sehen, wie das Ornament aus dem Grundmuster entsteht.
- Um einzelne Formen (Kreis, Kreissektor, Viertelkreis, ein Quadrat, ein Dreieck usw.) im Grundmuster zu erkennen, werden diese auf Transparentpapier durchgepaust. Mit Hilfe dieser Vorlagen können durch Verschieben und Drehen weitere solche Formen gesucht werden.

SB 6, Seite 12, Aufgabe 1B

- Handlungsanweisungen einzeln auf Karten oder an die Wandtafel schreiben (durch Schülerin, Schüler oder Lehrperson).
- Aufgabe bearbeiten, wie im Schulbuch vorgesehen.

SB 6, Seite 12, Aufgabe 2

- Aufgabe bearbeiten, wie im Schulbuch vorgesehen.
- Eigene Grundmuster auf karierte Karten zeichnen. Mit diesen Karten eine Kartei erstellen. Die Schülerinnen und Schüler wählen ein Muster aus, stellen damit auf kariertem Papier ein Ornament her und färben es.

SB 6, Seite 12, Aufgabe 3

- Begriff «gleichseitiges Dreieck» klären.
- Aufgabe bearbeiten, wie im Schulbuch vorgesehen.

SB 6, Seite 13, Aufgabe 4A

- Mehrere Grundmuster ausschneiden, wie in der Aufgabe angegeben. Mit je zwei Grundmustern neue Muster nach freier Wahl gestalten.

SB 6, Seite 13, Aufgabe 4B

- Den Begriff «achsensymmetrisch» klären:
- Das ursprüngliche Dreieck gemäss Beschreibung in der Randspalte spiegeln. Die beiden Dreiecke zusammen bilden ein achsensymmetrisches Muster. Die Linie, auf welcher der Spiegel platziert wird, heisst «Symmetrieachse» oder «Spiegelachse».
- Durch Spiegeln (siehe oben) oder Falten überprüfen, ob die linke Abbildung in Aufgabe 4B (beide Pfeile zeigen nach oben) achsensymmetrisch ist. Das ganze Muster auf Transparentpapier durchpausen. Lässt sich das durchgepauste Muster so falten, dass beide Pfeile exakt aufeinanderzuliegen kommen, dann ist das Muster achsensymmetrisch.
- Den Begriff «punktsymmetrisch» klären:
- Ein Dreieck (siehe Randspalte) und den Spiegelpunkt P auf eine Karte zeichnen. Transparentpapier auf die Karte legen, mit einer Stecknadel im Punkt P befestigen und das Dreieck durchpausen. Anschliessend das Transparentpapier so lange um die Stecknadel drehen, bis die entsprechenden Punkte des ursprünglichen und des neuen Dreiecks wie in der Skizze im Schulbuch auf einer Linie durch P liegen. Die beiden Dreiecke zusammen bilden ein punktsymmetrisches Muster. Der Drehpunkt wird «Spiegelpunkt» genannt.
- Durch Drehen überprüfen, ob die rechte Abbildung in Aufgabe 4B (Pfeil nach oben, Pfeil nach unten) punktsymmetrisch ist: Transparentpapier auf das Muster legen und das Muster durchpausen. Das Papier um die Stecknadel im Spiegelpunkt um 180° drehen (den Spiegelpunkt durch Probieren finden). Liegen die beiden Muster genau aufeinander, ist das Muster punktsymmetrisch.

- Mit zwei Grundmustern experimentieren und verschiedene Muster nach freier Wahl legen. Achsensymmetrie mit dem Spiegel oder durch Falten überprüfen, Punktsymmetrie mit Transparentpapier und Stecknadel wie oben überprüfen. Spiegelachse bzw. Spiegelpunkt durch Probieren finden.

SB 6, Seite 13, Aufgabe 5

- Muster gemäss Schulbuch nachlegen und die Regel zu diesem Muster formulieren, z.B.
- erste Zeile (von links nach rechts): Pfeil nach unten, nach rechts, nach unten, nach links usw.
- zweite Zeile: Pfeil nach oben, nach rechts, nach oben, nach links …
- Falls nötig, Grundmuster in vier verschiedenen Farben herstellen, um die Regel besser zu erkennen (z.B. Pfeil nach unten in Rot, nach rechts in Blau usw.).
- Eigene Muster legen, die passende Regel dazu formulieren.
- Partnerarbeit: Eine Schülerin gestaltet ein achsensymmetrisches (punktsymmetrisches) Muster aus mehreren Grundmustern. Ein Schüler soll (wie in Aufgabe 4B beschrieben) herausfinden, wo die Spiegelachse (der Spiegelpunkt) liegt. Rollentausch.
- Aufgabe anschliessend bearbeiten, wie im Schulbuch vorgesehen.

SB 6, Seite 34–35: Geobrett

SB 6, Seite 34, Koordinaten und Aufgabe 1–3

- Eine Schülerin spannt eine Figur und versucht sie so zu beschreiben, dass die anderen Schülerinnen und Schüler sie auch spannen können. Ausgehend davon die Notwendigkeit des Koordinatensystems begründen.
- Alltagsbezug: Woher kennen die Schülerinnen und Schüler Koordinatenangaben? (Schiffliversenken, Schach, Stadtplan, Ortsplan usw.)
- Die Unterschiede thematisieren: Auf dem Geobrett sind die Kreuzungspunkte bezeichnet, beim Schiffliversenken, beim Schach, Stadtplan usw. die Felder.
- Koordinatensystem mit Zahlen und Buchstaben anhand der ersten Abbildung auf der Schulbuchseite 34 besprechen und die Geobretter mit Zahlen und Buchstaben bezeichnen (Klebeetiketten).
- Partnerarbeit: Eine Schülerin spannt eine Figur und diktiert sie mit den Koordinatenangaben einem Schüler, der die Figur auf seinem Geobrett spannt. Die Figuren werden verglichen.
- Im Anschluss daran die Aufgaben 1 bis 3 bearbeiten, wie im Schulbuch beschrieben.

SB 6, Seite 34, Aufgabe 4

- A4-Papiere falten, wie es im Begleitband zum Schweizer Zahlenbuch 6, Seite 178, empfohlen ist (ein Blatt mit vier rechten Winkeln, ein Blatt mit je zwei stumpfen und zwei spitzen Winkeln). Die Schülerinnen und Schüler beschreiben die Winkel in eigenen Worten und versuchen einen Namen für die verschiedenen Winkel zu finden.
- Begriffe «spitzer» und «stumpfer» Winkel diskutieren. Warum wurden diese Begriffe gewählt?
- Die Schülerinnen und Schüler versuchen selbst, «Definitionen» für den spitzen und den stumpfen Winkel zu finden.
- Spitze, stumpfe und rechte Winkel z.B. in Tangram – Figuren – mit geschlossenen Augen spüren. (Welcher Winkel «stupft» am meisten, welcher am wenigsten?)

Themenbereich 12 – Geometrie: ebene Figuren und Flächen

- Spitze und stumpfe Winkel in der Umgebung suchen und zeigen.
- Auf dem Geobrett Figuren spannen und deren Winkel beschreiben.

SB 6, Seite 35, Aufgabe 6
- Alle Schülerinnen und Schüler spannen einige Dreiecke (oder Vierecke) und übertragen diese auf die Kopiervorlage «Geobrett» (siehe «Material»). Die Blätter werden ausgetauscht und die Schülerinnen und Schüler zeichnen dort, wo es möglich ist, die Symmetrieachsen ein.
- Klassengespräch: Woran ist zu erkennen, ob eine Symmetrieachse eingezeichnet werden kann oder nicht? Überprüfen: Auf Papiervorlagen in der Originalgrösse des Geobrettes (16 Punkte in 4 x 4-Anordnung) jeweils eine Figur einzeichnen. Figuren ausschneiden und versuchen, sie so zu falten, dass die beiden Teile deckungsgleich sind, alternativ Spiegel einsetzen.

SB 6, Seite 66–67: Kreismuster – Kreisornamente

Vorübungen
- Siehe oben: Förderhinweise Schulbuch 5, Seite 60–61.
- Gerade Linien und Kreislinien in der Umwelt bzw. auf Fotos, in Zeitschriften suchen, z.B. Gebäude, Möbel, Geräte, Geschirr, Verkehr (Schienen, Räder). Darüber diskutieren, dass Formen in Abbildungen wegen der Perspektive anders als in Wirklichkeit aussehen können.

SB 6, Seite 66, Aufgaben 1A und 1B
- Begriff «Radius» wiederholen.
- Die Einteilung und Handhabung des Winkelmessers (siehe «Material») anhand der Förderhinweise zu SB 6, Seite 56, im Themenbereich 14, «Geometrische Berechnungen», besprechen.
- Wenn die Schülerinnen und Schüler mit der Handhabung des Winkelmessers Schwierigkeiten haben, kann ihnen auch die Kopie eines Kreises mit Markierungen auf der Kreislinie (analog der Darstellung im SB, siehe «Material») abgegeben werden.

SB 6, Seite 67, Aufgabe 2
- Kopien der Schwarz-Weiss-Skizze (sich überschneidende Kreise) anfertigen. Das Grundmuster suchen (Kreis).
- Kreise aus farbiger Transparentfolie (allenfalls transparente Origami-Kreise) entsprechend der Schwarz-Weiss-Skizze übereinanderlegen sowie die Struktur der Überschneidungen beobachten und beschreiben.
- Auf den Kopien ein jeweilig neues Muster nachfahren und benennen, z.B. «Welle», «Schirm», «Fisch» (farbige Abbildung in Aufgabe 2, von links nach rechts).

- Falls nötig, besprechen, wie das jeweilige Ornament aus den Kreisen entstanden ist.
- Wenn einzelne Schülerinnen und Schüler Schwierigkeiten haben, kann ihnen eine Kopiervorlage des Ornaments (Ornament durch Lehrperson oder andere Schülerin, anderen Schüler konstruiert) zum Ausmalen vorgelegt werden.

SB 6, Seite 67, Aufgaben 4 und 5
- Aufgaben bearbeiten, wie im Schulbuch vorgesehen.
- Eine Kartei mit den selbst hergestellten Ornamenten zum Kopieren und Färben anlegen.

Material

Arbeitsmaterial
- Geobretter
- Geobrett (Kopiervorlage siehe Begleitband zum Schweizer Zahlenbuch 5, S. 363, K09)
- Geobrett (Kopiervorlage siehe Begleitband zum Schweizer Zahlenbuch 6, S. 423, K14)
- Tangram (Arbeitsmittel zum Schweizer Zahlenbuch 2, siehe HPK 5 + 6, S. 2)
- Spiegel und «Spiegeln mit dem Spiegel» (beides siehe HPK 5 + 6, S. 2)
- Kartei «Geometrie im Kopf» (siehe HPK 5 + 6, S. 2)
- Winkel- und Prozentmesser (Beilage zum Arbeitsheft Schweizer Zahlenbuch 6, siehe HPK 5 + 6, S. 2)
- Kreise mit Markierungen auf der Kreislinie (Kopiervorlage «Kreis 2», siehe HPK 5 + 6, S. 143)

Verbrauchsmaterial
- Plakate
- Löschpapier
- Farbiges Papier, Papier zum Falten
- Transparentpapier, Büroklammern
- Farbige Transparentfolien, eventuell transparente Origami-Faltkreise
- Vorlagen aus Papier in der Grösse des Geobrettes (9 Punkte in 3 x 3-Anordnung bzw. 16 Punkte in 4 x 4-Anordnung)

Seiten und zentrale Aufgaben

Schweizer Zahlenbuch 5

Seite	Titel	Aufgaben
38–39	Knoten	Aufgaben nach Auswahl der Lehrperson
82–83	Körper aus Würfeln	1, 3, 4
84–85	Quaderansichten	Aufgaben nach Auswahl der Lehrperson
100–101	Bald ist Weihnachten	

Schweizer Zahlenbuch 6

Seite	Titel	Aufgaben
58–59	Quader	1–4
90–91	Knoten	1, 3A–D
104–105	Bald ist Weihnachten	

Schwerpunkt

- Knoten knüpfen, nachbilden, zeichnen und untersuchen.
- Räumliches Vorstellungsvermögen schulen.
- Dreidimensionale Körper herstellen.
- Dreidimensionale Körper aus verschiedenen Blickwinkeln betrachten.
- Sich Bewegungen mit dreidimensionalen Körpern vorstellen.

Grundsätzliche Überlegungen

Alltagsbezug und Schönheit der Mathematik

- Im Schweizer Zahlenbuch werden von der ersten Klasse an immer wieder Knoten geknüpft und untersucht sowie Körper durch Falten und Kleben hergestellt. Dies sind Tätigkeiten, die auch im Alltag vorkommen bzw. die das Herstellen von schönen Produkten ermöglichen. Viele Schülerinnen und Schüler können dadurch einen anderen Zugang zur Mathematik finden als den arithmetischen, der eventuell negativ besetzt ist. Es ist deshalb wichtig, dass für diese Erfahrungen genügend Zeit eingeräumt wird.

Erfolgserlebnisse durch Geometrie

- Es kann durchaus sein, dass Schülerinnen und Schüler mit grossen Schwierigkeiten in der Arithmetik und beim Sachrechnen dem Programm der Jahrgangsklasse in der Geometrie ohne Probleme folgen können. Es ist deshalb wichtig, dass diese Schülerinnen und Schüler oft Gelegenheit bekommen, an solchen Aufgaben zu arbeiten, damit auch sie Erfolgserlebnisse haben.

Raumvorstellung

- Das Arbeiten mit dreidimensionalen Gebilden (Körpern) (Herstellen, Nachbauen, Ausführen von Bewegungen) stellt hohe Anforderungen an die Raumvorstellung. Viele Schülerinnen und Schüler mit besonderem Bildungsbedarf haben Schwierigkeiten damit.
- Insbesondere Aufgaben, bei denen die Körper nur in der Vorstellung bewegt werden («Kopfgeometrie»), sind

anspruchsvoll. Es ist wichtig, zuerst genügend Zeit für die Arbeit mit realen Gegenständen einzusetzen, bevor die Körper mental bewegt werden.

Fächerübergreifendes Arbeiten

- Geometrische Aufgaben eignen sich für den fächerübergreifenden Unterricht und können sehr gut auch ins Fach Gestalten aufgenommen werden.

Unbedingt erarbeiten

- Figuren aus verschiedenen Blickwinkeln betrachten.
- Körper aus Würfeln bauen und von verschiedenen Seiten zeichnen.
- Wechsel des Blickpunktes: Erkennen, dass verschiedene Ansichten zur gleichen Figur gehören.

Vorkenntnisse

Aus dem Schweizer Zahlenbuch 1 bis 4

- Knoten: Vertraut sein mit dem Knüpfen von Knoten und mit Abbildungen von Knoten, wie sie im SB 1 bis 4 vorkommen.
- Perspektivenwechsel vollziehen können: Ein Gegenstand kann je nach Blickwinkel anders aussehen.
- Geometrische Formen und Körper kennen, z.B. Quadrat, Rechteck, Dreieck, Kreis, Kugel, Würfel.

Aus dem Schweizer Zahlenbuch 5

- Punktpapier: Figuren zeichnen.
- Gitterraster: Richtungsbezeichnung kennen.
- Knoten nachbilden, zeichnen, untersuchen.

Mögliche Schwierigkeiten

Grafomotorische Schwierigkeiten

Einige Schülerinnen und Schüler
- haben Schwierigkeiten mit dem Knüpfen von Knoten,
- haben Schwierigkeiten, beim Falten genau zu arbeiten, und erhalten deshalb unbefriedigende Resultate.

Visuelle Differenzierung

Einige Schülerinnen und Schüler
- haben bei den Abbildungen der Knoten Schwierigkeiten zu erkennen, welche Schnüre oben und welche unten sind,
- sind irritiert durch die vielen Punkte des Punktpapiers und verlieren die Orientierung.

Perspektivenwechsel

Einige Schülerinnen und Schüler
- haben Schwierigkeiten, sich vorzustellen, dass etwas von einer anderen Seite aus anders aussieht,
- haben Schwierigkeiten, sich vorzustellen, dass etwas auch dann vorhanden ist, wenn man es nicht sieht (z.B. bei den Würfelgebäuden).

Raumorientierung

Einige Schülerinnen und Schüler
- sehen beim Zeichnen von Körpern auf Punktpapier nicht, in welcher Richtung die Linien verlaufen müssen,
- verwenden das isometrische Papier falsch,

falsche Verwendung   richtige Verwendung

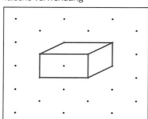 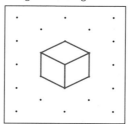

- haben Schwierigkeiten mit Raumbegriffen (oben, unten, links, rechts) und können sich deshalb nicht orientieren.

Abläufe

Einige Schülerinnen und Schüler
- verlieren bei mehrschrittigen Aufgaben (z.B. Knoten umlegen, SB 6, S. 90, Aufgabe 1) die Übersicht,
- können Bewegungsabläufe nicht mental nachvollziehen.

Sprache

Einige Schülerinnen und Schüler
- haben Schwierigkeiten, sich (geometrische) Fachbegriffe wie z.B. Quader, Grundriss usw. zu merken,
- haben bei der Aufgabe mit den Quaderansichten (SB 5, S. 84–85) Schwierigkeiten, die Begriffe «Norden», «Osten» usw. mit der Aufgabe in Verbindung zu bringen.

Allgemeine Förderhinweise

Vorübungen und Begleitübungen

Figuren aus Würfeln
- Figuren aus Würfeln bauen (SB 4, S. 109, Aufgabe 4).
- Figuren nebeneinanderlegen und Unterschiede beschreiben (Anzahl Würfel, Anordnung der Würfel usw.).
- Partnerarbeit: Eine Schülerin baut eine Figur aus Würfeln, ohne dass der Partner diese sieht. Sie gibt dem Partner mündliche Anweisungen, sodass er die Figur nachbauen kann. Vergleichen. Unstimmigkeiten diskutieren.
- Alternative: Eine schriftliche Anweisung verfassen oder Zeichnung herstellen, sodass andere Schülerinnen und Schüler die Figur nachbauen können.

Perspektivenwechsel schulen

- Die Schülerinnen und Schüler wählen je einen Standort und zeichnen oder fotografieren das Schulhaus. Die Zeichnungen (Fotos) werden verteilt, und die Schülerinnen und Schüler versuchen, den Standort, von dem aus die Zeichnung (das Foto) gemacht wurde, zu finden.

Folgenkurs

- Der Folgenkurs im Zahlenbuch 6 (siehe Begleitband, S. 69 ff.) enthält eine Reihe von Aufgaben zum Arbeiten mit dreidimensionalen Körpern. Er kann hier zur Vertiefung des räumlichen Vorstellungsvermögens und zum Erkennen von Mustern eingesetzt werden.

Sprachliche Begleitung

- Für die mathematische Entwicklung ist es wichtig, dass die Begriffe geklärt, die geometrischen Tätigkeiten immer wieder sprachlich begleitet, die Vermutungen formuliert und die entstandenen Produkte diskutiert und beschrieben werden.

Förderhinweise zum Schweizer Zahlenbuch 5

SB 5, Seite 38–39: Knoten

Von Alltagserfahrungen zu «mathematischen Knoten»
- Im Schweizer Zahlenbuch 1 bis 4 werden immer wieder verschiedene Knoten geknüpft und betrachtet (Knotenschule). Die meisten Schülerinnen und Schüler haben auch in ihrem Alltag schon Knoten geknüpft (Schuhbändel, Paket, Halstuch) oder versucht, Knoten und verwickelte Kabel oder Schnüre zu entwirren. An solche Alltagserfahrungen kann hier angeknüpft werden.
- Im Schweizer Zahlenbuch 5 und 6 geht es um das Nachbilden, Zeichnen und Untersuchen von «mathematischen Knoten», das heisst von Knoten oder knotenähnlichen Verwicklungen in einer Schnur, deren Enden fest miteinander verbunden sind. Manche Verwicklungen lassen sich durch Umlegen von einer oder mehreren Kreuzungen lösen. Andere lassen sich nicht auflösen, sie sind richtige Knoten.

Ausgewählte Aufgaben bearbeiten
- Die Lehrperson wählt einzelne Aufgaben aus.
- Bei Schwierigkeiten auf die Knotenschule in Schulbuch 1 bis 4 zurückgreifen und daran anknüpfen.
- Unifarbene und sehr dicke Schnur verwenden, damit die Kreuzungen deutlich sichtbar sind.
- Die Lehrperson legt einen Knoten, die Schülerinnen und Schüler versuchen herauszufinden, ob es ein richtiger Knoten ist (das heisst einer, der sich nicht lösen lässt), ohne ihn anzufassen. Sie beschreiben ihre Vermutungen, z.B.: «Wenn ich diese Schlaufe nach aussen legen würde, dann würde sich der Knoten lösen.» Die Vermutungen überprüfen.

SB 5, Seite 82–83: Körper aus Würfeln

Vorübungen
- «Potzklotz» (siehe «Material»):
- Körper nachbauen: Darüber diskutieren, warum manchmal nur 4 Würfel auf der Abbildung zu sehen sind, obwohl jeder Körper aus 5 Würfeln besteht.
- Partnerübung: A wählt eine Karte und beschreibt den Körper, B baut nach, Kontrolle via Karte. Rollentausch.
- Spiel gemäss Anleitung durchführen.
- Die Übung «Baupläne» in der Kartei «Geometrie im Kopf» aufgreifen (siehe «Material»).

SB 5, Seite 82, Aufgabe 1

- Mit Holzwürfeln (siehe «Material») einfache Körper bauen und zunächst auf weisses Papier zeichnen. Anschliessend dieselben Körper auf das isometrische Punktpapier zeichnen und über die speziellen Eigenschaften dieser Abbildungen sprechen (siehe Begleitband zum Schweizer Zahlenbuch 5, S. 297).
- Eine Fläche, eine Kante oder einen Eckpunkt auf einem Körper zeigen und die Entsprechung auf der Zeichnung suchen und umgekehrt.
- Mit den Körpern in Aufgabe 1 ebenso verfahren.

SB 5, Seite 82, Aufgabe 3

- Die Bilder von Aufgabe 1 kopieren, ausschneiden und auf weisse Karten kleben. Bilder, die den gleichen Körper zeigen, nebeneinanderlegen. Den Körper mit Würfeln nachbauen und zur Kontrolle danebenlegen.

SB 5, Seite 83, Aufgabe 4

- Aufgabe als Gruppenarbeit lösen: Würfelkörper bauen. Vier Schülerinnen und Schüler sitzen um einen Tisch herum, alle zeichnen den Körper so auf Punktpapier, wie er von ihrem Platz aus aussieht. Kontrolle bzw. Korrektur durch Tauschen der Plätze. Die korrigierten Bilder auf Karten kleben und die Karten bezeichnen (z.B. Körper L 1 bis L 4). Die Karten können anschliessend als Vorlage zum Bauen von Körpern benutzt werden.
- «Schauen und Bauen, Teil 1: Geometrische Spiele mit Quadern» aufgreifen (siehe «Material»).
- Die Übung «Grundriss und Seitenansicht» in der Kartei «Geometrie im Kopf» aufgreifen (siehe «Material»).
- Aufgabe «Würfel bauen» aus «Schauen und Bauen, Teil 2: Spiele mit dem Somawürfel» bearbeiten (siehe «Material»).

SB 5, Seite 84–85: Quaderansichten

Allgemeine Hinweise

- Die Lehrperson wählt einzelne Aufgaben aus.
- Im Werkunterricht Quader aus Holz erstellen und bemalen (Kartonquader sind instabil).
- Gruppenarbeit: Eine Gruppe baut mit den in der Klasse vorhandenen Quadern von «Schauen und Bauen, Teil 1» eine Stadt und zeichnet die vier Seitenansichten. Eine andere Gruppe versucht anhand der Ansichten die Stadt zu rekonstruieren. Anstelle der Begriffe «Norden», «Osten» usw. Begriffe aus dem Schulzimmer wählen und das Gitterraster entsprechend beschriften: Fensterseite, Türseite, Wandtafelseite usw.
- Begriffe «Grundrissblatt», «Seitenansicht», «Quader» usw. klären. Eventuell ein Plakat gestalten (Zeichnung und entsprechende Begriffe) und im Schulzimmer aufhängen.

Grundrisse und Seitenansichten

- SB 4, Seite 66–67, und Übungen aus «Schauen und Bauen, Teil 1» aufnehmen (siehe «Material»).
- Partnerarbeit: Eine Schülerin legt die drei Quader auf das Gitternetz und überträgt die Anordnung auf das «Grundrissblatt» bzw. auf das Blatt «Seitenansichten» (siehe «Material»). Ein Schüler baut die Anordnung mit drei anderen Quadern nach. Vergleichen. Unstimmigkeiten diskutieren.
- Beziehungen zwischen den gezeichneten Quadern auf dem Grundrissblatt und den in Wirklichkeit aufgestell-

ten Quadern herstellen: Die «Strasse» zwischen zwei Quadern auf dem Grundrissblatt zeigen und diese im gebauten Modell suchen und umgekehrt.

Wirklichkeit

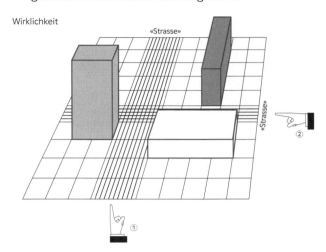

Grundrissblatt

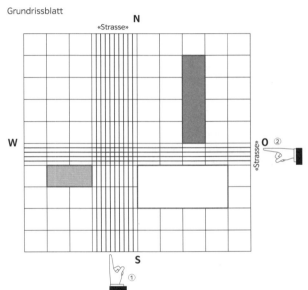

- «Schauen und Bauen, Teil 1» bietet vielfältige Übungsmöglichkeiten (siehe «Material»).
- Die Lehrperson wählt einzelne Aufgaben aus. Bearbeiten, wie im SB vorgesehen.

SB5, Seite 100–101: Bald ist Weihnachten

- Diese Seite kann im Fach Gestalten eingesetzt werden.
- Schülerinnen und Schüler mit feinmotorischen Schwierigkeiten brauchen beim Zeichnen mit der Zeichenuhr sowie beim exakten Falten und Kleben eventuell Unterstützung, damit sie zu einem befriedigenden Resultat kommen.

Förderhinweise zum Schweizer Zahlenbuch

SB 6, Seite 58–59: Quader

SB 6, Aufgabe 1–3

- Förderhinweise zu SB 5, Seite 84–85, aufgreifen (siehe oben).

SB 6, Aufgabe 4

- Gruppenarbeit: Quader auf Gitterraster legen, diese Position als Start einzeichnen. Eine Schülerin gibt in eigenen Worten Anweisungen zum Kippen des Quaders, die anderen Schülerinnen und Schüler versuchen die Anweisungen auf einem eigenen Gitterraster auszuführen. Nach jedem Schritt wird verglichen, ob die Quader gleich liegen. Diskutieren, wie Anweisungen möglichst präzise gegeben werden können.
- Abgekürzte Anweisung («rollul») aus dem SB diskutieren. Ist dies einsichtig? Eventuell die Begriffe «oben», «unten», «links», «rechts» auf je eine Karte schreiben (zu jedem Begriff mehrere Karten anfertigen) und damit die Anweisungen legen. Auf die Rückseite der Karten die Abkürzungen schreiben und später nur noch diese verwenden.
- Weitere Übungen anhand von «Schauen und Bauen, Teil 1» lösen (siehe «Material»).

SB 6, Seite 90–91: Knoten

SB 6, Seite 90, Aufgabe 1

- Förderhinweise zu SB 5, S. 38–39, aufgreifen (siehe oben).
- Zuerst eine Reihe von bekannten Knoten knüpfen. Die Enden der Schnur verbinden, die Knoten abzeichnen und die Anzahl Kreuzungen bestimmen.
- Anschliessend die Aufgabe bearbeiten, wie im SB vorgesehen.

SB 6, Seite 91, Aufgabe 3A–D

- Knoten spiegeln, Spiegelbild nachbilden oder abzeichnen. Besprechen: Worin unterscheidet sich der gespiegelte Knoten vom ursprünglichen? (Die beiden unterscheiden sich auf die gleiche Art voneinander wie ein rechter und ein linker Handschuh. Diese sind räumlich symmetrisch und lassen sich nicht in Deckung bringen.)

SB 6, Seite 104–105: Bald ist Weihnachten

- Diese Seite kann im Fach Gestalten eingesetzt werden.
- Schülerinnen und Schüler mit feinmotorischen Schwierigkeiten brauchen beim exakten Falten und Kleben eventuell Unterstützung, damit sie zu einem befriedigenden Resultat kommen.

Literatur

- Mayer, P. H.: Geschlechtsspezifische Differenzen im räumlichen Vorstellungsvermögen. In: Psychologie und Unterricht, 43/1996, S. 245–265.
- Senn, Ch.: Eine Sprache finden – gerade im Mathematikunterricht. In: Die Grundschulzeitschrift, Sammelband (2001), Offener Mathematikunterricht – Mathematik lernen auf eigenen Wegen. Best.-Nr. 92008

Material

Arbeitsmaterial

- Spiegel (siehe HPK 5 + 6, S. 2)
- Holzwürfel (Schulverlag Bern, Klassensatz mit 1000 Würfeln, 2 cm Kantenlänge)
- Schauen und Bauen. Teil 1: Geometrische Spiele mit Quadern (siehe HPK 5 + 6, S. 2)
- Schauen und Bauen. Teil 2: Spiele mit dem Somawürfel (siehe HPK 5 + 6, S. 2)
- Spiegel, H. und J.: Potzklotz. Ein raumgeometrisches Spiel. ISBN 3-617-92017-9
- Kartei «Geometrie im Kopf» (siehe HPK 5 + 6, S. 2)
- Grundrissblatt und Seitenansichten (Kopiervorlage siehe Begleitband zum Schweizer Zahlenbuch 5, S. 367, K28 und S. 368, K29)

Verbrauchsmaterial

- Dicke, unifarbene Schnur
- Karten

Seiten und zentrale Aufgaben

Schweizer Zahlenbuch 5

Seite	Titel	Aufgaben
20–21	Figuren und Flächen	7

Schweizer Zahlenbuch 6

Seite	Titel	Aufgaben
26–27	Flächen	1; aus 2 und 4 einzelne Figuren auswählen
28–29	Ballspiele	1A, 1B, 2A–C
56–57	Winkelmessung	1, 2, 4A–C, 6A
60–61	Rauminhalte (Volumen)	1, 2A–C, 3

Schwerpunkt

- Grössenvorstellungen von Flächen aufbauen, Standardmasseinheiten für Flächen kennen lernen, Flächeninhalte bestimmen (z. B. auslegen bzw. zeichnen und auszählen, berechnen).
- Begriff des Winkels kennen lernen, Winkel vergleichen, schätzen und messen.
- Grössenvorstellungen von Rauminhalten aufbauen, Standardmasseinheiten für Volumen kennen lernen, Volumen bestimmen (z. B. nachbauen bzw. auffüllen und auszählen, berechnen).

Grundsätzliche Überlegungen

Geometrie als Verbindung von Raum und Zahl

- Im Schweizer Zahlenbuch 5 und 6 wird Geometrie auf zwei Weisen betrieben: einerseits ohne Zahlen (siehe Themenbereich 12, «Geometrie: ebene Figuren und Flächen», sowie Themenbereich 13, «Geometrie: Körper»), andererseits auch in ihrer Bedeutung als «Geo-*Metrie*», das heisst in Verbindung mit Zahlen im Sinne von Messen (Strecken, Winkel) und Berechnen (Fläche, Umfang, Volumen).
- Seit der ersten Klasse kennen die Schülerinnen und Schüler Beziehungen zwischen räumlichen Gegebenheiten und Zahlen:
  - Zahlenräume geometrisch veranschaulichen, z. B. mit Felddarstellung oder Zahlenstrahl,
  - mathematische Begriffe geometrisch deuten und veranschaulichen, z. B. Verdopplung durch Spiegeln, Halbieren durch Falten, Multiplikation anhand der Rechteckdarstellung, Brüche anhand des Kreis-, Rechteck- oder Streckenmodells; räumliche Gegebenheiten mit und ohne Zahlen vergleichen, z. B. Längen direkt vergleichen oder mit Messband, Lineal oder Meterstab messen.

Flächen vergleichen und Flächeninhalte bestimmen

- Bisher konnten die Schülerinnen und Schüler Flächeninhalte nur direkt vergleichen (visuell oder durch Aufeinanderlegen) bzw. indirekt durch Zerlegen in Teilflächen. Nun lernen sie, Flächeninhalte mittels Flächenmassen zu bestimmen (schätzen, berechnen) und zu vergleichen.

Winkel vergleichen und messen

- Mit Winkeln sind die Schülerinnen und Schüler aus ihrem Alltag vertraut durch Muster (z. B. Zickzack-Muster), spitze und stumpfe Gegenstände, steile und flache Hänge, mehr oder weniger geöffnete Türen, Zangen und Scheren. Nun lernen sie, Winkel zu vergleichen und zu messen. Dies ist oft sehr anspruchsvoll (wegen der Einteilung des vollen Winkels in 360°). Die Winkelmessung muss deshalb sorgfältig und über einen langen Zeitraum erarbeitet werden.

Rauminhalte (Volumen)

- Der Umgang mit Hohlmassen (l, dl, …) ist den Schülerinnen und Schülern seit der dritten Klasse vertraut. Mit Hohlmassen wird der Inhalt bzw. das Fassungsvermögen von Gefässen angegeben, meist im Zusammenhang mit Flüssigkeiten. Auch das Fassungsvermögen von Kühlschränken und Kofferräumen wird in Litern angegeben.
- Der Raum, den feste Gegenstände, Flüssigkeiten oder Gase (z. B. Luft) einnehmen, wird Rauminhalt oder Volumen genannt. Dieser kann sowohl mit Hohlmassen als auch mit «Kubikmassen» (m³, dm³, …) gemessen werden. Rauminhalte von festen Körpern werden meist in «Kubikmassen» angegeben.
- Die Standardmasseinheiten sind m³, dm³, cm³, wobei $1\,dm^3 = 1\,l$.
- Rauminhalte von festen Körpern können wie Flächen nur in Ausnahmefällen visuell oder direkt (z. B. durch Umordnen von Teilstücken) verglichen werden. Im Normalfall werden sie durch Schätzen oder Berechnen mit Standardmasseinheiten bestimmt.
- Viele Schülerinnen und Schüler mit besonderem Bildungsbedarf tun sich generell schwer mit Grössen (z. B. aufgrund mangelnder Kenntnisse des Dezimalsystems oder mangelnder Grössenvorstellungen). Das Bearbeiten der Standardmasseinheiten «Kubik» ist nur sinnvoll, wenn die Schülerinnen und Schüler Längen- und Flächenmasse verstanden haben.

Geometrische Berechnungen bei besonderem Bildungsbedarf

- Beim Thema «Geometrische Berechnungen» geht es weder um exakte Winkelberechnungen noch um das Ausführen von Flächen- und Volumenberechnungen nach Formel. Im Vordergrund stehen der Aufbau von Grössenvorstellungen, das Vergleichen von Flächen, Winkeln und Rauminhalten sowie das Kennenlernen von Standardeinheiten. Es ist wichtig, dass die Schülerinnen und Schüler ausreichend Gelegenheit zum Experimentieren, Formulieren und Austauschen ihrer Erfahrungen erhalten, bevor sie mit den Standardeinheiten messen oder rechnen.

Vorkenntnisse

Aus dem Schweizer Zahlenbuch 1 bis 4

- Grössenvorstellungen der Längenmasse vorhanden, Masseinheiten bekannt.
- Grössenvorstellung des Meterquadrats vorhanden, Bestimmung einer Fläche mit Meterquadraten möglich.
- Formen wie Quadrat, Rechteck, Dreieck kennen, unterscheiden und beschreiben.
- Figuren zerlegen und zusammensetzen, z.B. einfaches und schwieriges Tangram aus dem SB 2.

Aus dem Schweizer Zahlenbuch 5

- Spitze, stumpfe, rechte Winkel unterscheiden.
- Einheitsquadrat bekannt.

Mögliche Schwierigkeiten

Formen und Figuren

Einige Schülerinnen und Schüler
- erkennen Formen nur in bestimmten Lagen (Quadrat: nur wenn es nicht auf die Spitze gestellt ist) oder als Spezialfälle (Dreieck: nur wenn es gleichseitig ist),
- können aufgrund von Schwierigkeiten in der Raumvorstellung Figuren nicht zusammensetzen (z.B. ein Quadrat aus zwei gleich grossen rechtwinklig-gleichschenkligen Dreiecken).

Flächen

Einige Schülerinnen und Schüler
- haben keine Vorstellung von der Flächeninvarianz (siehe «Glossar») entwickelt,
- können Flächen nicht geschickt zerlegen,
- können sich die Bezeichnungen für die Standardmasseinheiten nicht merken,
- haben keine Grössenvorstellung von den Standardmasseinheiten.

Pläne

Einige Schülerinnen und Schüler
- können die Längenangaben auf Plänen nicht den dazugehörigen Strecken zuordnen,
- finden die Länge einer Strecke nicht, weil sie nicht überall, sondern nur einmal angegeben ist (z.B. an der gegenüberliegenden Rechteckseite).

Winkel

Einige Schülerinnen und Schüler
- verwechseln die Grösse eines Winkels mit der Länge seiner Schenkel oder der Grösse des Winkelbogens,
- haben Schwierigkeiten, sich auf den verschiedenen Skalen des Winkelmessers zu orientieren,
- sind irritiert, weil auf dem Winkelmesser Grad einmal innen und einmal aussen angegeben ist,
- haben Schwierigkeiten, die Winkeleinteilung von 360° zu verstehen (keine Zehnereinteilung).

Rauminhalte

Einige Schülerinnen und Schüler
- können Bilder von räumlichen Figuren nicht interpretieren,
- können sich die Bezeichnungen für die Standardmasseinheiten nicht merken,
- haben keine Grössenvorstellung von den Standardmasseinheiten, insbesondere von den dreidimensionalen Einheiten (Kubik).

Allgemeine Förderhinweise

Wiederholung aus dem Schweizer Zahlenbuch 2 und 3

- Schülerinnen und Schüler mit besonderem Bildungsbedarf brauchen viele Erfahrungen im Zerlegen und Zusammensetzen von Flächen wie z.B. «Tangram» in SB 2, S. 34–35 (siehe «Material»), um das Verständnis der Flächeninvarianz (siehe «Glossar») aufzubauen.
- Längenmasse Meter, Dezimeter und Zentimeter anhand von SB 3, S. 22–23 («Meter, Dezimeter, Zentimeter»), wiederholen.
- Die Masseinheit «Meterquadrat» (SB 3, S. 19, «Meterquadrate») aufgreifen und damit den Inhalt von Flächen bestimmen (Schulzimmer, Teil des Pausenplatzes).
- Gemäss SB 3 (S. 20–21), «Formen aus Quadraten» (siehe «Material»), gleiche Flächen aus mehreren Quadraten zusammensetzen.

Flächen und Flächeninhalte

- Flächen direkt vergleichen: Flächen aus Bildern in Zeitungen und Plakaten ausschneiden, verschiedene Flyer, Billette usw. sammeln und vergleichen. Diskutieren, welche Flächeninhalte sich direkt vergleichen lassen und welche nicht. (Die Grösse von Flächen lässt sich visuell nur vergleichen, wenn die Flächen die gleiche Form haben, z.B. ein kleines Quadrat und ein grosses Quadrat, oder wenn eine Fläche beim Aufeinanderlegen ganz in der anderen enthalten ist, z.B. ein kleines Dreieck und ein grosses Quadrat.)

- Flächen neu zusammensetzen: Flächen, die sich nicht direkt vergleichen lassen, in Teilflächen zerlegen und neu zusammensetzen, sodass ihre Inhalte visuell oder durch Aufeinanderlegen vergleichbar werden.
- Flächeninhalt mit Standardmasseinheiten bestimmen: Selbst erfundene Flächen auf Quadratraster (siehe «Material») zeichnen und Flächeninhalt bestimmen.

Förderhinweise zum Schweizer Zahlenbuch 5

SB 5, Seite 20–21: Figuren und Flächen

SB 5, Seite 21, Aufgabe 7
- Begriff «Einheitsquadrat» besprechen.
- Aus Papier folgende Formen herstellen: Einheitsquadrat, Rechteck und Dreieck mit je der halben Fläche des Einheitsquadrats (Einheitsquadrat halbieren). Auf dem Geobrett mit Gummibändern verschiedene Figuren spannen, auf Vorlagen aus Papier in der Grösse des Geobrettes (9 Punkte in 3 x 3-Anordnung) abzeichnen und mit Einheitsquadraten bzw. den Rechtecken und Dreiecken mit der halben Fläche von Einheitsquadraten auslegen.
- Grösse der Fläche beschreiben: «Das grosse Quadrat hat eine Fläche von 4 Einheitsquadraten bzw. von 8 Dreiecken» usw. (siehe «Material»).

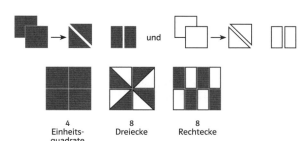

4
Einheitsquadrate

8
Dreiecke

8
Rechtecke

Förderhinweise zum Schweizer Zahlenbuch 6

Vorübungen

Standardmasseinheiten für Flächen kennen lernen: m², dm², cm², (mm²)
- Fläche (z.B. Plakat) mit Einheitsquadraten von 1 dm² auslegen und deren Grösse beschreiben und notieren: Es haben x Einheitsquadrate Platz. Einheitsquadrat anderer Grösse nehmen, gleiches Vorgehen. Jetzt haben y Einheitsquadrate Platz. Diskutieren, warum die Grösse der Einheitsquadrate festgelegt und benannt werden muss.
- Massbezeichnungen cm², dm², m² besprechen: Damit die Flächeninhalte von den Längenmassen unterschieden werden können, sind neue Bezeichnungen für die Einheiten nötig.
- Schreibweise klären: Was bedeutet die hochgestellte 2?
- Sprechweise klären: 1 cm² = ein «Quadratzentimeter», 1 dm² = ein «Quadratdezimeter», 1 m² = ein «Quadratmeter».
- Über den Unterschied von Form und Flächeninhalt sprechen: Flächeninhalte von z.B. 1 dm² oder 1 m² brauchen nicht die Form eines Quadrates zu haben, sondern können beliebige Formen haben.
- Einheiten mm², cm², dm² auf Millimeterpapier darstellen (siehe «Material»).
- Die Einheit m² als Meterquadrat mit 4 Trinkhalmen der Länge 1 m oder mit 4 Meterstäben darstellen (siehe

«Material»). Wie oft passt ein Dezimeterquadrat in das Meterquadrat hinein?
- Quadrate von 1 dm² zerschneiden und zu neuen Formen zusammensetzen. Über den Unterschied von Form und Flächeninhalt sprechen: Flächen mit dem Flächeninhalt von z.B. 1 dm² oder 1 m² brauchen nicht die Form eines Quadrates (Dezimeterquadrat, Meterquadrat) zu haben, sondern können beliebige Formen haben (siehe dazu auch Begleitband zum Schweizer Zahlenbuch 6, S. 154).

Stützpunktvorstellungen zu den Standardmasseinheiten

- Zu 1 cm², 1 dm², 1 m² individuelle Stützpunktvorstellungen aufbauen (z.B. Fläche des Daumennagels, eines Origami-Quadrates, eines Tisches) und mit allen Schülerinnen und Schülern ein Plakat dazu gestalten (analog zu SB 4, S. 4–5, «Immer grösser, immer mal zehn»).

SB 6, Seite 26–27: Flächen

SB 6, Seite 26, Aufgabe 1
- Ein Quadrat mit der Seitenlänge 1 dm ausschneiden und gemäss Anweisung auf der Schulbuchseite falten, zerschneiden und eigene Figuren mit den Teilstücken (grosses Dreieck und zwei kleine Dreiecke) legen.
- Partnerarbeit: Mit den Teilstücken eine Figur legen, den Umriss nachzeichnen und die Partnerin, den Partner nachlegen lassen.
- Die Teilstücke wieder zum Quadrat und dann zu den in der Aufgabe angegebenen Figuren zusammensetzen.
- Um den Umriss einer Figur mit vorgegebenen Teilstücken auszulegen oder eine vorgegebene Figur nachzubilden, muss die Lage der Teilstücke herausgefunden werden. Dies kann z.B. dadurch unterstützt werden, dass Linien vom Rand her in die Figur hinein verlängert oder neu gezogen werden, sodass die Teilstücke erkennbar werden.

- Die Fläche aller Figuren, die aus den drei gleichen Teilstücken «grosses Dreieck» und «zwei kleine Dreiecke» entstanden sind, vergleichen (alle haben die gleiche Fläche, auch wenn sie verschieden gross wirken).

SB 6, Seite 26, Aufgabe 2
- Einzelne Figuren aus 2A–I auswählen (Kopiervorlage «Flächen 1» siehe «Material»).
- Figuren kopieren (siehe «Material») und ausschneiden. Flächeninhalte einiger (aller) Figuren schätzen und Figuren der Grösse nach ordnen.
- Quadratraster (siehe «Material») auf Transparentfolie kopieren und auf kopierte Figuren legen oder die Figuren auf ein Quadratraster übertragen. Vorgehen: Figuren ausschneiden, auf Raster legen, nachfahren. Häuschen auszählen. Figuren nach der Grösse des Flächeninhalts ordnen.
- Bevor die Einheitsquadrate ausgezählt werden können, ist es oft nötig, Teilstücke von Einheitsquadraten zu ganzen Einheitsquadraten zusammenzusetzen (siehe Illustration). Darüber diskutieren, wie dies am besten gemacht werden kann.

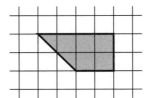 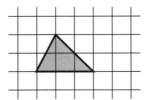

5 ganze und 2 halbe
Häuschen = 6 Häuschen

1 ganzes und 2 halbe Häuschen, 1 Viertel- und 1 Dreiviertelhäuschen = 3 Häuschen

- Schätzung mit den ausgezählten Resultaten vergleichen.
- Alternativen zum Auszählen suchen: Von welchen Teilstücken kann die Fläche berechnet werden? Wie?
- Je eine Schülerin und ein Schüler versuchen zu formulieren, wie die Fläche eines Rechtecks bestimmt werden kann.

SB 6, Seite 27, Aufgabe 4

- Einzelne Figuren aus 4A–E auswählen.
- Figuren auf Quadratraster (siehe «Material») zeichnen. Festlegen, dass 1 cm auf dem Raster 1 m in Wirklichkeit entspricht (Förderhinweise zum Massstab, siehe Themenbereich 9, «Proportionalität», S. 97).
- Flächeninhalte (durch Auszählen oder Rechnen) bestimmen. Vorerst Flächen A–C bearbeiten.

SB 6, Seite 28–29: Ballspiele

SB 6, Seite 28, Aufgaben 1A und 1B

- Mit einer vergrösserten Skizze des Spielfeldes (Wandtafel, A3-Papier) arbeiten und gemeinsam bei allen Teilstücken die Länge eintragen.
- Falls Schwierigkeiten beim Berechnen der Teilflächen auftreten, die Skizze auf Karopapier (siehe «Material») übertragen und die Fläche durch Auszählen bestimmen. Überlegen, wie das Auszählen erspart werden kann.

SB 6, Seite 28, Aufgabe 2A–C

- Fussballfeld ausmessen (z.B. mit einem Messrad, siehe «Material») und mit den Angaben im SB vergleichen. Alternative: ein Feld von 100 m x 64 m (bzw. 110 m x 75 m) abstecken.
- Schulzimmer ausmessen, Plan des Fussballfeldes und des Schulzimmers jeweils im Massstab 1:1000 anfertigen. Plan des Schulzimmers ausschneiden und prüfen, wie oft er auf den Plan des Fussballfeldes passt.

SB 6, Seite 56–57: Winkelmessung

Vorübungen

- Thema «rechter Winkel» aus SB 5, Seite 20, Aufgabe 3, aufgreifen (siehe Themenbereich 12, «Geometrie: ebene Figuren und Flächen», HPK 5 + 6, S. 121).
- Der Winkel wird im Schweizer Zahlenbuch 6 als das Mass der Drehung einer Halbgeraden (siehe «Glossar») um einen Scheitelpunkt aufgefasst. Dieser dynamische Zugang ist den Schülerinnen und Schülern vom Öffnen einer Schere, einer Zange, einer Türe usw. her bekannt. Um das zu veranschaulichen, können Winkel aus Kartonstreifen hergestellt werden (siehe Begleitband zum Schweizer Zahlenbuch 6, S. 246).
- Wichtig ist, dass die Schülerinnen und Schüler die Erfahrung machen, dass die Grösse eines Winkels unabhängig von der Länge der Schenkel ist. Nur die Grösse der Öffnung zählt. Das sollen sie mit jeweils gleich grossen Winkeln aus je verschieden langen Kartonstreifen handelnd erfahren.
- Vergleich von Winkeln mit Hilfe des rechten Winkels: Von einem A4-Blatt aus Transparentpapier eine Ecke abreissen, diese auf verschiedene auf ein Blatt gezeichnete Winkel legen. Ist der Winkel grösser (stumpf), kleiner (spitz) oder gleich dem rechten Winkel?

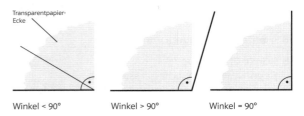

Transparentpapier-Ecke

Winkel < 90° Winkel > 90° Winkel = 90°

- Begriffe wie «Scheitelpunkt», «Öffnung», «Schenkel» klären.

SB 6, Seite 56, Aufgabe 1

- Auf der Lernuhr (siehe «Material») 9 Uhr einstellen und den rechten Winkel thematisieren. Andere Uhrzeiten, bei denen die Zeiger einen rechten Winkel bilden, suchen und einstellen.
- Die Definition «rechter Winkel» links auf der Schulbuchseite erarbeiten. Auf der Uhr die Hälfte des rechten Winkels einstellen. Wie gross ist er? (die Hälfte von 90° → 45°)
- Den gestreckten Winkel einstellen. Wie gross ist er? (das Doppelte von 90° → 180°)
- Aufgabe 1A–C lösen, wie im SB beschrieben. Eventuell eine Lernuhr zu Hilfe nehmen.
- Papierkreis (Origami) durch Falten vierteln: 0 Uhr, 3 Uhr, 6 Uhr, 9 Uhr bzw. 0 Minuten, 15 Minuten, 30 Minuten, 45 Minuten, 60 Minuten zeigen oder anschreiben.

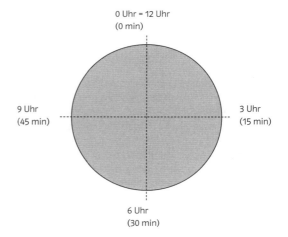

0 Uhr = 12 Uhr
(0 min)

9 Uhr
(45 min)

3 Uhr
(15 min)

6 Uhr
(30 min)

- Unterschiede zwischen der Darstellung von Minuten und Stunden auf dem Zifferblatt einer Uhr diskutieren und eine Tabelle erstellen.

	Stundenzeiger überstreicht	Minutenzeiger überstreicht
90°	0 Uhr bis 3 Uhr	0 min bis 15 min
180°	0 Uhr bis 6 Uhr	0 min bis 30 min
270°	0 Uhr bis 9 Uhr	0 min bis 45 min
360°	0 Uhr bis 12 Uhr	0 min bis 60 min

SB 6, Seite 56, Aufgabe 2

- Einen Papierkreis vierteln und zerschneiden. Die entstandenen Winkel durch Aufeinanderlegen vergleichen. Was sind das für Winkel? (vier rechte Winkel) Mit dem Zifferblatt einer Uhr in Verbindung bringen: Ein rechter Winkel beinhaltet auf der Uhr drei Stunden.
- Eine Schablone zum Schätzen und Vergleichen von Winkeln herstellen: Dazu einen Kreis aus Transparentpapier ausschneiden und die Stundeneinteilung mit der Zeichenuhr (SB 4, S. 80) sowie mit wasserfestem Filzstift vornehmen. Welche Winkel können damit gemessen werden? (30°, 60°, 90°, 120° …) Diese Winkel im Uhrzeigersinn von links nach rechts anschreiben wie auf dem Winkelmesser im SB.

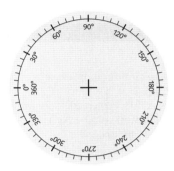

Schablone herstellen:
Zeichenuhr auf Transparentfolie kopieren, beschriften

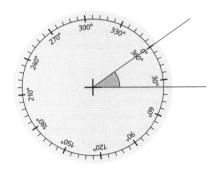

Winkel mit Schablone messen → ≈ 36°

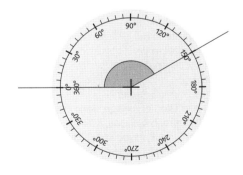

Winkel mit Schablone messen → 150°

- Falls die Schülerinnen und Schüler die bisherigen Inhalte verstanden haben, kann die Benutzung des Winkelmessers (siehe «Material») erarbeitet werden. Ansonsten ist die Benutzung des Winkelmessers zurückzustellen.

SB 6, Seite 56, Aufgabe 4A–C

- Die Winkel auf der Abbildung im Schulbuch schätzen (mit der selbst hergestellten Schablone vergleichen). Winkel 1 ist ein spitzer Winkel, er ist grösser als 30°: Er ist etwa 60°. Mit dem selbst hergestellten Winkelmesser überprüfen.
- Zwei Winkel miteinander durch Schätzen vergleichen: Winkel 1 ist grösser, kleiner als oder gleich wie Winkel 2 usw. Mit dem selbst hergestellten Winkelmesser überprüfen.
- Zwei Winkel durch Übertragen vergleichen, z.B. Winkel 1 auf Transparentpapier durchpausen. Diesen Winkel auf andere Winkel legen.

SB 6, Seite 57, Aufgabe 6A

- Die Informationen zur Einteilung des vollen Winkels in 360° besprechen: Teiler von 360 suchen, die passenden Divisionsaufgaben in einer Tabelle notieren (z.B. 360 : 2 = 180) und den Winkel wenn möglich bezeichnen oder beschreiben.

Rechnung	°	Bezeichnung /Beschreibung des Winkels
360 : 1	360	voller Winkel
360 : 2	180	gestreckter Winkel
360 : 3	120	…
360 : 4	90	rechter Winkel
360 : 5	…	…
360 : 6	60	Winkel im gleichseitigen Dreieck
…	…	…

- Ein kreisförmiges Origami-Papier halbieren, (ungefähr) dritteln, vierteln: Die jeweils entstandenen Winkel anhand der vorher erstellten Tabelle bezeichnen 180°, 120°, 90° usw. Mit der selbst hergestellten Schablone überprüfen.

SB 6, Seite 60–61: Rauminhalte (Volumen)

Vorübungen

- Längen- und Flächenmasse wiederholen. Die folgenden Aufgaben nur bearbeiten, wenn die Schülerinnen und Schüler die Längen- und Flächenmasse verstanden haben.

SB 6, Seite 60, Aufgabe 1

- Standardmasseinheiten für Rauminhalte kennen lernen: m^3, dm^3, cm^3. Um Rauminhalte anzugeben, sind neue Bezeichnungen für die Einheiten nötig, damit diese von den Längenmassen und den Flächenmassen unterschieden werden können.
- Schreibweise klären: Was bedeutet die hochgestellte 3?
- Sprechweise klären: $1\ cm^3$ = ein «Kubikzentimeter», $1\ dm^3$ = ein «Kubikdezimeter», $1\ m^3$ = ein «Kubikmeter». «Kubus» bedeutet Würfel.
- Über den Unterschied von Form und Rauminhalt sprechen: Rauminhalte von z.B. $1\ dm^3$ oder $1\ m^3$ brauchen nicht die Form eines Würfels zu haben, sondern können beliebige Formen haben.
- Dezimeterwürfel herstellen, wie in Aufgabe 1 angegeben. Den Dezimeterwürfel mit dem Tausenderwürfel aus dem Material zum Dezimalsystem vergleichen.
- Zentimeterwürfel (siehe «Material»): Mit dem Einerwürfel vom Material zum Dezimalsystem vergleichen.
- Meterwürfel: Mit XXL-Trinkhalmen, dem Material zum

Kubikmeter (beides siehe «Material») oder mit Bambusstäben bauen.
- Dezimeterwürfel mit Sand füllen. Sand in Messbecher umfüllen → 1 dm³ = 1 l.
- Zu 1 cm³, 1 dm³, 1 m³ individuelle Stützpunktvorstellungen aufbauen (z. B. Volumen eines Spielwürfels, einer durchsichtigen Zettelbox, einer Waschmaschine) und mit allen Schülerinnen und Schülern ein Plakat dazu gestalten.

SB 6, Seite 60, Aufgaben 2A und 2B
- Handlungen andeuten: Zentimeterwürfel in Dezimeterwürfel legen. Wie viele Zentimeterwürfel braucht es für eine Reihe am Boden des Würfels, für den gesamten Boden des Würfels, für den ganzen Würfel? Entsprechend mit Dezimeterwürfel und Meterwürfel vorgehen (10 • 10 = 100, 100 • 10 = 1000).

SB 6, Seite 60, Aufgabe 2C
- Hohlmasse wiederholen (siehe SB 4, S. 48, «Liter und Milliliter», sowie die dazugehörigen Seiten im HPK 4). Eine Liste erstellen:
  1 l = 10 dl = 100 cl = 1000 ml
  1 dl = 10 cl = 100 ml
  1 cl = 10 ml
- Die «Stellentafel für Grössen» für die Beziehung der Masseinheiten heranziehen (Beschreibung siehe Themenbereich 7, «Grössen, Dezimalbrüche und Runden», HPK 5 + 6, S. 87, und Kopiervorlage, S. 138).

hl	–	l	dl	cl	ml
		1			

Aus der Tafel lässt sich z. B. ablesen:
1 l = 0,01 hl = 10 dl = 100 cl = 1000 ml
1 ml = 0,1 cl = 0,01 dl = 0,001 l
- Um die Beziehung zwischen den Hohlmassen und den Kubikmassen herzustellen, kann die folgende Tabelle erstellt werden:

	hl	–	l	dl	cl	ml
			1			
m³	–	–	dm³	–	–	cm³

Ausgehend von der Beziehung 1 l = 1 dm³ (Definition des Liters) lässt sich z. B. ablesen:
10 hl = 1 m³, 1 hl = 100 dm³, 1 dl = 0,1 dm³, 1 ml = 1 cm³
- Sand in Dezimeterwürfel abfüllen, in ein Litermass leeren und aus der Tabelle ersichtliche Angaben überprüfen (1 dm³ = 1 l = 10 dl = 100 cl = 1000 ml).

SB 6, Seite 60, Aufgabe 3
- Partnerarbeit: Eine Schülerin baut einen Körper aus einer bestimmten Anzahl Holzwürfel (siehe «Material»). Ein Schüler versucht herauszufinden (durch Berechnen oder Überlegen), wie viele Würfel sie gebraucht hat. Überprüfen durch Auszählen. Rollentausch.
- Gemeinsam erarbeiten, wie der Rauminhalt eines Quaders berechnet werden kann. Dabei ist wichtig, dass die Schülerinnen und Schüler versuchen, die Vorgehensweise zu beschreiben, z. B.: Jede Schicht des Quaders besteht aus 4 • 2 = 8 Würfeln. Der Quader hat 3 Schichten. Insgesamt sind es also 8 • 3 bzw. 4 • 2 • 3 = 24 Würfel.

- Einige Körper aus A bis E auswählen und den Rauminhalt bestimmen.
- Die Übung «Wie viele Würfel?» in der Kartei «Geometrie im Kopf» (siehe «Material») durchführen.

Literatur

- Schmassmann, M.: «Geht das hier ewig weiter?» Dezimalbrüche, Grössen, Runden und der Stellenwert. In: Fritz, A./Schmidt, S. (Hrsg.): Fördernder Mathematikunterricht in der Sek I. Rechenschwierigkeiten erkennen und überwinden, S. 167 ff.

Material

Arbeitsmaterial
- Tangram (Arbeitsmittel zum Schweizer Zahlenbuch 2, siehe HPK 5 + 6, S. 2)
- 2–3 Sätze Quadrate, verschieden unterteilt: Bruchteile quadratisch (SCHUBI Lernmedien)
- Geobretter und Gummibänder
- Meterquadrate
- Meterstäbe
- Lernuhr (SCHUBI Lernmedien)
- Messrad (SCHUBI Lernmedien)
- Winkel- und Prozentmesser (Arbeitsmittel zum Schweizer Zahlenbuch 6, siehe HPK 5 + 6, S. 2)
- Flächen 1 (Kopiervorlage siehe Begleitband zum Schweizer Zahlenbuch 6, S. 423, K11)
- Material zum Bau des Kubikmeters (SCHUBI Lernmedien)
- Würfel der Grösse 1 cm³ und 1 dm³ (Einer- und Tausenderwürfel aus dem Material zum Dezimalsystem, SCHUBI Lernmedien / Achtung: älteres Material besteht aus Einerwürfeln der Seitenlänge 8 mm!)
- Würfel (Schulverlag Bern, Klassensatz mit 1000 Holzwürfeln, 2 cm Kantenlänge)
- Litermass
- Kartei «Geometrie im Kopf» (siehe HPK 5 + 6, S. 2)

Verbrauchsmaterial
- Flyer, Billette, Plakate usw.
- Papier für Einheitsquadrate
- Papier für Quadrate in der Grösse 1 dm²
- Vorlagen aus Papier in der Grösse des Geobrettes (9 Punkte in 3 x 3-Anordnung bzw. 16 Punkte in 4 x 4-Anordnung)
- Kreisförmiges Origami-Papier
- Millimeterpapier (Kopiervorlage siehe Begleitband zum Schweizer Zahlenbuch 4, S. 344, K08)
- Trinkhalme, 1 m lang, Partybedarf (z. B. XXL-Trinkhalme, 100 cm, Migros, Artikelnummer 7043.810)
- Quadratraster (Kopiervorlage siehe Begleitband zum Schweizer Zahlenbuch 6, S. 442, K04)
- Transparentfolie
- Transparentpapier

Kopiervorlagen

Zwanzigerreihe

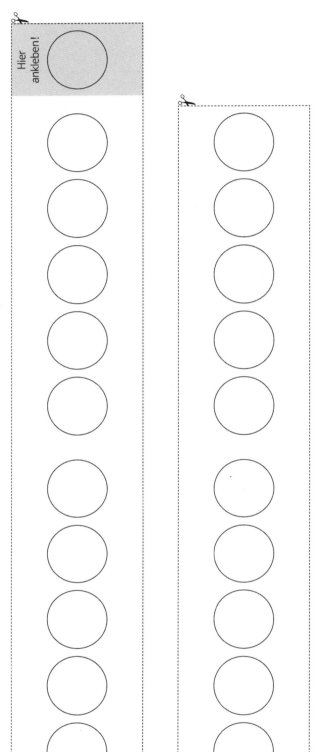

Zwanzigerfeld

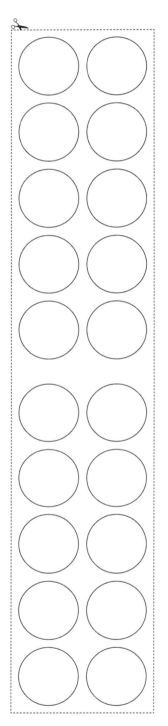

Hunderterfeld

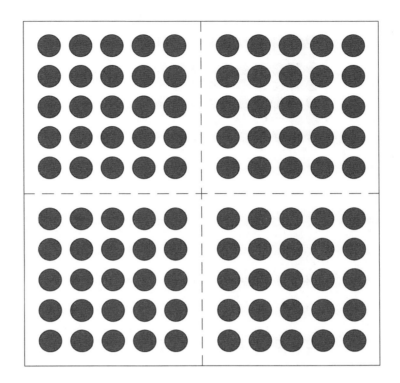

Hundertertafel

1	2	3	4	5	6	7	8	9	10
11	12	13	14	15	16	17	18	19	20
21	22	23	24	25	26	27	28	29	30
31	32	33	34	35	36	37	38	39	40
41	42	43	44	45	46	47	48	49	50
51	52	53	54	55	56	57	58	59	60
61	62	63	64	65	66	67	68	69	70
71	72	73	74	75	76	77	78	79	80
81	82	83	84	85	86	87	88	89	90
91	92	93	94	95	96	97	98	99	100

© Als Kopiervorlage freigegeben. Klett und Balmer AG, Zug 2011

Tausenderfeld

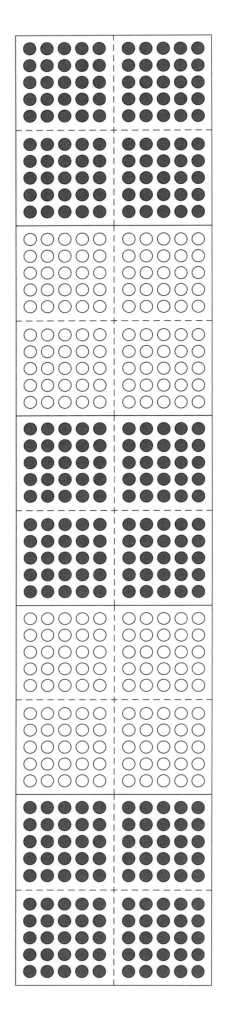

Hier 1. Hälfte ankleben

1–100

1	2	3	4	5	6	7	8	9	10
	12		14	15	16		18		20
21			24	25		27	28		30
	32			35	36				40
	42			45			48	49	50
			54		56				60
		63	64						70
	72								80
81									90
									100

101–200

101	102	103	104	105	106	107	108	109	110
						117			120
121						127			130
						137			140
141	142	143	144	145	146	147	148	149	150
						157			160
						167		169	170
						177			180
						187			190
					196	197			200

201–300

201	202	203	204	205	206	207	208	209	210
211	212	213	214	215	216	217	218	219	220
221	222	223	224	225	226	227	228	229	230
231	232	233	234	235	236	237	238	239	240
241	242	243	244	245	246	247	248	249	250
251	252	253	254	255	256	257	258	259	260
261	262	263	264	265	266	267	268	269	270
271	272	273	274	275	276	277	278	279	280
281	282	283	284	285	286	287	288	289	290
291	292	293	294	295	296	297	298	299	300

301–400

301				305					
	312				316				320
		323	324			327			
			334						
341				345					350
	352				356				360
361						367			
							378		
								389	
									400

401–500

401									
	412								420
		423							
			434						
				445					450
					456				
461	462	463	464	465	466	467	468	469	470
			484				478		480
								489	490
									500

501–600

501			504						
	512		514						
		523	524					529	
			534						540
			544	545					
			554		556				560
			564			567			
			574		576		578		
			584					589	
			594						600

601–700

601					606				610
				615				619	
			624	625			628		630
						637			640
					646				
				655					660
			664					669	
		673			676				
	682								
691									700

701–800

701									710
								719	720
							728	729	
731	732	733	734	735	736	737	738	739	740
					746				
				755					
			764						
		773							
	782		784						
791									800

801–900

801				805					810
				815				819	
				825			828		
				835		837			
841				845	846				
				855					
			864	865					
		873		875					
	882			885					
891				895					900

901–1000

901									
								919	
						927			
		933							
				955					
961								969	
		983							
									1000

Hier 1. Hälfte ankleben

Zahlenstrahl (Tausenderstreifen)

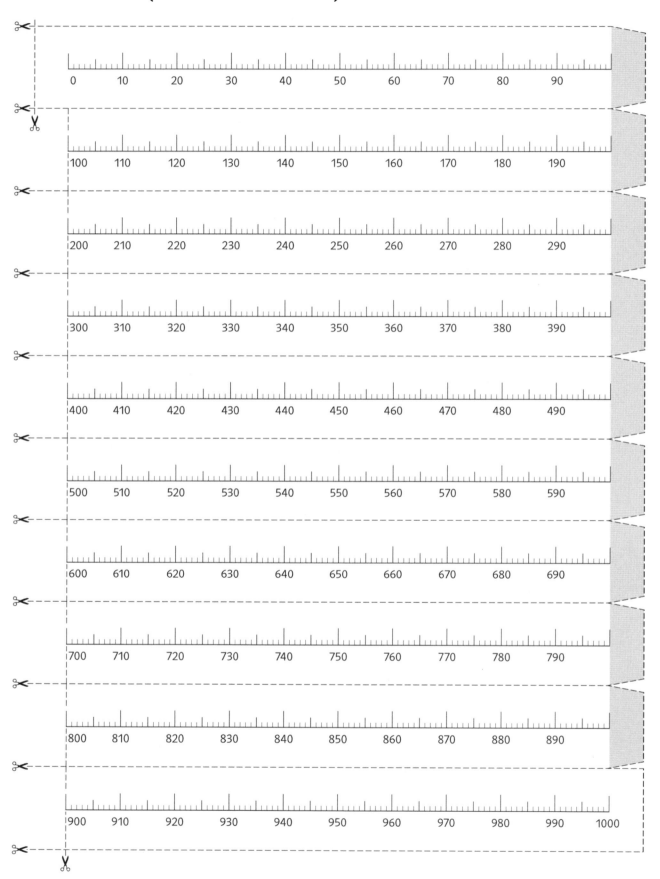

Zahlenstrahl

(Anfangs- und Endzahl entsprechend aktuellem Zahlenraum eintragen)

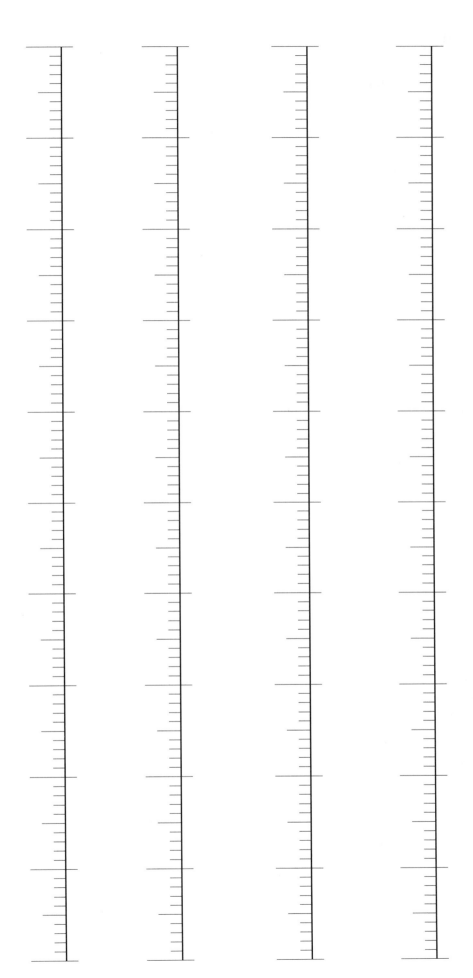

Stellentafel

Entsprechend aktuellem Zahlenraum zerschneiden, Teile
überlappend (T auf T, E auf E) zusammenkleben

M	HT	ZT	T

T	H	Z	E

E	z	h	t

Einmaleins-Tafel

10·1
9·1 10·2
8·1 9·2 10·3
7·1 8·2 9·3 10·4
6·1 7·2 8·3 9·4 10·5
5·1 6·2 7·3 8·4 9·5 10·6
4·1 5·2 6·3 7·4 8·5 9·6 10·7
3·1 4·2 5·3 6·4 7·5 8·6 9·7 10·8
2·1 3·2 4·3 5·4 6·5 7·6 8·7 9·8 10·9
1·1 2·2 3·3 4·4 5·5 6·6 7·7 8·8 9·9 10·10
1·2 2·3 3·4 4·5 5·6 6·7 7·8 8·9 9·10
1·3 2·4 3·5 4·6 5·7 6·8 7·9 8·10
1·4 2·5 3·6 4·7 5·8 6·9 7·10
1·5 2·6 3·7 4·8 5·9 6·10
1·6 2·7 3·8 4·9 5·10
1·7 2·8 3·9 4·10
1·8 2·9 3·10
1·9 2·10
1·10

Stellen-Einmaleins

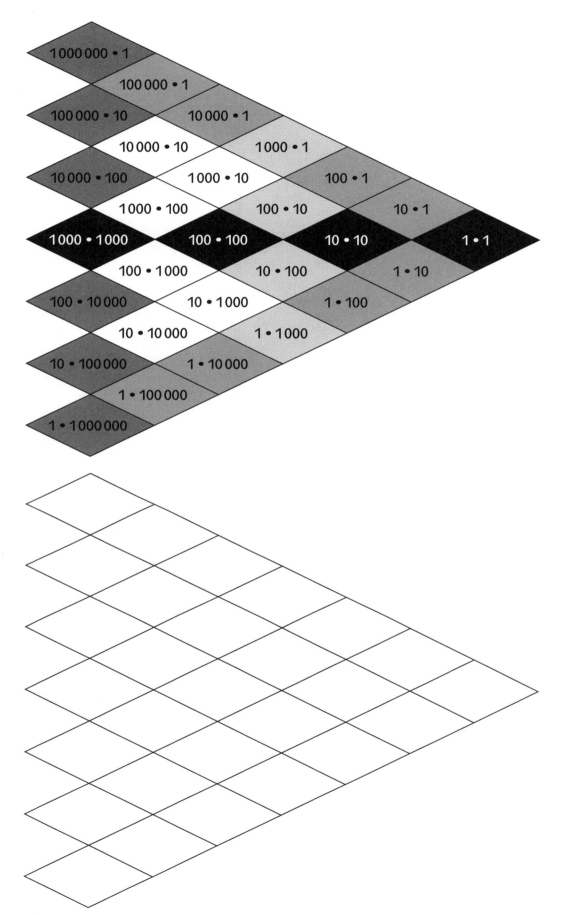

Stellentafel für Grössen 1

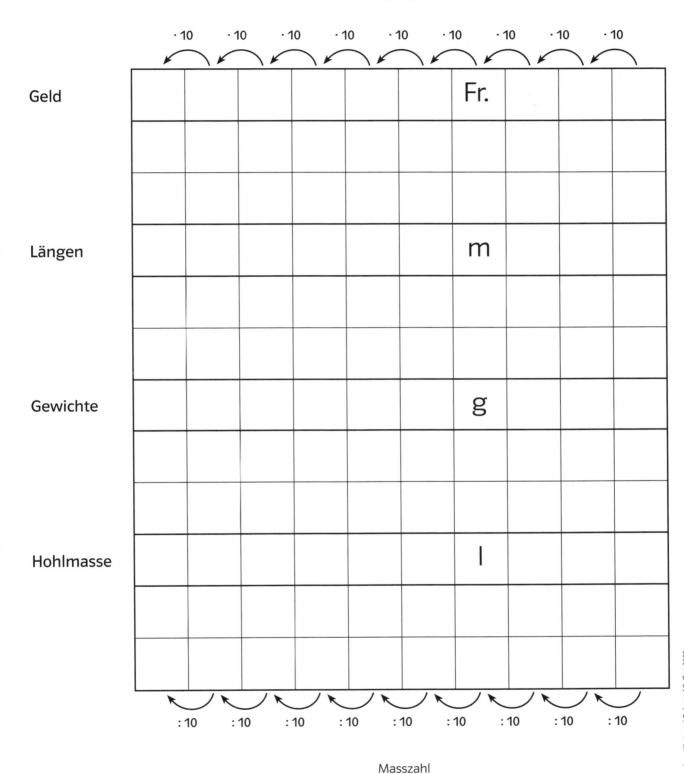

Stellentafel für Grössen 2

Einheit

	·10	·10	·10	·10	·10	·10	·10	·10	·10	
Geld	–	–	–	–	–	–	Fr.	–	Rp.	–
Längen		–	–	km	–	–	m	dm	cm	mm
Gewichte	t	–	–	kg	–	–	g	–	–	mg
Hohlmasse	–	–	–	–	hl	–	l	dl	cl	ml
	:10	:10	:10	:10	:10	:10	:10	:10	:10	

Masszahl

Zeichenuhr

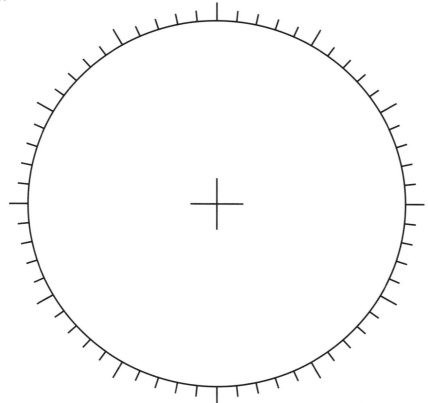

Kreis 1

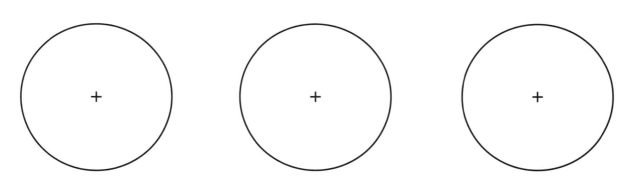

Kreis 2

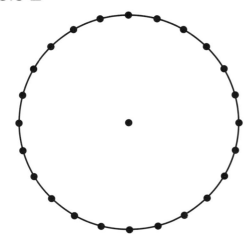

Heilpädagogischer Kommentar
zum Schweizer Zahlenbuch 5 + 6
Hinweise zur Arbeit mit Kindern
mit mathematischen Lernschwierigkeiten

Autorinnen
Margret Schmassmann
Elisabeth Moser Opitz

Projektleitung
Rolf Hansen

Redaktion
Eva Woodtli Wiggenhauser, Zürich

Gestaltung
Hans Rudolf Ziegler, Zürich
Wiggenhauser & Woodtli, Benken ZH (Neuausgabe)

Illustrationen
BIG GmbH, Zürich
Wiggenhauser & Woodtli, Benken ZH (Neuausgabe)

Umschlag
Bernet & Schönenberger, Zürich

Umschlagbilder
Dodekaeder, Stephanie Tremp, Zürich
Starfish in coral, Tobias Bernhard/Zefa/Corbis/Specter

Korrektorat
Terminus Textkorrektur, Luzern

1. Auflage   2011

Vollständig überarbeitete Neuausgabe
© Klett und Balmer AG, Zug 2011

Besuchen Sie uns im Internet:
www.klett.ch

Oder kontaktieren Sie uns per E-Mail:
info@klett.ch, redaktion@klett.ch

ISBN 978-3-264-83757-5